우리는
IB 학교
입니다

우리는 IB 학교입니다

강지은 고혜경 김민주 김수희 김 영 김주향 김지원
노규남 문기탁 신형철 양미경 임영구 최승은 현지혜

한그루

03

IB 과목별
목표와
평가의 특징

좋은땅

IB형 농어촌 미래학교를 향한

표선고의 도전

표선고등학교 교장

임영구

전국적으로 IB 교육에 대한 관심이 뜨거워지고 있습니다. 11개 시·도 교육청이 한국어 IB 교육프로그램의 도입을 위해 IB 본부와 업무협약을 맺고 있습니다. 2024년 3월 기준으로 333개 학교가 IB 교육을 이미 도입하고 있거나 도입을 위해 준비하고 있고 6월이 되면 4백 개가 넘어설 것으로 예상됩니다. 전 세계적으로 유래를 찾아볼 수 없을 만큼 빠른 속도로 늘어나고 있습니다. 왜, 이렇게 짧은 기간에 이렇게 많은 학교들이 IB 교육을 도입하려는 것일까요? 단순히 숫자나 속도의 문제가 아닌 것 같습니다. IB 교육에 대한 뜨거운 관심 속에 담겨 있는 간절한 마음들을 생각해 봅니다. 교육의 변화에 대한 갈망을 보게 됩니다. 미래 교육을 위한 절실한 바람이 읽힙니다. 새로운 교육에 대한 열망이 국제적으로 공인된 IB 교육을 통해 분출되고 있는 듯합니다. 변화와 혁신을 넘어선 전환의 시대에 IB 교육은 모처럼 찾아온 기회이기도 합니다. 학교의 변화와 교육의 혁신을 위한 계기와 동력으로 활용될 수 있기를 기대합니다.

대구교육청과 제주교육청이 처음 IB 교육을 도입하던 2021년의 상황과 비교하면 감회가 새롭습니다. 그때만 하더라도 읍면 지역에 위치한 표선고등학교에서 국제적 수준의 IB 교육을 도입하는 것에 대한 회의가 지배적이었습니다. 2021년 2년여의 준비 끝에 표선고가 IB 월드스쿨로 공식 인증을 통과하였습니다. 첫해에는 신입생 모집부터가 난관이었습니다. IB를 지원한 학생만 따로 선발해서 별도의 학급을 운영하는 것도 아니었습니다. 선발 시험을 거쳐 소수 엘리트 학생을 대상으로 하는 수월성 교육을 실시하는 것도 아니었습니다. 과연, 읍면 지역의 표선고 학생들이 그렇게 어렵다는 IB 교육을 따라갈 수 있을까요? 아무도 걸어 보지 않은 낯선 길을 간다는 것은 불안과 회의를 극복하는 과정이 될 수밖에 없었습니다. 여기에 실리는 글들은 지난 3년 동안 IB 도입을 위해 헌신하신 선생님들의 분투에 대한 기록입니다. IB 교육으로 공교육을 혁신하려는 표선고의 도전에 대한 기록입니다. 새로 IB 교육을 도입하거나 IB 교육에 관심을 가지고 계신 분들에게 저희의 경험과 사례가 참고 자료로서 도움이 됐으면 좋겠습니다. 이제 막 첫발을 내딛고 있는 상황에서 지난 3년의 성과보다는 앞으로 헤쳐 나갈 도전에 대해 더 많은 관심과 응원을 당부드립니다.

"지난 3년 동안에 이루어진 IB 교육의 성과와 한계는 무엇인가?"

지난해 처음으로 표선고등학교는 IB 디플로마 1기 졸업생을 배출하였습니다. 우려와 기대, 비판과 응원이 교차하는 가운데 3년 동안의 IB 교육이 첫 결실을 맺게 되었습니다. IB 졸업생이 처음으로 배출되다 보니 IB 교육의 성과에 대한 관심이 높아질 수 밖에 없었습니다. 특히, 대학 진학 결과가 언론을 통해 알려지면서 세간의 주목을 받게 되었습니다. 첫걸음치고는 기대 이상의 좋은 결과로 평가받고 있습니다. 2024학년도 국내 대입에서 표선고 학생은 서울지역 41명, 경기·인천 25명, 과학기술원 5명, 지역거점국립대 50명, 지방 사립대 68명, 전문대 61명의 합격자를 배출하였습니다. (중복 지원을 포함한 통계) 서울대, 연세대, 고려대, 성균관대, 경희대, 한국외대 등 서울지역 상위권 대학에도 10 여명이 진학했습니다. 한국에너지공과대학(KENTECH), 울산과학기술원(UNIST), 대구경북과학기술원(DGIST)에도 합격자를 배출했습니다. 해외 대학도 Soka University of America와 도쿄농업대학교에 각 1명씩 진학했습니다.

최근 5년간 대학 진학 결과를 분석해 보면, DP 1기생들이 졸업하기 전인 2020학년도에서 2023학년도까지 4년제 대학 진학률이 60%에서 70% 사이의 분포를 보인 반면, 2024학년도에는 75.6%로 높아졌습니다. 2021년 입학 당시 설문조사에서 4년제 대학 진학을 희망하는 비율이 32.7%였던 것이 2024학년도에 실제 4년제 대학 진학률은 59%로 늘어났습니다. 제주도 지역의 4년제 대학 합격 인원은 2023학년도 73명에서 2024학년도에는 61명으로 줄었지만, 제주도 외 지역의 4년제 대학 합격 인원은 2023학년도 108명에서 2024학년도에는 189명으로 대폭 늘어나는 변화도 있었습니다. 긍정적인 대학 입시 결과는 그동안 IB 고교의 대학 진학에 대한 우려와 불확실성을 해소하는 계기가 될 것입니다. 표선고의 IB 교육 경험이 공교육 변화의 지속 가능한 모델이 될 수 있다는 가능성을 보여주고 있습니다.

　겉으로 드러난 결과보다도 더 주목할 것은 IB 도입 이후에 나타난 진학 상황의 질적 변화입니다. 먼저, 전체 학생 중에서 재수생 비율이 적다는 점을 눈여겨 볼 만합니다. 105명의 IB 1기 졸업생 중에 재수생은 3명인 것으로 파악이 되었습니다. IB 도입 이전의 상황과 비교하더라도 재수생 숫자가 눈에 띄게 감소하였습니다. 그 이유가 궁금해집니다. 일반계 고등학교에서는 막판 대입 지원 과정에서 점수에 맞춰 눈치 지원하는 경우가 많은 게 사실입니다. 반면에 아무래도 표선고등학교 학생들은 3년간의 진로 진학 프로그램을 통해 자신의 적성과 소신에 맞게 대학과 전공을 선택하는 경향이 뚜렷해진 결과로 여겨집니다. 대학 중도 탈락율 통계를 비교해 보면 수능 정시로 입학하는 중도 탈락 학생이 수시로 입학하는 학생보다 3배 이상이 많다는 사실과도 일치합니다. 이와 관련하여, 입학 이후에 반수 또는 재수를 위해 대학을 떠나는 학생들의 문제도 심각합니다. 지방의 거점 국립대 뿐만 아니라 수도권 지역의 대학들도 예외가 아닙니다. 매년 10% 전후한 학생들이 대학을 떠나면서 대학 재정이 흔들리고 대학 운영이 어려워지고 있습니다. 더 나아가 의대 선호 현상으로 인해 최상위권의 명문대 학생들도 대학을 떠나고 있고, 이로 인해 우수한 인재들의 이공계 이탈 현상도 심각한 문제가 되고 있습니다. 교육의 위기가 사회의 위기로 확대되고 있는 점은 진로 진학의 방향에 대한 전면적인 개혁의 필요성을 제기하고 있습니다.

　사교육 비율이 낮게 유지되는 현상도 교육적으로 의미 있는 변화 중의 하나입니다. 1학년 때 실시한 설문 결과를 보면 사교육을 받는 학생의 비율이 10% 이상을 넘어서지 않고 있습니다. 3년 동안 비슷한 수치가 유지되고 있습니다. 사교육보다 학교 교육이 중심으로 자리 잡고 자기 주도 학습의 흐름이 지속되고 있는 추세는 공교육의 정상화라는 관점에서도 눈여겨 볼 만한 현상입니다. 공부는 학원에서 하고 학교에서는 잠자는 전도된 현실에서 교실 붕괴에 대한 우려는 이미 해묵은 이야기가 되고 있습니다. IB 교육을 도입하고자 했던 절박함 속에는 잠자는 교실을 바꿔보자는 소박한 의지가 깔려 있습니다. 학교가 기본으로 돌아가야 한다는 뼈 아픈 성찰이 담겨 있습니다. 작지만 의미 있는 변화가 이루어지고 있는 것입니다. 한편으로, 앞으로 IB 교육에 대한 관심이 과열되면서 사교육의 영향력이 커지지는 않을까 우려됩니다만, 학교 교육이 중심이 되고 공교육이 정상화되는 변화가 지속될 수 있도록 각별한 관심이 필요하다는 점을 다시 한번 강조하고 싶습니다.

3학년 2학기에 실시한 IB 최종 시험에서도 우려와는 달리 의미 있는 결과가 나왔습니다. 응시자 가운데 11명이 전체 IB 디플로마 수료증을 취득하였고, 15명은 과목별 이수증을 받게 되었습니다. 전체 이수자의 평균 성적은 전 세계 평균 점수인 29.06점에 근접한 28.9점을 성취하였습니다. 응시자 중 5명은 45점 만점에 30점 이상의 좋은 성적을 거두었습니다. 읍면 공립 고등학교인 표선고가 전체 학생을 대상으로 IB 디플로마 프로그램을 도입한 것은 크나큰 도전이었습니다. IB 프로그램 도입 후 첫 번째 응시임에도 불구하고 이번 결과는 기대 이상의 긍정적인 성과로 평가받고 있습니다.

하지만, IB 디플로마 결과에 대해 일부 언론에서는 비판적인 논조의 보도를 내보내기도 하였습니다. 전체 105명의 졸업생 중에서 26명만이 IB 시험에 통과하고 나머지 79명은 시험에 응시하지 않았기 때문에 IB의 성과라기 보다는 한계가 드러난 것으로 보아야 한다는 비판을 제기하였습니다. 겉으로 드러난 숫자만 보면 일견 타당해 보입니다. 하지만, 교육적 관점에서 이러한 결과가 가지는 의미를 한 걸음 더 깊이 들여다보면 전혀 다른 의미가 드러납니다. 지구에서 육안으로 바라보는 태양은 동쪽에서 서쪽으로 움직이는 것처럼 보이지만 실상은 정반대로 지구가 태양을 서에서 동으로 이동하고 있다는 사실 만큼이나 역설적인 의미를 품고 있기도 합니다. 드러난 현상으로 인해 본질이 가려져서는 안 되는 경우가 있습니다. IB 최종 결과에 대한 해석도 이런 경우에 해당할 것 같습니다. 먼저 고려해야 할 것은 현재 국내 대학입시에는 IB 디플로마 성적이 반영되지 않고 있다는 점입니다. 2015 개정 교육과정의 학교 교육과정 편성·운영 기준에는 다음과 같이 IB 교육이 공교육의 일부임을 명시하고 있습니다. "학교는 필요에 따라 [...]국제적으로 공인된 교육과정이나 과목을 개설할 수 있다. 이 경우 시도교육청이 정하는 지침에 따른다." 하지만, IB 교육이 공교육의 일부임이 명백함에도 불구하고, 안타깝게도 현행 대학 입학 규정에는 IB 점수를 제출할 수 있는 기회 자체가 주어지지 않고 있습니다. 이러한 맥락에서 IB 최종 시험에 응시하는 학생들이 어렵게 획득한 점수가 국내 입시에서는 무용지물이 되고 있습니다.

IB 디플로마를 이수하기 위해서 학생들은 3주 동안 진행되는 힘겨운 최종 시험 과정을 이겨내야 합니다. 2년 동안 다양한 수행 과제들을 모두 이수하는 것도 만만치 않습니다. IB 디플로마 교육프로그램은 엄청난 인내와 노력이 요구되는 고난도의 학습 과정입니다. 중도에 포기하는 학생들도 적지 않습니다. 어려운 과정을 통과해야 하는 만큼 성취감도 그만큼 높은 프로그램입니다. IB 성적을 국내대학 입시에 제출하지 못함에도 불구하고 끝까지 포기하지 않는 학생들의 속마음이 궁금해서 질문을 던져 보았습니다. 학생들의 대답은 크게 두 가지 유형으로 요약됩니다. "IB 학교의 학생으로서 마지막까지 IB 교육프로그램을 최선을 다해 마무리하고 싶습니다""IB 시험이 어렵지만 끝까지 도전해 보고 싶습니다." 학생들의 대답을 들으면서 생각이 깊어집니다.

3년 동안의 IB 교육이 이루어낸 가장 큰 성과는 무엇인가? 다른 어떤 것보다도 학생들의 이러한 태도와 가치가 가장 값진 성과가 아닐까요. 학교는 지식과 역량을 육성하는 학습의 공간인 동시에 태도와 가치를 함양하는 성찰의 터전입니다. 교실에서 배우는 지식과 역량이 가치와 태도와 통합함으로써 인성을 함양하는 것은 교육의 궁극적 목적입니다. 그 어떤 성과보다도 소중한 것은 학생들의 내면에 깊이 새겨진 배움에 대한 열정과 최선을 다하는 도전의 자세입니다. 이러한 태도와 가치의 영역에서 보여주는 배움과 성장이야말로 IB 교육의 가장 의미 있는 성과라고 생각합니다.

IB 도입 이후 학교의 변화

"IB 교육 도입 이후에 표선고에는 어떠한 변화가 있었는가?"

새로운 IB 교육에 대한 평가는 누구보다도 IB 교육을 직접 경험한 학생들의 의견을 통해 판단하는 것이 가장 좋은 방법입니다. 1학년을 마치면서 학생들의 학교 만족도를 설문해

보았습니다. 설문 결과는 학교 만족도 평균이 68.8%로 나왔습니다. 3년 간의 IB 교육을 경험하고 졸업을 앞둔 3학년 2학기 말에도 학교 만족도를 조사했습니다. 만족한다고 답변한 비율이 38.8%, 매우 만족한다고 답변한 비율은 31.4%가 나왔고 전체 평균은 77%가 나왔습니다. 전국 고등학교의 학교 만족도가 60% 이하 수준인 것과 비교하면 긍정적 평가가 상대적으로 높게 나온 편입니다. 더구나 3년 동안 긍정적 수치가 지속적으로 향상되고 있다는 점도 주목할 만합니다.

긍정적인 학교 만족도와 함께 학교 폭력이 뚜렷하게 감소하는 추세도 IB 교육 도입 이후에 가장 눈에 띄는 변화입니다. 2022년도만 하더라도 일 년 동안 16건의 학교 폭력 사건이 있었습니다. 11건의 자체 해결 사안을 제외한 나머지 7건은 외부 학교폭력대책심의위원회에 송부될 만큼 심각한 사안이었습니다. 2023년에는 총 10건의 사안이 발생했고, 자체 해결 사안 4건을 제외한 나머지는 외부 심의위원회를 통해 해결되었습니다. 올해 들어서는 학교폭력 사안이 눈에 띄게 감소하고 있습니다. 1학기 동안 자체 해결 사안 1건만이 발생한 상황입니다. 해마다 학교 분위기가 긍정적으로 바뀌는 변화를 체감하고 있습니다. 학생과 학생이 서로 배려하고 존중하며, 교사와 학생이 서로 공감하고 신뢰하는 관계가 학교의 문화를 조금씩 바꾸고 있습니다.

학교에 대한 긍정적 평가가 높게 유지되고 학교 폭력 사안이 감소하는 이유가 궁금했습니다. 이에 관해 학생들과 면담을 해보면 대다수의 학생들에게서 비슷한 답변이 돌아옵니다. "고등학교에 진학하면서 학업량이 많아지고 배우는 내용도 따라가기에 벅차지만 중학교 때 비하면 마음이 편해진 것 같습니다." "중학교 때는 시험 기간이 가까워지면 친한 친구와도 미묘하게 견제하는 마음이 있었습니다. 하지만 IB 평가는 절대평가 이기 때문에 서로 경쟁할 필요가 없어서 좋은 것 같습니다." "중학교 때는 시험 결과를 받고 나면 1, 2점 차이로 등급이 결정되기 때문에 점수에 민감했습니다. 점수로 인한 갈등으로 선생님과의 관계가 불편해지는 경우도 종종 있었습니다. IB는 성취등급제라서 결과보다 과정이 더 중요한 것 같습니다." 학교에 대한 긍정적 평가가 높게 유지되는 데는 여러 가지 이유가 있겠지만 무엇보다도 평가 방식이 바뀐 것이 가장 큰 이유인 것 같습니다.

표선고 학생들은 1학년 동안은 국가교육과정에서 정한 공통 필수과목을 이수해야 합니다. 디플로마 과목은 2학년부터 3학년까지 2년 동안 배우게 됩니다. 처음 IB 교육을 도입하면서 가장 힘들었던 점은 2년 동안 배울 IB 교과의 편제표를 작성하는 것이었습니다. 학생들은 2학년에 진학하면서 선택과목을 배우게 됩니다. 2015 개정 교육과정에서 2, 3학년 교과는 두 가지 유형의 선택과목으로 편성하게 됩니다. 일반선택으로 편제된 과목은 상대평가를 채택하고 9등급 석차가 산출됩니다. 반면에 진로선택으로 편성된 과목은 절대평가로서 ABC 성취등급이 산출됩니다. 2학년부터 2년 동안 배우게 되는 IB 교과를 일반선택으로 편성할 것인가? 아니면 진로선택으로 편성할 것인가? 상대평가로 9등급 석차를 산출하는 일반선택과목은 학생의 협력과 참여를 중심으로 운영되는 IB 교육의 특성과 장점을 살리기 어렵다는 점에는 공감대가 형성되었습니다. 하지만, 대학 진학의 관점에서 ABC 성취등급만으로는 정량평가 자료로서 변별력이 부족하고 내신성적 환산과정에서 불이익을 받을 수 있다는 우려도 제기되었습니다. 1학년 공통 필수과목에서만 9등급 석차가 산출됨으로써 1학년 내신성적의 비중이 지나치게 편중되는 문제점도 제기되었습니다. 이러한 우려 사항을 보완하기 위해 2학년 이후의 IB 교과편제에서 부분적으로 일반선택을 도입할 필요가 있다는 의견이 제시되었습니다. 반면에 여러 가지 불확실성에도 불구하고 IB 교육의 장점을 살리기 위해 IB 전 과목을 모두 진로선택으로 편성해야 한다는 의견도 팽팽하게 제기되었습니다. 두 의견이 팽팽하게 맞서게 되었습니다. 하지만 수차례의 논의와 협의를 거쳐 최종적으로 모든 IB 교과를 절대평가로 이루어지는 진로선택과목으로 편성하였습니다. 결국, 결과보다 과정을, 성적보다 성장을, 경쟁보다 협력을 추구하는 IB 교육에 충실한 평가체제를 구축하게 되었습니다.

IB 교육을 도입하는 첫 번째 목표는 IB형 서·논술형 평가와 절대평가의 도입을 통한 수업의 혁신이었습니다. 시험이 바뀌어야 수업이 바뀔 수 있다는 확고한 문제의식이 있었습니다. 평가를 혁신하면 수업이 바뀔 수 있다는 기대가 있었습니다. 하지만, 평가의 변화는 수업의 변화 이상의 성과를 가져왔습니다. 수업의 변화를 넘어서 공동체의 관계를 변화시키고 있습니다. 학생과 학생이 긍정적 관계를 형성하고 교사와 학생이 신뢰 관계를 회복하게 만드는 계기로 작용하고 있습니다. 학생들의 높은 학교 만족도가 보여주듯이 학생의 삶을 긍정적으로 바꾸는 원인이 되고 있습니다. 평가의 혁신은 수업의 혁신을 넘어서 건강하고 행복한 학교 문화를 만드는 밑거름이 되었습니다. 이런 모든 긍정적 변화의 중심에 시험이 변화가 있었다는 점을 강조하고 싶습니다.

　3년 동안 절대평가를 도입해 본 경험에 비춰볼 때, 교육의 변화를 위해서는 절대평가가 반드시 도입되어야 한다는 확신을 가지게 되었습니다. 상대평가가 가지는 비교육적 문제에 대해 이미 명확히 알고 있음에도 불구하고, 절대평가 도입에 대한 우려와 반대가 만만치 않습니다. 하지만, 절대평가 시행의 문제점에 비해 얻을 수 있는 긍정적 효과가 월등합니다. 구더기 무서워서 장을 안 담글 수는 없듯이 문제가 있다면 문제 해결에 대한 대안을 찾으면 될 입니다. 문제를 푸는 답은 현장에 있습니다. 시행 과정에서 충분히 보완하고 개선할 수 있습니다. 절대 평가는 반드시 필요할 뿐만 아니라 충분히 가능합니다.

　IB 교육을 도입한 이후에 표선고등학교는 긍정적인 변화를 경험하고 있습니다. 하지만, 이 지점에서 놓치지 말아야 할 것은 IB 교육이 학교 울타리 안에서 수업과 문화를 바꾸고 있을 뿐만 아니라 학교 밖에서도 마을과 지역 공동체의 변화를 위한 마중물이 되고 있다는 점입니다. 한 아이를 키우기 위해 온 마을이 필요합니다. 다른 한편으로 하나의 마을이 유지되기 위해서도 학교의 역할이 무엇보다 중요합니다.

지역 균형 발전과 교육 불균형 해소

"왜, 하필 표선고에 IB 교육을 도입했는가?"

　2019년 표선고에 IB 교육프로그램 도입에 대한 논의가 이루어질 당시에 많은 반대와 우려가 있었습니다. 그에 대한 대안으로 표선고 대신에 제주시권에 있는 제주외국어고등학교에 IB 교육을 도입하자는 의견이 제기되었습니다. 실제로 표선고에 비해 제주외국어 고등학교가 더 유리한 점이 많았습니다. 외국어 특성화 학교라는 점이 영어를 기반으로 하는 IB 교육을 수행하기에 용이합니다. 학생들의 학업 수준도 더 높았습니다. 제주시 근교에 위치하고 있기 때문에 학생들의 등·하교와 교사들의 출·퇴근도 편리합니다. 100% 기숙학교라는 점도 IB의 장점인 다양한 방과 후 창체 활동을 운영하기에도 적합합니다. 유리한 점이 많음에도 불구하고 제주외국어고등학교가 아닌 읍면 지역의 표선고를 선택한 이유는 무엇이었을까요?

갈수록 심각해지는 지방소멸의 어두운 그림자가 제주도의 읍면지역을 덮치고 있습니다. 그중에서도 동부권의 마을들, 특히 표선 지역이 심각한 상황입니다. 인구 12,000여 명인 표선 지역에서 신생아 출생수는 40명을 밑돌고 있습니다. 지방소멸지수가 3.5이하로 떨어지고 있었습니다만 별다른 대책이 없었습니다. 인구 고령화와 함께 마을이 사라질 위기에 처해 있었습니다. 동시에 표선 지역 학교들이 폐교의 위기에 놓여 있었습니다. 특히 표선 지역 초등학교의 학생 수가 급격하게 감소하고 있었습니다. "학교는 지역 소멸의 문제 해결에 어떻게 기여할 수 있는가?", "교육은 마을공동체의 활성화를 위해 어떠한 역할을 해야 하는가?" 이런 문제의식에서 낙후한 농어촌 읍면 지역에 IB 교육을 도입해야 하는 이유가 분명해졌습니다. 표선 지역 학교에 도입하는 IB 교육이 마을 소멸 위기에 처한 표선 지역의 문제를 해결하는 데 도움이 될 수 있다는 점은 표선고에 IB를 도입해야 하는 절박함을 뒷받침하고 있습니다. 급격하게 감소 추세이던 표선 지역 학교의 학생 수가 뚜렷하게 증가하고 있습니다. 2020년 240명이던 표선초등학교의 학생 수가 2024년에는 423명으로 56.7%나 늘었습니다. 표선중 역시 2020년에 309명에서 2024년에는 438명으로 70.5% 증가하였습니다. 만년 신입생 지원이 미달이던 표선고 역시 IB 도입 이후에 지원자가 모집 정원을 초과하고 있습니다. 표선 지역의 인구도 감소에서 증가 추세로 돌아서면서 마을에 활기가 되살아나고 있습니다.

도시와 농촌 간의 교육 격차가 점점 더 크게 벌어지고 있는 문제에도 주목하고 있습니다. 특히, 제주시, 서귀포시와 읍면 지역 사이의 불균형 문제가 심각합니다. 시 지역에서는 과밀학급으로 문제가 되는 반면, 읍면 지역은 과소학급이 문제가 되고 있습니다. 제주 지역은 과밀학급 비율에서 경기도와 함께 매년 전국 1위와 2위를 다투고 있습니다. 과밀 학교 전국 평균이 18.9%이지만 제주도는 29.8%를 차지할 만큼 심각한 수준입니다. 표선고가 IB 교육을 도입한 이후에 제주도 전체 지역에서 신입생이 고르게 지원하고 있습니다. 특히, 올해 125명 신입생 중에서 27명이 제주시에서, 29명은 서귀포시에서 지원하고 있습니다. 표선중 출신 학생수가 43명이라는 점에 비교해 보더라도 적지 않은 숫자입니다. 아직은 그리 크지 않은 비율이지만 시내 동지역에서 읍면 지역으로 역이동함으로써 과밀 학교 해소에 기여하는 분산 효과가 서서히 일어나고 있습니다.

읍면 지역의 교육역량을 강화해야 한다는 점도 IB 도입의 중요한 목표 중의 하나입니다. IB가 엘리트 교육이라는 오해가 깊습니다. 하지만, 전 세계에서 IB 교육을 도입하는 사립학교와 공립학교의 비율은 비슷한 수준입니다. 전 세계에서 가장 많은 IB 학교를 보유하고 있는 미국에서도 IB 학교는 사립학교보다 공립학교가 월등히 많습니다. 전체 IB 학교의 89%가 공립학교입니다. 더욱이 IB 교육은 다문화 교육으로서 학생들의 다양성을 포용하는 통합교육을 지향하고 있습니다. 학생들의 다양한 학습 수준을 고려한 맞춤형 커리큘럼과 평가 체계를 구현함으로써보통 교육의 특징을 구현하고 있습니다. IB 프로그램이 공교육의 대안으로 주목받는 이유이기도 합니다.

인구 감소와 지방 소멸의 위기를 겪고 있는 상황에서 학교와 지역공동체의 협력 관계는 학교 교육의 중요한 과제가 되고 있습니다. 특히, 공동체 문화가 뚜렷한 제주 지역에서는 역사적으로 마을과 학교의 관계가 그 어느 지역보다 긴밀하게 형성되어 왔다는 점에 주목할 필요가 있습니다. 예를 들면 제주 지역에는 '학교 바당'이라는 공동체 문화가 독특한 전통으로 자리 잡고 있었습니다. 해방 이후 열악한 상황에서 새로운 국가 재건과 함께 학교 설립이 중요한 과제가 되었습니다. '학교 바당'은 제주도민이 지역 학교에 관심과 지원을 보여주는 대표적인 사례입니다. 학교 바당은 마을의 해녀들이 학교 건립과 운영에 필요한 비용을 마련하기 위해 공동으로 해산물을 채취하고 수익의 일정 부분을 학교에 기부하기 위해 특별히 할당된 바다 구역을 의미합니다. 제주도민이 교육에 대한 뜨거운 관심과 지원은 해방 후 미군정기 3년간 제주 지역의 초등학교는 급격하게 증가한 사례를 통해서도 알 수 있습니다. 광복 이전 제주 지역 초등학교는 51개인데 비해 미군정기 3년 동안 40개교가 늘어난 91개로 178%의 증가를 기록하면서 전국에서 가장 높은 성장을 보였습니다. 성장률뿐만 아니라 학교 건립이 제주도 마을공동체의 전폭적 지원으로 이루어졌다는 점이 놀랍습니다. 미군정기에 건립된 학교 40개교 중 설립 주체가 마을주민 또는 마을유지로 분명히 드러나는 학교는 총 37개교에 달합니다. 지원유형도 다양합니다. 부지와 학교 건물을 모두 지원받은 학교가 27개교, 부지를 지원받은 학교는 5개교, 기타의 지원을 받은 학교가 6개교입니다. 부지와 교사 등 구체적 지원이 드러나는 학교는 32개교로 전체의 80%이며, 기타 지원까지 포함하면 95%에 해당합니다. 마을의 중심에 학교가 있었고 마을 주민의 자발적 참여를 통해 교육의 재건이 가능했던 것입니다.

2000년대 들어서면서 전국의 교육청을 중심으로 마을의 다양한 자원을 교육과 연계하면서 삶의 터전이 배움의 터전으로 바뀌는 마을교육공동체가 미래교육의 패러다임으로 주목받고 있습니다. 학교뿐만 아니라 지역 사회가 교육의 주체로 참여하며 교육의 의미가 확장되고 있습니다. 마을교육공동체에서는 지역 사회의 인적·문화적·환경적·역사적 자원을 적극적으로 활용하여 학생들이 배움을 실천합니다. 재능기부자들이 학생들을 위해 직업교육을 하고, 문화·체육 시설과 기관들은 학생들을 위한 사회적 배움터가 되며, 마을의 생태계, 기업, 농장 등은 훌륭한 교육프로그램이 될 수 있습니다. 마을을 위한 교육을 통해 학생들은 삶의 터전, 이웃과 공동체를 위하여 할 수 있는 일들을 고민하게 되고, 이러한 고민과 배움의 결과는 지역공동체의 지속 가능한 발전을 위한 초석이 됩니다.

IB 교육을 도입한 표선과 성산 지역도 마을교육공동체의 발전 가능성을 보여주고 있습니다. 마을이 학교를 발전시키고 학교가 마을을 발전시키는 선순환 구조가 형성되면서 지역 활성화를 위한 효과적인 정책으로 발전하고 있습니다. 2023년부터 표선고가 위치한 서귀포시가 교육국제화특구로 신규 지정되었습니다. 2024년에는 제주도가 교육발전특구 선도지역으로 선정됨으로써 IB 교육은 제주 지역의 교육역량을 강화하고 지역 공동체를 활성화하는 과정에서 중요한 기여를 하고 있습니다. 인구 감소와 저출산 고령화 등으로 인해 지방 소멸과 마을 학교 폐교의 위기를 맞았던 지역이 되살아나고 있습니다. 사람들이 떠나던 마을에서 다시 사람들이 찾아오는 마을로 거듭나면서 생기와 활력을 되찾고 있습니다. 앞으로 표선과 성산 지역의 IB 학교들을 중심으로 학교와 지역의 협력을 통해 내실 있는 마을교육공동체로 발전할 수 있기를 기대합니다.

평범하지만 특별한 학교

"교육의 본질은 무엇이며 학교의 기본은 무엇인가?"

교장 부임을 앞두고 저 자신에게 질문을 던져 보았습니다. IB 교육을 도입하기 시작하는 단계에서 교사, 학부모 그리고 학생들에게도 같은 질문을 나눠 보았습니다. 표선고가 어디로 가야 하는지. IB 프로그램의 도입을 통해 어떤 교육을 실현하고자 하는지. 학교의 주인인 3주체와 함께 표선고의 교육목표와 가치를 공유하는 과정을 거쳤습니다. 다양한 제안 사항을 가지고 교직원 전체 투표도 실시했습니다. 새로운 교육목표가 정해졌습니다.

개인과 공동체의 조화, 배움과 인성의 통합을 통해 개인적 차원에서는 자존의 힘을 키우고, 공동체 차원에서는 공존의 힘을 키우는 교육이 새롭게 목표로 설정되었습니다. 3년이 지난 지금, 다시 시작할 때의 마음을 되새겨 봅니다. IB 교육을 도입하고자 했던 기본적 목표와 본질적 이유에 대해서도 되돌아 봅니다.

최근 들어 표선고에 대한 관심이 높아지고 있습니다. 전국 각지에서 입학 문의가 이어지고 있습니다. 표선고가 지역의 명문 학교로서 성장할 것이라는 기대도 커지고 있습니다. 하지만 다른 한편에서는 지나친 기대가 과열되어 자칫 표선고의 정체성을 잃게 되지는 않을까 하는 걱정이 앞섭니다. 다시 한번 학교의 기본은 무엇이고 교육의 본질은 무엇인가를 생각해 봅니다. 성적보다는 성장을, 경쟁보다는 협력을, 결과보다는 과정을 중시하는 교육이 지속되었으면 좋겠습니다. 학교 울타리 안이 가장 편하고 안전한 곳이 되었으면 좋겠습니다. 선생님의 품이 가장 마음 놓이는 곳이 되었으면 좋겠습니다. 표선고의 학생들이 누군가의 친절한 동료이고 다정한 이웃이며 건전한 시민으로 성장했으면 좋겠습니다. 세상 밖으로 나갔을 때 각자가 짊어질 무게를 견뎌낼 수 있을 만큼 단단한 마음을 가진 사람으로 성장했으면 좋겠습니다. 모두가 특별함만을 쫓는 시대에 평범함의 가치를 소중히 여기는 마음을 간직했으면 좋겠습니다. 표선고는 지금까지 그랬듯이 앞으로도 평범함이 특별함이 되는 학교로 남았으면 좋겠습니다. 지나친 성장지상주의와 과도한 경쟁중독교육으로 인해 놓쳐버린 평범한 삶의 소중함을 가르치는 학교였으면 좋겠습니다. 뭔가 대단한 존재가 되지 않아도 우리 모두가 이미 충분히 가치 있는 존재임을 배우는 학교가 되었으면 좋겠습니다.

　세상이 변하는 속도를 체감할수록 질문이 많아집니다. 세상은 이렇게 빠른 속도로 변해가는데, 우리의 교육은 우리의 아이들을 제대로 준비시키고 있는 걸까요? 급변하는 시대에 우리 교육이 나가야 할 방향은 어디인가요? 2017년 이후 수많은 교사, 교육행정가, 교육전문가들이 IB 도입을 통한 공교육 개혁을 위해 헌신해 왔습니다. 모처럼 맞이한 교육개혁의 계기가 의미 있는 결실을 맺을 수 있도록 최선을 다하고 있습니다. 속도보다 방향이 중요함을 다시 새깁니다. 첫발을 내디디며 처음 던졌던 질문을 다시 떠올립니다. 우리 교육의 나가야 할 방향이 무엇인지를 되돌아봅니다.

"우리가 다니고 싶은 학교는 어떤 학교인가요?"

"우리가 꿈꾸는 교육은 어떤 교육인가요?"

PART

01

교육 패러다임의
변화

IB에서
해법을
찾기로 했다

IB에서 해법을 찾기로 했다

어느
중견 교사의
고백

"작중 인물이 저 같아요. 저도 그처럼 가면을 쓰고 세상을 살아가고 있거든요. 아무렇지 않은 척, 잘 지내고 있는 것처럼요. 인물의 고민과 생각들이 이해가 되요."

3학년 1학기 5월, 다섯 번째 작품을 배우는 첫 시간. 작품을 읽고 난 후 든 느낌을 자유롭게 밝히는 자리에서 한 학생이 던진 말이었다. 그리고는 자신의 실제 이야기를 고백하듯이 쏟아내었다. 줄거리 파악을 위한 자리는 어느새 '우리의 실제 현실 삶'과 연결되어 재구성되고, 실제 모습으로 변형되어 새로운 형태를 갖추고 있었다. 그런데 이런 반응은 특정 학생만의 별난 것이 아니다. 한 권의 문학 작품을 2달 정도에 걸쳐 천천히, 섬세하게 그리고 함께 읽어나가며 여러 다양한 맥락으로 이해하는 일련의 수업들에서 학생들은 어느새 진정한 독자가 되어 있었다. 동시에 활자로만 존재하는 세상이 아니라 자신의 삶을 되돌아보며, 작품을 성찰의 매개체로 여기고 있었다. 한 편의 진정한 독자가 또 한 명 탄생하는 순간이었다. 이렇게 탄생한 독자는 자발적으로 같은 작품을 2-3번 반복적으로 읽으며 주체적으로 내적 수용을 강화한다. 그리고 이번에는 그것의 의미를 다른 사람과 소통하기 위한 표현으로 '학술적 글쓰기(Essay)'를 작성한다.

"그는 결코 나약하지 않아요. 그는 정말 치열하게 세상과 싸웠어요. 저는 그걸 증명해 낼수 있어요."

어느 순간, 학생들은 독자에서 '비평가'로 옷을 갈아입는다. 그리고 지금까지 배운 여러 교과 지식과 이론들, 작가적 기법 등을 하나의 '도구'로 활용하여, 자신만의 탐구 질문을 만들어 그것을 증명해 낸다. 마침내 학생들은 저마다 각자의 인생 작품이 생겨나고, 한 권의 책은커녕 한 문단의 의미 파악도 버거워했던 아이들도 마지막 장까지 읽어내는 성취감을 느낀다. 그리고는

"내 모습에 깜짝 놀라요. 제가 책을 좋아하게 될 줄은 몰랐어요"
"다른 책도 읽어 보고 싶어졌어요."
"제가 같은 책을 반복적으로 읽게 될 줄 몰랐어요."

라고 말한다.
2년만에 아이들이 변했다. 이것이 IB 교육의 힘이었다.

학문의 본질을
되짚어 보다.
학생을 되찾다.

    IB 수업이 이뤄지고 있는 교실 상황을 보면 '학생'이 늘 중심에 있다. 어떤 과목이든 이는 동일하다. 수업의 시작은 교사가 문을 열 수도 있겠지만 이내 곧 자리를 내어준다. 그리고 학생들의 지적 호기심과 탐구심을 바탕으로 한 열띤 질의응답과 모둠별 의사소통 즉, 토의와 토론이 벌어진다. 학생들은 교사를 통해서만 교과 지식을 습득하는 것이 아니기 때문이었다. 때로는 다양한 학습 자료를 통해서, 때로는 온라인 검색을 통해서 학습에 필요한 정보들을 조사함으로써 지적 호기심을 채워나갔다. 또한 거의 매 시간 이루어지는 모둠별 토의·토론의 의소소통은 서로 다른 관점과 시각의 차이를 인정하고 수용하면서도 자신만의 고유 생각을 분명하고 체계적으로 구축해 나가는, 아주 흥미로운 교육 경험을 제공했다.

"나와 친구들의 생각이 이렇게까지 다르다니, 너무 신기해요."

    '진정한 소통'은 여러 다른 생각을 하나의 색깔로 귀결시키는 '무의미한 중립'을 만들기 위한 것이 아니며, 자신의 생각으로 타인의 생각을 변화시키려는 목적을 달성하는 '고지 탈환전'이 아니라는 것을 이해하는 것에서부터 시작되었다. 학생들은 IB 교육을 통해 문제 상황에 대한 자신의 생각과 그것을 뒷받침하는 근거들을 나누며 서로 다른 관점을 통해 생각을 확장하고 더욱 깊이 있는 사고를 위한 과정이라는 점을 수업 장면에서 자연스럽게 알게 되었다. 그렇기에 수업 시간에 발표나 질문, 발언 등을 주고 받는 행위는 '대화'이기에 부담감보다는 '자연스러운 생각의 표현'으로 수용하였다. '학문적 수다'의 즐거움으로 수업 장면은 '시끄러움'을 동반하였다. 더욱이 지식이 풍부한 학생들만 참여할 수 있는 것이 아니었기에 모든 학생들이 수업 장면에 함께 할 수 있었다.

지식의 유무가 수업 소외를 불러일으키지 않았다. 수업 시간에 학생들이 살아있었다. 그들은 자신의 생각을 조잘조잘 얘기하고 타인의 의견을 경청하고, 조사하고 연구한 내용을 공유하며 지적 확대를 경험했다. 그러니 수업 시간이 조용할 리가 없다. 때로는 시끄럽고 정신없어 보일지 몰라도 모두가 '배움'에 동참하고 있었다. 그들은 더 이상 교사의 일방적 전달을 원하지 않았다.

따라서 학생들은 점점 더 자유롭고 더 적극적으로 수업에 참여하였고 궁극적으로는 '수업의 중심'이 되었고, 더 많은 질문과 번뜩이는 생각들을 쏟아내는 학생들이 늘어났다. 자신의 생각이 자라는 것을 발견함으로써 그들은 성장하고 있음을 자각하기 시작했다. 나는 기꺼이 무대 아래로 내려왔다. 너무나 당연하고 행복한 하강이었다. 나는 "교사로서 '가르치는 기쁨'을 되찾았습니다."라고 말할 수 있다. '학생들과 수업을 '함께' 만들고 있구나'라는 확신이 들었다. 물론 이런 수업 장면을 위한 교사의 수업 설계와 디자인은 생각보다 고되었다. 더 총괄적이고 더 큰 그림에서 디자인해야했다. 하지만 이도 아직 내가 '가르쳐야 한다'라는 생각에서 완전히 벗어나지 못 해서 오는 것일지도 모른다.

교실에는 '교사'만 있는 것이 아니다. 우리는 종종 수업 현장에 '학생'들과 함께 있다는 사실을 잊는다. IB 교육을 하면서 나는 학문의 본질을 다시 환기할 수 있었으며, 수업 현장에서 학생을 '배움의 친구'로 만날 수 있었다. 그래서 수업에 대한 기대와 설렘이 늘 가득하다. 어느덧 중견 교사가 된 이 시점에서 IB 교육은 나에게 '다시 시작'을 성찰할 수 있게 해 주었다.

2년간의

긴 호흡으로

교육을 바라보다.

"선생님. 저는 모둠 활동이 너무 힘들어요. 친구들에게 제 생각을 말하는 게 너무 부끄러워요."

평소 모둠 활동에서 적극적으로 활동에 임하지 않는 한 학생이었다.

"친구들에게 너의 생각을 말하는 게 왜 부끄러워?"

"저는 잘 못 하잖아요. 정답을 몰라요. 창피해요. 그래서 친구들에게 도움이 안 되요."

학습된 무기력과 학생 개인의 소극적 성향이 활동에의 참여를 움추르게 하고 있었다. 힘들고 어려운 상황에서 그저 도망치거나 회피하는 방법밖에는 없다는 판단으로 그동안 그렇게 생각했던 학생이었다. 나는 그 학생에게 하나씩 도전하자고 권했다. 동시에 그나마 조금이라도 의견을 말할 때 편한 친구가 있는지를 물었다. 중학교 때부터 같은 반이어서 그나마 익숙한, 친구 한 명을 지목했다.

"이 친구가 같은 모둠이면 조금은 용기를 낼 수 있겠니?"

"조금은요….."

나는 그 학생이 지목한 학생에게 전후 사정을 얘기한 후 도움을 요청했다. 모둠 활동에 적응하는 기간 동안만이라도 계속 같은 모둠에서 활동해도 괜찮은지를 물었다. 다행히도 괜찮다는 대답을 듣고 해당 학생과 같은 모둠으로 편성했다. 그렇다고 바로 모둠에서 적극적으로 활동하기를 요구하지 않았다. 그저 나도, 멘토 학생도 기다렸다. 그러면서 동시에 의도적으로 부담을 줄인 탐구 질문들과 단순화된 활동을 배정하며 '작은 성공 기회'를 제공하기 위해 노력했다. 자신의 생각이 표현할 수 있는 '허용적 분위기'를 조성하였으며, '좋아, 싫어, 나도 그렇게 생각해, 아니라고 생각해.'라는 단순 판단 의견부터 시작할 수 있도록 적극적으로 지지하고 격려하였다.

결코 서두르지 않았다. 나는 학생들의 배움 성장이 하루아침에 이루어지지 않는다고 생각한다. 그렇다고 매일매일 조금씩 일정 비율로 성장한다고도 단정하지도 않는다. 때때로 성장은 하루아침 내에도 일어나기도 하고, 긴 호흡 안에서 조금씩 일어나기도 하기 때문이다. 그렇기에 나는 그 학생에게 아주 작은 바람이 '지속적'으로 불길 바랬다. 언젠가는 반드시 '변화'가 일어날 것을 믿었다. 오늘 텍스트의 의미를 파악하지 못했어도 내일은 그 의미를 파악할 수 있다고 믿었다. 아니, 내일 변화하기를 기대하는 건 교사의 욕심이다라는 생각이 들었다. 나의 욕심을 내려놓고 수업 설계로 들어갔다. 사실 이런 어려움을 가진 학생이 비단 이 학생뿐일까? 대부분의 학생들이 똑같지 않을까? 한 번에, 단시간 내에 빨리 성장하는 학생들이 많을까? 아니면 그 반대가 많을까? 나는 이런 질문을 스스로에게 계속 던지며 수업을 설계했다.

나는 IB 교육의 '긴 호흡'을 믿었다. 하나의 과목이 학기 단위로 단절되지 않았다. 학년 단위로도 끊어지지 않았다. IB Diploma 교육은 고등학교 2학년(year 1)에서 3학년(year 2)까지 '2년'을 '하나의 주기'로 본다. 즉 내가 가르치는 IB 언어와 문학, 국어는 총

4학기가 하나의 단위인 것이다. 학생들은 2년 동안 IB 언어와 문학을 배우고, 그것에 대한 총괄 평가를 3학년 2학기 후반기 때 '한 번만' 치른다. 배운 것을 자신의 지식으로 충분히 녹여내는데 최소한 4학기의 시간을 확보해 주는 것이었다. 지식이 학생 개개인의 머릿속에 '묵은지'가 되고, '침전'되기까지 얼마나 많은 시행착오와 여러 차례의 반복되는 실패 그리고 끝도 없는 재도약의 도전들이 필요하겠는가. 또한 학생들마다 '삭히는 시간'이 얼마나 다르겠는가.

교육 현장에서 많은 학생들과 만나면서, 나는 절차적 지식뿐만 아니라 통찰적 지식, 내적 수용된 지식들은 결코 하루아침에 '뚝딱' 만들어지지 않는다는 것을 경험적으로 알았다. 다만 익히 알았지만 그런 점에 집중하지 않았다. 내가 가르쳐야 하는 교과 지식의 양은 너무나 방대했고, 나에게 주어진 시간은 언제나 부족했기 때문이었다. 그러다보니 나는 기다릴 수가 없었다. 그래서 학생들에게 지름길과 가장 효율적인 방법을 중심으로 '기능과 기술(Skill)l'을 알려주었고, 학생들에게 실패와 시행착오가 일어나지 않기를 바랐다. 일일이 일으켜 줄 수 없는 현실을 너무 정확하게 알고 있었기 때문이었다.

더욱이 수업의 호흡이 너무나 짧았다. 한 학기에 두 번의 지필고사를 봐야 했고, 난이도를 조절해 성적을 산출하려면 시험 범위는 넓어야 했다. 결국 50분 수업 1차시에 나는 여러 편의 시를 동시에 다뤄야 했다. 더욱이 소설은 엄두가 안 났다. 전편을 수업하는 건 불가능에 가까웠으며 언제나 학생들과 작품의 '핵심' 부분만을 얘기해야 했다. 작품 전체 맥락을 통해 작품을 이해하고 감상하는 건 '수행평가'로 구분지어 따로 해야 했다. 그러니 학생들에게 작품의 온전한 이해와 감상을 바라는 건 '이상'일 뿐이었다. 문학 작품의 이해와 감상은 지극히 학생 개인적 차원의 별도 활동으로 밀려날 뿐이었다. 더 큰 문제는 한 학기, 한 과목 수업이 끝났을 때 다음 학기, 다음 과목으로 심화되기 보다는 '나열'된다는 점이었다.

IB 언어와 문학을 수업하면서 가장 큰 변화는 '긴 호흡' 속에서 '연속성'과 '심화'를 체계적으로 구현할 수 있다는 것이었다. 한 편의 문학 작품을 2-3달에 걸쳐 천천히 온전하게 음미하며, 꼼꼼하게 분석할 수 있었다. 시의 경우 오직 한 시인의 작품만 다뤘다. 해당 시인의 거의 모든 시집을 학습 대상으로 삼아 거대한 흐름을 읽게 했다. 제대로 배운 한 편의 작품에서 알게 된 지식과 방법을 '전이'하여 다른 작품에 적용하며 심화, 확장되는 실제 경험을 반복적으로 제공했다. 즉 교과에 기본이 되는 '개념적 지식'을 잘 배워서 '전이'하는 역량을 길러주면 된다는 원리를 잊지 않으려 했다. 잘 구조화된 수업 설계와 디자인으로 학생들에게 '적합한 학습'이 구현될 수 있도록 계획했기에 하나의 배움이 다음 배움으로 확장, 심화될 수 있는 건 너무나 자연스러운 일이었다. IB 학생들에게 '과목'은 2학년 1학기부터 3학년 2학기까지로 연결된, 하나의 프로젝트인 것이다. 그래서 속도의 차이는 단지 시간의 '상대적' 차이일 뿐, 지식의 '절대적' 차이가 되지 않을 수 있었다.

"네가 그림 그리는 걸 좋아하잖아. 네가 이해한 내용으로 장면 삽화를 그려서 발표해 볼래?"

"잘 못 그려도 돼요? 시 설명은 아직 어려워요. 제가 그린 그림에 대한 설명으로 대신해도 될까요?"

모둠 활동과 지식 습득에 어려움을 표했던 그 학생은 아주 천천히 모둠에 적응해 갔으며, 단편적이지만 자신의 생각을 조금씩 드러내기 시작했다. 이런 과정에서 얻어진 자신감은 한 편의 시를 온전히 자신이 해석하고 그것을 바탕으로 내용 이해 그림을 그려 친구들 앞에서 발표까지 하는 엄청난 용기를 보여주었다. 또한 이 시에서 느낀 감상과 대응되는 비문학 자료를 스스로 선정하여 공통적으로 보이는 세계적인 이슈나 문제점을 찾아내 나름의 논리로 10분 동안 구술 발표까지 해내는 모습을 보여주었다. 하나의 과목에서 형성된 자신감은 두 학기 만에 다른 과목으로까지 전이되었다.

"IB 영어 공부 노트까지 만들어서 정리하고 있어요."

여러 과목에서 수업 태도가 달라진 것은 말할 것도 없었다. 그러나 무엇보다 가장 놀라운 점은 학생이 적극적으로 변했다는 사실이었다. 물론 그 학생은 교과 지식 측면에서 여전히 부족한 점이 많지만, 한 발자국씩 앞을 향해 나아가고 있기에 평생 학습자로 성장하고 있다고 자신할 수 있었다. 나는 기다리면 되는 거였다. 특히 느린 학습자의 경우 개인적인 보폭에 맞춘 학습이 이뤄질 수 있는 작은 성공 기회와 지속적인 격려를 제공할 뿐이다. 그 학생은 단지 느릴 뿐이었다.

"전 아무래도 안 되나봐요. 배워도 배워도 여전히 모르겠어요. 어떻게 해야하는지 머리로는 아는 것 같은데 막상 하려면 뜻대로 되지 않아요. 배울 수록 더 모르겠어요. 점점 더 어려워요."

초기 수업에서 작품 분석을 처음 배울 때의 새로움과 신기함으로 수업 참여도가 높았던 한 학생이 중반 수업 시기에 했던 고백이었다. 학생은 자신의 어려움 앞에서 당당했던 어깨를 움추리고 있었다. 배운만큼 빠르고 분명하게 앞으로, 앞으로 성장할 줄만 알았던 기대에 비해 배움이 깊어질 수록 더 심화되고 더 주체적으로 사고하는 과정이 펼쳐짐으로써 학생은 갈 길을 잃은 사람처럼 내적으로 심하게 흔들렸다.

"그럴 수 있어. 알면 알 수록 더 모르겠는 기분. 진짜를 배우는 과정은 사실 그렇단다. 그런데 그 과정을 넘어서야 너만의 배움이 형성될거야."

아무리 똑똑한 학생도 한 번에 지식을 습득하기 어렵다. 또한 습득했다고 해서 그것을 다양하게 변주하며 활용할 수 있는 다음 단계까지 나아갈 수 있는 경지까지 오를 수 있는 건 또 다른 문제이며 앞선 노력과 시간보다 더 많은 역량이 필요할 수도 있다. 그래서 충분한 시간이 필요하다. IB 과목 수업을 진행하는 동안-고등학교 2학년에서 3학년까지(year 1 ~ year 2)의 시기 동안-교과 지식과 내용 요소들을 최대한 많이 배우는 것에 중점을 두지 않았다. 오히려 하나의 지식과 내용 요소를 정확하게 이해하고 그것을 적용할 수 있는 기회를 무한 제공하는 것을 더욱 강조했다. 동일한 지식과 내용 요소를 다양하고 새로운 맥락에서 어떻게 적용하고 활용할 수 있는 지와 관련한 교육 경험과 활동을 반복할 수 있도록 설계했다.

앞서 '배우면 배울 수록 더 어렵다'라고 말했던 학생은 배움 경험이 쌓이면서 다시 자신감을 회복했다. 어렵다고 느끼는 지점을 성찰하며 객관화하여 바라봄으로써 문제를 해결할 수 있는 실마리를 찾았으며 이를 토대로 한층 명확한 확신으로 다음 도전을 이어나갔다. 추후 도전들에서 작고 큰, 유의미한 성과를 경험하게 되고, 이는 한 과목에서의 터득이 다른 과목에서도 동시 다발적으로 긍정적인 결과를 만들어 내는 데 결정적계기가 되었다. 또한 자신의 진로까지 확정하는 실로 엄청난 결과를 만들어 냈다. 더욱이 실제로 과목별 총괄 평가에서도 높은 점수를 받으며 '흔들림을 통한 역설적 성장'을 입증했다.

실패할 수 있는 기회를 주고 싶었다. 넘어지고 흔들리면 다시 일어나면 된다는 것을 알려주고 싶었다. 넘어짐과 다시 일어남이라는 과정을 통해 한층 성장할 수 있다고 믿었다. 우리의 삶에서 지금의 경험과 배움은 시작에 불과하다는 것을 잊지 않도록 해 주면 충분하다고 생각했다. 교육은 '단거리 달리기' 같지만 사실은 '장거리 달리기'라고 생각한다. 우리 교육은 [초등학교 6년 + 중학교 3년 + 고등학교 3년 = 12년] 이 한 세트이다. 우리는 초등학교 때 달렸다가도, 중학교 때 멈출 수도 있다. 쉬면서 문제를 해결하고 극복 에너지를 보충해서 고등학교 때 다시 걸으면 된다는 것을 알고 있다. 또한 고등학교 때까지도 걷기 힘들었다 해도 졸업 후 그 어느 지점에서 다시 걸을 수 있다는 것과 그때의 걸음은 지난 걸음과는 비교가 안 될 정도로 당차고 힘이 넘칠 수 있다는 것을 알고 있다. 이런 맥락이 IB 교육 중 Diploma에도 그대로 담겨 있다고 생각한다.

IB 교육은 철저하게 Wiggins & McTighe의 설계 모형를 지향한다. 2년간의 긴 호흡으로 교육을 흔들림없이, 방향성을 잃지 않고 가기 위해서 반드시 전제가 되어야 하는 수업에 대한 관점을 보여주는 설계가 필요하다. 나는 'Scaffolding(비계)'을 구상하기 위해 가장 많은 노력을 기울였다. 2년간의 모든 수업은 '한 번' 있을 총괄 평가를 향해 철저히 기획되고 설계되었으며, 명확하게 의도된 단계에 맞춰 진행될 수 있도록 노력했다. '긴 호흡'이 갖는 장점을 최대한으로 살리면서 느슨할 수 있는 약점을 보완하기 위해 철저한 수업 디자인이 선행되어야 한다고 생각했기 때문이었다. 이러한 생각은 현재 내가 가르치는 '횡적'인 수업 간의 협의나 내용 공유뿐만 아니라 '종적'인 학년 간의 전문적 협동이 절대적으로 필요했다. 수업 준비를 하는 시간만큼 협의회 시간이 너무나 소중했으며 실제로 많은 시간을 기꺼이 할애했다. 우리 학교 과목별 선생님들은 모든 수업 내용을 같이 공유하여 알고 있으며 구체적이고 실질적인 방법까지 서로 도움을 주고 받았다.

본격적인 IB 교육이 시작되기 전인 고등학교 1학년 시기를 'Pre-DP'로 정하고 학생들의 문화와 사고 체계, 과목별 역량 등에서 '기초' 단계를 구체적으로 구성했다. 과목별로 어떠한 역량과 훈련, 학습이 필요한지를 구상하고 조직했다. 이러한 실질적인 기초 역량 형성은 IB 교육에서의 2-3학년 '2년'의 호흡에 '1년'을 추가함으로써 더욱더 장기적으로 단단하게 교육할 수 있게 하였으며, 이를 통해 학생들의 어려움을 조금이나마 덜어줄 수 있도록 설계했다.

'정답'보다는
'해답'을
요구하다

"수업 시간에 질문이 가능하다는 게 너무너무 좋아요. 다른 친구들의 질문도 궁금하고 제 질문이 적절한지도 알고 싶어요. 그리고 제가 제시한 의견이 꼭 정답일 필요가 없어서 더욱 좋아요. 너무너무 부담되었었어요."

중학교 내내 전교 1등을 놓쳐 본 적이 없는 학생이 수업 시간에 말했다. 공부를 잘하는 학생으로서 오히려 겪게 되는 고충도 있을 수 있다며 쏟아낸 말들은 교사로서 처음 듣는 '충격과 반성의 고백'이었다. 소위 '팩트 충격'이었다. 정답에 대한 압박은 교사인 내가 생각했던 것보다 훨씬 버겁고 무서운 것이었다. 수업 시간에 자신의 생각과 의견을 마치 '자기 검열' 하듯이 살펴봐야하다니. 지적 호기심에서 나온 질문의 '질'과 '적절성'을 학생 스스로 점검해야 하며, 정답 이외는 무가치한 반응으로 읽히고 있는 교실 현장이 너무나 차갑고 무섭게 느껴졌다.

수업 시간에 제일 많이 하는 말이 있다.

"정답을 말해야 한다는 부담을 갖지마. 관련된 너의 생각을 자연스럽게 펼치면 돼. 그것부터 시작하자."

심리적 부담은 우리의 '입'을 다물게 하고 궁극적으로는 '생각'을 멈추게 한다. 내 수업에 함께하는 학생들은 이미 완성된 전문가 집단이 아니라는 생각을 유지해야 했다. 그들은 배우고자 해서 있는 것이다. 그렇기에 지적 호기심과 탐구심을 마음껏 발휘할 수 있도록 수업 분위기를 조성해야하는 것이 우선이라 생각했다. 나는 IB 교육의 목적을

'정답'이라는 단어 대신 '해답'이라 지칭하기로 했다. 학생들은 작품이나 텍스트 자료를 하나의 '근거'로 해서 자신의 생각을, 궁금증을 최대한으로 발산하도록 했다. 그리고 처음에는 모둠원들과 그러한 생각들을 나눌 수 있는 다양한 탐구 질문들을 제시했다. 대화의 장을 만들어 주는 순간 그들은 치열하게 '자신만의 해답'을 쏟아내며 '타인의 해답'과 비교하고 대조함으로써 자신의 지식까지 메타인지로 성찰할 수 있었다.

"그렇다면 '정답'은 없는 거죠? 맞죠?"

"아니지, '정답'이 있을 수 있지. 그렇죠?"

"'해답'이 '정답' 아니야?"

"'해답'도 '정답'이 될 수 있지만 오직 하나의 '정답'도 존재할 수 있는 거 아냐?"

"맞아. 증명할 수 없다면. 너의 주장을 뒷받침할 수 있는 근거가 명확하지 않다면 '해답'은 존재할 수 없어. 마찬가지로 네가 유일한 근거를 제시하여 어떤 것을 입증했다면 '절대적 정답'도 존재할 수 있는 거 아냐?"

학생들은 해답과 정답에 대해 토의하고 토론하며 나름의 결론을 만들어 냈다. 나 역시 그들과 생각이 크게 다르지 않았다. '나의 주관적 '의견'에 객관적 '근거(evidence)'를 들어 그것을 '입증'할 수 있다면 그것은 '해답'이 될 수 있다. 그리고 그때의 '해답'은 '정답'이 될 수 있는 가장 강력한 힘을 갖게 된다.'라고. 학생들은 수업 시간에 '근거 싸움', '근거 배틀'을 벌였다. 우선적으로 자신의 주장에 힘을 싣기위해 '근거'를 찾기 위해 텍스트나 관련 자료를 꼼꼼하게 읽고 분석했다. 그리고 타인이 든 '근거'의 오류를 발견하기 위해 '근거' 자체를 '비판적'으로 점검하거나, '다른 근거'를 들어 다른 학생들에게 반박하며 자신의 논리를 키워나갔다. 이런 수업에서 '질문'의 수준은 점점 더 높아지고 정교해질 수밖에 없었다. 학생들은 스스로 배움을 완성하고 있었다. 솔직히 이런 순간에는 나는 교사가 아니라 한 명의 발언자로 끼어들고 싶었던 욕망에 싸이곤 했다. 그런데 더욱 흥미로운 건 이런 '근거 배틀'에서 승자와 패자를 결정하는 것으로 마무리를 정하지 않는다는 점이었다. 처음에는 '승리자'를 가르기 위해 전쟁에 뛰어들지만 수업이 진행될수록 그것이야말로 가장 무의미한 행위라는 것을 깨달을 뿐이었다. 학생들이 쏟아낸 주장과 근거만으로도 교과 지식의 심화와 이해, 적용은 이미 완료되었기 때문이었다. 학생들과 나는, 수업 과정 자체에서 이미 배움을 확인받았다. 다음 활동을 위한 준비와 방법을 이미 수정하기 시작했기에.

물론 '정답'이 없어서 괴롭거나 '명확하게 규정짓지 않아서 답답해하는 학생들도 있었다. 그렇지만 그것은 대부분 수업 초기를 벗어나면서 자연스럽게 사라졌다. 누구보다 학생들이 먼저 깨닫는다. 이런 '사고 기능'이 가장 상위적인 배움이라는 사실을. 앞서 언급한 것처럼 철저하게 의도된 'Scaffolding(비계)'를 제시하여 학생들의 그러한 두려움을 극복할 수 있도록 설계함으로써 IB 교육을 수업 장면에서 온전히 구현할 수 있도록 노력했다. 모든 배움이 끝난 후에 치뤄지는 '총괄 평가'가 서·논술형인 이유도 이러한 특징을 반영하기 위한, 당연한 방법이라고 생각했다. '학생의 모든 의견은 '해답'이 될 수 있다는 생각'과 '학생의 주장 중 완전히 틀린(Totally wrong) 것은 없다는 생각'의 반영이 서·논술형 문항을 뒷받침하고 있다고 생각한다.

"수업 시간에 배웠던 '소설의 시점' 이론으로 이해해 보려고 해도 납득이 안 가는 작품이 있어요. 독자가 '시점(발화자)'을 믿을 수 없다고 판단한다면 이건 작가의 의도성인가요? 시점 자체의 한계인가요? 아니면 작가가 시점에 대해 오류를 범하고 있는 건가요? 이건 또 어떻게 판단할 수 있나요? 무엇을 기준으로요?"

"시점에 이어, '초점화'를 말씀해 주셨는데요. 이러한 관점들도 결국 '비평가'에 의해 만들어진 거 아닌가요? 작가들은 정말로 이런 것들을 염두해 두고 작품을 쓸까요? 이와 관련하여 제가 이해하기 위해 스스로 살펴볼 수 있는 자료나 책이 있을까요?"

"시점에 대한 궁금증이 아직도 완전히 해결되지 않았어요. 이와 관련하여 'HL Essay(개별 탐구형 에세이)'나 EE(심화 확장된 학술적 에세이)'로 풀어보고 싶어졌어요."

질문과 생각에서 자유로워진 학생은 점점 더 심화된 질문들을 쏟아냈다. 그리고 자기만의 깊은 우물을 파내려 갔으며 이렇게 발전된 '사고 기능'은 더욱 견고해진 '조사 기능'과 어우러져 학생 개인의 학술적 깊이를 완성해냈다.

'해답'을 구상해 내는 과정에서 대다수의 학생들은 '자기 주도성'을 갖추게 되었다. 너무나 당연한 결과였다. 나이가 어린 아이도 자신에게 선택권이 주어지는 경우 나름의 목적에 맞는, 최선의 것을 선택한다. 또한 그러한 선택에 대한 결과까지 과감하게 수용하는 모습을 보인다. 우리 학교 학생들도 같았다. 지식 여부나 개인적인 능동성 차이와는 상관없이, 학생들은 지식을 스스로 만들어냄으로써 분명한 관점과 확고한 신념을 동시에 구축했다. IB 교육을 통해 그들은 자기 주도적으로 질문을 만들고, 그것을 입증하기 위해 자신의 모든 역량을 발휘하여 분석했으며, 이런 일련의 과정에서 구축된 지식을 한 편의 글로(때로는 구술 평가) 완성하는 경험까지 이어갔다. 비록 총괄평가에서 온전히 표현하는 능력까지는 아직 충분하지 않은 학생도 있었지만 그것이 그들의 실패나 좌절을 의미하지 않았다. 그들은 과정에서 분명히 성장했기 때문이었다.

"이제는 한 편의 영화도, 한 편의 문학 작품도 어떻게 보고 읽어야 하는지 알았어요."

그들의 마지막 말이 멋지게 들리는 건 수업 시간 내내 보여준 역량 덕분이었다.

함께 걷는
길은
행복하다

"얘들아, 내가 온라인에 문서 공유했으니까, 너희도 같이 하자. 질문에 대한 생각들을 어떻게 풀어냈는지를 공유하면 좋겠어."

수업을 설계하는 교사인 나로서도, IB 교육은 쉽지 않았다. 하나부터 열까지, 새롭게 구축하고 통합하는 일들이 끝도 없이 이어졌기 때문이었다. 그래서 나는 같은 과목의 선생님들과 수시로 만나 상의하고 협력할 수밖에 없었다. 믿을 것은 동료밖에 없었다. IB 교육을 하면서 '동료 의식'이 더 강화되었고 '우리는 없어서는 안 될 존재'로 인식하게 되었다. '함께 하는 것'이 얼마나 든든하고 행복한 상황인지 새삼 느꼈으며, 서로가 서로에게 위로와 격려가 되었다. 우리 학생들도 마찬가지였다.

사실, 평소 우리 학생들은 개인적인 친밀도와 상관없이, '평가'의 시기가 되면 '인간관계'까지 예민해 지면서 '친구'가 아닌 '경쟁 상대'가 되는 흑마법에 빠지게 되는 불행한 경험을 갖게 되는 일이 왕왕 있다. 교육의 결과가 '상대평가'로 측정되어 모든 학생들을 1등부터 꼴등까지 '서열'과 '순위'로 나누기 때문이었다. 특히 지필평가는 그러한 비극성이 더욱 도드라졌다. 심지어 자신이 알고 있는 교과 지식 정보를 타인과 공유하는 것을 꺼리는 심리가 발동하여 시험 직전, '공부를 제대로 못 했음'을 역설하는 기이한 현상까지 벌이곤 했다. 학생들의 이러한 모습은 어쩌면 내가 그동안 '지식'만 가르치느라 세상을 살아가면서 우리가 기본적으로 갖춰하는 '소양'과 '정신'까지 다 팔아버리게 한 것이 아닌가라는 쓸쓸한 결과와 만나게 할 뿐이었다.

'IB 교육이 어떻게 학교 현장을, 수업을 바꿨나요? 무엇을 보면 단번에 알 수 있을까요?' 라고 누군가가 물어보면 나는 이렇게 말하고 싶다.

"시험 기간에 우리 학교에 와 보세요. 보기만 해도 알 수 있어요."

수업에 배운 내용의 심화 버전으로 지필평가*가 치뤄졌다. 평소 수업에서도 하나의 질문을 해결하기 위해서는 여러 친구들과의 의사소통을 통한 심도 있는 내용 이해가 필요했던 것을 경험적으로 아는 우리 학생들은 시험 준비 방법을 달리했다. 바로 '함께' 준비하는 것이었다. 누가 시키지도 않았는데 학생들은 공유 문서를 하나 만들었다. 그리곤 자유롭게, 자신이 이해한 수업 내용을 정리했다. 어떤 학생들은 그 정리에 댓글을 달며 추가 질문이나 반론을 펼쳤다. 또 어떤 학생들은 자신이 알게 된 추가 지식으로 새로운 의견을 제시하기도 했다. 온라인은 또 하나의 '수업 현장'이 되었으며 학생들은 그곳에서 '다른 종류의 토의-토론'을 펼쳤다. 그리곤 항상 마지막에는 이렇게 말했다.

"이건 컨닝지를 만들기 위한 게 아니야, 알지? 서로의 생각을 나누면서 자신만의 생각을 만들기 위한 '참고'로 쓰자는 거야. 혹시라도 자기가 쓴 글에 문제가 될 것 같은 내용이 있으면 꼭 말해줘. 모두가 헷갈리지 않도록."

시험 시작을 알리는 종소리 직전까지 학생들은 교실에서 끝까지 대화를 했다. 무엇을 근거로 그것을 주장할거냐고, 어떻게 서술할거냐고.

이러한 변화는 '수업'의 변화만으로 이뤄진 것이 아니었다. '평가'의 변화가 가장 결정적이었다고 생각한다.

'절대평가'

---

* IB DP 프로그램을 한국 교육과정에 접목하기 위해 학생들의 학기별 성적 산출은 필요했다.

'서·논술형을 위한 시험 시간 90분 적용**'

IB 교육은 '세계 평화에 이바지할 수 있는 학생'을 기르고자 하는 목표가 있다. 그것을 구체화한 것이 '10가지의 인재상'이며, 그것을 현실화할 수 있는 도구가 'ATL(Approaches to Learning)'이다.

서로 다른 국적과 문화를 지닌 사람들의 이해관계를 종합하여 최선의 선택을 하는 것은 매우 어려운 일이다. 또한 자신의 지식을 '나'라는 개인적 목표 달성을 초월하여, '우리'라는 모두를 위한 것에 쓰일 수 있도록 하는 것도 매우 어려운 일이다. 그럼에도 불구하고 IB 교육은 이 모든 것을 현실적으로 가능하도록 지도할 것을 강력하게 요구한다고 판단했다. 그렇다면 어떻게 해야하는가에 대해 우리 학교가 내린 결정은 '도전'이었다.

'절대평가'로 바꿈으로써 '경쟁'이 아닌 '협력'이 우선되도록 했다. 매 수업 시간에 이를 명시적 혹은 암묵적으로 강조했다. 또한 '절대평가'로의 변화는 수업의 본질과 학생 배움 성장을 가장 강력하게 확인할 수 있는 무기로써 반드시 필요한 것이었음을 역설했다. 다른 학생과의 비교가 아닌, 자신의 성장을 '어제'와 '오늘' 그리고 '내일'과 비교함으로써 각자는 개별적인 목표 달성을 달리 형성할 수 있으며 자신의 실질적인 역량 개발에 초점을 두는 것에 집중할 수 있었다. 학생들은 '배움'은 '함께'하고, '성장'은 '스스로' 하였다. IB 교사도 IB 학생들과 같았다.

** 과목별 IB DP 외부평가 유형에 맞춰 실제 교내 과목별 시험 시간은 상이했다. (50분~ 90분 등)

PART

02

IB 교육프로그램의
소개

IB 교육프로그램에
대한 정확한
이해가
우선적이었다.

IB 교육프로그램에 대한 정확한 이해가 우선적이었다

국제 바칼로레아 기구International Baccalaureate Organization, 이하 IB는 1968년 스위스 제네바를 기반으로 설립되었다. 비영리 교육재단 IB는 당시 제네바에 주둔하던 유엔 등 국제기구 주재원과 외교관 자녀들의 잦은 국가 간의 이동으로 본국의 교육과정을 안정적으로 받기 어려운 교육적 문제를 해결하기 위해 IB 교육프로그램을 개발하였다. 국제기구 종사자 자녀들과 같이 여러 나라를 옮겨 다니는 학생들에게 일관된 교육을 제공하기 위해 IB에서 총괄하여 표준적인 교육 시스템을 개발하고 운영한다. 초기에는 고등학교 과정을 위한 대학 입시 프로그램으로 시작하여, 이후 중학교 프로그램, 초등학교 프로그램, 직업 연계 프로그램이 개발되어 현재 총 4가지 프로그램이 운영 중이다.

IB 교육프로그램
구성의 방향을
살피다

　IB 교육프로그램은 교육과정 편성, 교과별 교육목표 선정, 교수학습 설계, 평가 등 모든 분야에서 IB 교육의 철학이 반영되어 있다. IB 교육의 방향과 IB 교육을 통해 기르고자 하는 인재상은 다음의 IB 교육목표IB mission statement와 IB 학습자상IB learner profile에 잘 나타나 있다.

IB
교육목표

IB의 목표는 서로 다른 문화를 이해하고 존중하며, 더 나은 평화로운 세상을 실현하는데 기여할 수 있는, 지식이 풍부하고 탐구심과 배려심이 많은 청소년을 기르는 것이다.
이를 위해 본 기관은 학교, 정부 및 국제기구와 협력하여 국제적 수준의 교육과 엄격한 평가 시스템을 갖춘 도전적인 교육 프로그램을 개발하고 있다.
IB 프로그램은 전 세계 학생들이 적극적이고 공감할 줄 알며, 서로 다름을 이해하고 존중하는 평생 학습자가 될 것을 장려한다.

IB 학습자상

탐구하는 사람
Inquirers

우리는 호기심을 키워 탐구하고 연구하는 능력을 향상시킨다. 우리는 독립적으로 또 다른 사람과 함께 배우는 법을 안다. 우리는 열정을 가지고 배움에 임하며, 학습에 대한 열의를 늘 잃지 않는다.

지식이 풍부한 사람
Knowledgeable

우리는 개념적 이해를 통한 성장을 지향하며, 다양한 학문의 지식을 탐구한다. 우리는 지역적이고 세계적으로 중요한 사안들과 의견에 관심을 기울인다.

사고하는 사람
Thinkers

우리는 비판적이고 창의적인 사고력으로 복잡한 문제를 분석하며 책임 있게 행동한다. 우리는 합리적이고 윤리적인 의사결정을 주도한다.

소통하는 사람
Communicators

우리는 하나 이상의 언어와 다양한 방법으로 창의적이고 자신 있게 우리 자신을 표현한다. 우리는 다른 개인과 집단의 의견을 경청하며 효과적으로 협력한다.

원칙을 지키는 사람
Principled

우리는 공정성과 정의감을 바탕으로 인간의 존엄성 및 권리를 존중하며, 성실하고 정직하게 행동한다. 우리는 우리 자신의 행동과 그 결과에 따른 책임을 진다.

열린 마음을 지닌 사람
Open-mined

우리는 비판적인 사고를 통해 우리 고유의 문화와 역사를 바라보고 타인의 가치관과 전통을 수용한다. 우리는 다양한 관점을 추구하고 평가하며, 경험을 통해 성장한다.

배려하는 사람
Caring

우리는 서로 공감하고 격려하며 존중한다. 우리는 봉사 정신을 갖고, 타인의 삶과 지역 사회에 긍정적인 변화를 도모한다.

도전하는 사람
Risk-takers

우리는 철저하게 계획하고 의사결정을 내려 불확실성에 도전하며, 독립적으로 또 협력을 통해 새로운 아이디어와 혁신적인 전략을 모색한다. 우리는 도전과 변화에 맞서 굴복하지 않고 슬기롭게 대처해 나간다.

균형 잡힌 사람
Balanced

우리는 자신과 타인의 행복을 위해 삶의 지적, 물리적, 정서적 균형을 이루는 것이 중요하다는 것을 알고 있다. 우리는 타인뿐 아니라 우리가 살아가는 세상과도 상호 의존함을 인지하고 있다.

성찰하는 사람
Reflective

우리는 세상과 자기 생각 및 경험에 대해 깊게 생각한다. 우리는 개인의 학습과 성장에 도움이 되도록 우리 자신의 강점과 약점을 이해하려고 노력한다.

IB 교육프로그램의

단계별 요소를

구분하다

4개의 IB 교육프로그램은 공통적으로 국제적 소양을 갖추는 것과 IB 학습자상이 강조하는 자질 계발에 기초한다. 각 프로그램은 고유한 특성과 학생의 발달달계에 맞는 단계별 요소를 가지고 있다.

IB 교육프로그램

초등교육 프로그램(PYP)은 전통적인 교과의 경계를 초월한 학습을 추구합니다. 학생들은 6가지 초학문적 주제('우리는 누구인가', '우리가 속한 공간과 시간', '우리 자신을 표현하는 방법', '세상이 돌아가는 방식', '우리 자신을 조직하는 방식', '지구 공유하기')를 탐구한다.

중학교 프로그램(MYP)에서는 학생들이 PYP에서부터 개발되고 심화된 6가지 초학문적 주제를 6가지 세계적 맥락으로 확대하고 더욱 깊게 탐구한다. MYP 학생들은 이 여섯 가지 맥락인 '자아와 관계', '개인적·문화적 표현', '시·공간의 방향성', '과학과 기술의 혁신', '공정성과 발전', 그리고 '세계화와 지속 가능한 미래'를 집중 탐구한다.

고등학교 과정인 디플로마 프로그램
(DP)은 6개의 선택 과목과 3개의 핵
심 요소로 구성되어 있다.

직업 연계 프로그램(CP)에서 학생들은 DP 과정에서의 학습
내용을 CP의 직업 관련 수업과 4가지 핵심 요소를 결부시켜
학습합니다. CP의 핵심 요소 중 하나인 '자기개발능력 및 전문
기술' 과정은 학생들이 향후 직장에서 직면할 수 있는 여러 가
지 개인적, 직업적 상황을 미리 탐색해보는데 초점을 둔다.

　　모든 프로그램은 과정을 이수하기 위해서는 최종적으로 각 프로젝트를 완료해야 한
다. PYP에서 '전시회(exhibition)'를 수행해야 하며, MYP에서는 '개인 및 공동체 프로젝
트(personal or community project)'를, DP에서는 '소논문(extended essay)'을 그리고
CP에서는 최종 프로젝트로 '성찰 프로젝트(reflective project)'를 수행해야 한다. 이 프
로젝트는 학생들의 지식, 이해도, 역량을 심화하고 동료 학우와 나눌 수 있는 기회인 발
표회를 가져 그들의 학습 여정을 마무리하게 한다.

교수·학습 접근

방법에 대한

필요성을 깨닫다

 01 교수 접근 방법 ATT: Approaches to Teaching

IB 교육프로그램이 추구해 온 교육목표와 학습자상을 바탕으로 구성한 교육과정에서 중점을 두는 교육적 원리는 다음과 같다.

교수 접근 방법(ATT)

핵심 교육 원리	내용
탐구에 기반	학생들 스스로 정보를 수집하고 이해하는 데 중점을 둡니다.
개념적 이해의 강조	학생들은 다양한 개념을 탐구하여 학문의 이해를 넓히고, 개념의 연관성을 찾으며 새로운 맥락에 적용시킵니다.
지역과 세계적 맥락에 연결	이 교수법은 실생활 사례와 맥락을 활용하며, 학생들이 새로운 정보를 접할 때 자신의 경험과 주변 세계와 연관 지어 이해할 수 있도록 합니다.
효과적인 팀워크와 협력의 강조	학생들 간의 팀워크와 협력을 강조함과 동시에 교사와 학생간의 협력적인 관계에도 적용됩니다.
학습의 방해 요소를 제거	교육은 다양성을 포용하고 존중합니다. 이 교수법은 수업을 통해 학생들의 정체성과 개별 학습요구를 파악하여 각자의 목표를 설정하고 달성하는 데 도움을 주는 학습 기회를 창출합니다.
평가 정보의 활용	평가는 학습을 장려하고 학습 성과를 측정하는데 매우 중요한 역할을 합니다. 따라서 이 방법은 학생에게 제공하는 효과적인 피드백의 중요성을 인지하여 이를 강조합니다.

02 학습 접근 방법 ATL: Approaches to Learning

　IB 교육프로그램에서 추구하는 학습자상을 구현하기 위해 개발된 교육과정을 통해 중점적으로 기르고자 하는 핵심 역량은 다음과 같다.

학습 접근 방법(ATL)

학습 역량	하위 기술
사고 기능 Thinking Skills	비판적 사고력, 창의력 사고력, 윤리적 사고력 등
조사 기능 Research Skills	정보 비교·대조·검증 능력, 우선순위를 매기는 능력 등
의사소통 기능 Communication Skills	글쓰기, 말하기, 주의 깊게 듣기, 논쟁을 구성하는 능력 등
대인관계 기능 Social Skills	긍정적 관계 형성 및 유지, 타인 의견 경청, 갈등 해결 능력 등
자기관리 기능 Self-management Skills	과제 및 시간 관리 능력, 감정 상태와 의지 조절 능력 등

디플로마

프로그램을

이해하다

IB 디플로마 프로그램(DP)은 주로 만 16~19세 학생을 대상으로 하는 도전적인 2년의 대
입교육과정이다.

 DP의 구성

DP 설계 모형

IB DP의 설계 원리는 중핵 교육과정으로 중핵(core)을 중심으로 관련되는 여러 교과목, 활동 등을 통합적으로 조직하는 특징을 가지고 있다. DP 모형에서는 내부 층위(중핵)에 필수 이수 과정인 지식이론(TOK: Theory of Knowledge), 소논문(EE: Extended Essay), 창의·활동·봉사(CAS: Creativity, Activity, Service) 3가지 교육과정을 제시하고, 그 중핵을 둘러싸고 있는 외부 층위에는 선택하여 이수가 가능한 6개의 학문 영역이 제시된다. 6개의 학문 영역은 언어와 문학, 언어 습득, 개인과 사회, 과학, 수학, 예술 교과군으로 각 영역에 속한 개설된 과목들 중 선택할 수 있다. 각 교과군에서 한 과목을 선택하도록 되어있고, 예술 과목 대신 다른 교과군(그룹3~그룹4)에서 대체하여 선택할 수 있다. 학위 취득을 위해서는 고급수준(HL: Higher Level) 3과목과 표준수준(SL: Standard Level) 3과목을 선택하여 HL과목은 240시간, SL과목은 150시간을 이수하여야 하고, HL 4과목과 SL 2과목을 이수하는 경우도 인정한다. 모든 교과는 교과와 관련된 많은 기술을 개발하도록 하며, 특히 비판적 사고와 분석의 기술을 개발시키고, 그 기술들과 중핵 과정인 지식이론, 소논문, 창의·활동·봉사와 연계하여 학생들의 경험을 끌어낼 수 있는 기회를 제공할 수 있도록 한다.

다음은 6개의 교과 영역과 각 영역에 속한 과목들, 그리고 3가지 필수 영역에 관한 간략한 내용이다.

IBDP 교과군과 필수과정

교과		과목/내용
그룹1	언어와 문학 (모국어)	문학, 언어와 문학, 문학과 공연(SL)
그룹2	언어 습득 (외국어)	현대어(Language B, Language ab initio SL), 고전어(라틴어, 고전그리스어)
그룹3	개인과 사회	역사, 경제, 지리, 정치, 경영, 철학, 심리학 등
그룹4	과학	생물, 화학, 물리, 컴퓨터, 환경, 보건 등
그룹5	수학	수학: 분석과 접근, 수학: 응용과 해석

교과		과목/내용
그룹6	예술	연극, 미술, 무용, 음악, 영화 등
필수 과정	지식이론 (TOK)	철학, 도덕, 논술 등 통합하여 지식의 본질 탐색 (100시간 이상 이수, 전시회 및 1600단어 에세이 평가)
	소논문 (EE)	관심 있는 주제 선정하여 연구 논문 작성 (40시간 이상 독립적으로 수행, 4000단어 연구 소논문 작성)
	창의활동봉사 (CAS)	· 창의(Creativity): 클럽활동 등 창의적인 활동 · 활동(Activity): 신체 체육 활동 · 봉사(Service): 지역사회 참여, 봉사활동 (18개월 이상 균형있게 규칙적으로 진행한 활동 기록)

IB 교육프로그램은 2023년 11월(2022년부터 과정 운영) 평가 시행 이전 공식 지원 언어는 영어, 프랑스어, 스페인어였다. 2019년 제주특별자치도교육청과 대구광역시교육청은 IB와 함께 "국제바칼로레아 한국어와 협력각서"를 체결하여, 우리나라 공립학교에서도 한국어로 시험을 보고 디플로마까지 받을 수 있는 이중 언어 디플로마 프로그램(DLDP: Dual Lanaguage Diploma Program)을 운영할 수 있게 된다.

2024년 한국어 지원을 하는 교과목은 역사, 경제, 생물, 화학, 물리, 수학 분석과 접근 과목이고, 2026년 11월 평가부터 경제와 물리 과목이 한국어 평가가 시작될 예정이다. DLDP로 한국어 과정을 운영하고 있지만, 디플로마를 받기 위해서는 영어 과목 외 최소 한 개 과목은 영어로 평가를 받아야 한다는 내용이 포함되어 있어, 우리나라 학생들은 그룹 6에 포함되어 있는 교과목 또는 컴퓨터 또는 수학 과목을 영어로 평가에 응시하고 있다.

DP 평가 개요 및 디플로마 취득 조건

　　DP 평가 점수는 총 45점 만점으로 구성되어 있다. 각 교과군의 교과목 당 7점을 만점으로 하고, 지식이론 및 소논문에서 3점을 부여하며, 창의활동봉사는 이수해야 하는 조건이다. 다음은 한국어 평가가 이루어지는 교과목 중심으로 평가 내용을 정리한 것이다.

IBDP 교과군과 필수과정

과목		내부평가 IA:Internal assessment	외부평가 EA:External assessment	점수
그룹1	Koran A	개별 구술 평가	**P1. 텍스트 분석 글쓰기** P2. 비교 에세이 쓰기 (HL) 에세이 쓰기(1,500단어)	7
그룹2	English B	개별 구술 평가	P1. 에세이 쓰기 P2. 읽기 및 듣기 평가	7
그룹3	역사	역사 연구 에세이 (2,200단어)	P1. 지정 주제: 사료 기반 서술 P2. 세계사 주제: 주제 질문 서술 P3. 지역 주제: 에세이 쓰기 (HL)	7
그룹4	생물 화학 물리	과학적 연구 보고서 (3000단어)	P1 A: 선다형 P1 B: 데이터 기반 P2: 단답형, 서술형	7
	컴퓨터 과학(SL)	연구 보고서	P1. 필수주제: 단답형, 서술형 P2. 선택주제: 서술형	7

과목		내부평가 IA:Internal assessment	외부평가 EA:External assessment	점수
그룹5	수학 분석과 접근	개별 연구 보고서 (12~20페이지)	P1. 풀이 과정 서술 P2. 추론 과정 서술 (계산기 활용) P3. 확장된 문제 해결형 (HL)	7
그룹6	연극 (SL)	연출 제안서(PP)	RP: 세계 전통극 조사, 시연, 발표 CP: 공동 창작극 발표, 리포트 쓰기	연극 7
	시각예술 (SL)	전시회(Ex)	CS: 비교 연구 PP: 과정 포트폴리오	시각예술7
필수 과정	지식이론 (TOK)	지식이론 전시회 (950단어)	지식이론 에세이 (1,600단어)	TOK, EE 3
	소논문 (EE)		소논문 (4,000단어)	
	창의활동 봉사 (CAS)	포트폴리오, 인터뷰, 학습성과 충족		CAS 이수

　　내부 평가는 학생의 산출물을 교내 교사가 채점하여 IB에 제출한다. IB에서는 교사 평가 점수가 타당한지 IB 채점관들이 평가하여 점수 조정 과정을 거친다. 외부 평가는 IB에서 출제한 문제를 학생들이 해결하여 IB에 제출한다. 페이퍼 형식의 외부 평가(그룹1~그룹5)는 IB에서 정한 날짜와 시간, 약 3주간에 걸쳐 시행된다. 페이퍼 형식의 외부 평가를 포함하여 모든 외부 평가는 IB에 제출되고, IB 채점관들이 채점을 하여 점수를 부여하여 최종점수가 산출된다.

　　다음은 지식이론과 소논문 점수 배점 및 디플로마를 받기 위한 조건이다.

TOK & EE matrix

		지식이론 TOK				
		A	B	C	D	E
소논문 EE	A (27-34)	3	3	2	2	Failing
	B (21-26)	3	2	2	1	Failing
	C (14-20)	2	2	1	0	Failing
	D (7-13)	2	1	0	0	Failing
	E (0-6)	Failing	Failing	Failing	Failing	Failing

디플로마의 수여

필수 요구사항	여섯 과목 및 핵심 과정을 모두 이수한다. 평가 점수 24점 이상을 받는다 추가 요구 사항 모두를 충족한다.
추가 요구사항	CAS 요구 사항을 충족하여 이수한다. 지식이론 및 소논문에서 E성적을 받지 않는다. 모든 과목에서 1점을 받지 않는다. 2점을 받은 경우가 두 번 이하이다. 3점 이하를 받은 경우가 세 번 이하이다. HL 과목(3과목 합)에서 12점 이상을 받는다. SL 과목(3과목 합)에서 9점 이상을 받는다. 최종 학위 수여 위원회(Final Award Committe)에서 학업적 부정행위로 인한 징계를 받지 않는다.
이중 언어 디플로마 조건	그룹 3 혹은 그룹 4 과목 중 한 과목을 그룹 1(한국어)의 언어와 다른 언어(영어)로 평가받고, 해당 과목과 그룹 1 과목 모두 3점 이상을 받는다.

PART

03

▷

_____

IB 과목별 목표와
평가의 특징

IB 교육프로그램
가이드를
처음 보고
고민에 빠졌다.

IB 교육프로그램 가이드를 처음 보고 고민에 빠졌다

IB 교육프로그램을 하기 위해 우리는 IB 교육프로그램 가이드를 반복적으로 읽을 수 밖에 없었다. 가이드를 해석하고 이해하는 것 부터 IB 교사의 일이 시작된 것이었다.

각 과목 목적과

평가 목표

그리고 평가 요소

IB Core(핵심과정)

지식이론Theory of Knowledge : TOK

해당 내용은 IB 디플로마 프로그램 지식이론 가이드 (2020년 8월 발행)를 바탕으로 작성되었습니다.

 처음 IB 과목 가이드를 접하고 느낀 심정은 어땠나요?

가장 흥미로운 점

학교의 수업 장면을 넘어 개인적, 사회적으로 경험하는 모든 맥락에서, 우리가 '안다는 것'에 대한 근본적 질문을 던지는 것이 가장 흥미로운 점이었다. 특히, 맹목적으로 대학에 가기 위해 고등학교 수업을 받는 것이 아니라, 평생에 걸친 학습의 경험에 대해 방향성을 고민한다는 점에서 다른 교과와 차별화되었고, 그 중에서도 기존 교육에서 매우 취약했던 비판적 사고와 창의적 사고에 대한 체계적 고민이 교육 과정에 녹아있다는 점이 가장 큰 장점이었다.

가장 걱정되었던 점

자칫하면 현실과 괴리된 다소 현학적인 수업이 되지 않기 위해, 수업 주제에 현실적 맥락을 끌어오는 것이 관건이 될 것이라 생각했다. 실제 수업 자료 준비에서도 가장 시간과 노력이 많이 들었다. TOK를 가르치면서 교사의 독서 목록도 지평이 넓어졌다는 것이 개인적으로 성장의 기회였다고 생각한다. 또한, TOK는 교과의 특성상 특정 교과의 지식을 가르치는 것이 아니어서 어느 전공 배경의 교사라도 수업할 수 있고 (실제로 2023년 TOK 수업 교사는 8명이었는데 전공은 제각각 달랐다), 이 때 필요한 것은 실질적으로 수업 준비에 도움을 줄 수 있는 교과 협의회의 내용과 운영 방식이 무엇보다 중요했다.

더 공부해야겠다고 생각한 점

가장 급선무는 TOK 과목 가이드의 이해, 과목 아웃라인 구성과 평가 방식 및 기준의 숙지였다. 이는 그냥 가이드만 수차례 읽어서 체득할 수 있는 것은 아니다. 실제 수업 자료 구성을 위한 광범위한 자료 탐색과 선정을 통해 수업 자료를 마련하는 것, 내부/외부평가 기준에 따른 채점 연습이 반드시 수반되어야 했다. 또, 이것을 학생들의 성장에 맞추어 구성하기 위해 적절한 비계를 설정하는 수업 과정 구성이 필수적인 요구 사항이 되므로, 교사의 메타인지적 성찰이 지속적으로 요구된다는 점을 인식하는 것이 필요했다.

그래서 그때 나름의 결론

일단 첫째, TOK 가이드를 여러 번 읽고, 둘째, 과목의 각 구성 요소에 대한 캠브리지와 옥스퍼드 출판사의 교과서를 읽고, 그 중 취할 것을 생각해 보았다. 셋째, 고등학생들의 인식론적 발달을 위해 수업에서 적용할 구체적인 도구(프로젝트 제로 등)에 대해 공부할 것, 그리고 마지막으로 TOK 교육과정 개정(2022년 첫 평가 시행)으로 인해 새로 제공된 학생 샘플 답안을 가지고 채점 연습을 할 것을 나름의 준비 목록으로 정했다.

01 지식 이론 과정의 목적과 평가 목표

아래 내용은 '지식 이론' 과정의 목적이다.

- 학생들이 "우리는 그것을 어떻게 압니까?"라는 가장 중요한 질문에 대해 성찰하고 이런 질문이 가지는 가치를 인식하도록 도와줍니다.
- 학생들을 모호함, 불확실성, 복수의 타당한 답을 가진 질문에 노출시킵니다.
- 학생들이 세상을 효과적으로 탐색하고 이해할 수 있도록 능력을 제공하고 새롭고 복잡한 상황과 조우할 채비를 갖추어 줍니다.
- 학생들이 자신의 관점을 더 잘 이해하고 자신이 가진 믿음과 가정에 대해 비판적으로 성찰하도록 장려한다.
- 학생들이 여러 관점을 접하면서 열린 마음을 갖도록 해주고 문화 간의 이해를 발전시키도록 장려한다.
- 학생들이 기초 개념을 탐구하고 다양한 지식 영역에서 사용되는 탐구 방법들 간의 유사점과 차이점을 파악하여 학문 분야를 서로 연결할 수 있도록 권장한다.
- 학생들이 지식의 생성, 습득, 적용 및 전달에 관한 가치, 책임, 윤리적 관심의 중요성에 대해 고려하도록 유도한다.

위 과정의 목적을 달성하기 위한 평가 목표는 다음과 같다.
지식이론 과정을 이수한 학생은 다음을 이행할 수 있어야 한다.

- 지식 질문에 대한 비판적 조사를 통해 지식이론적 사고를 보여줍니다.
- 지식 질문과 우리를 둘러싼 세계 간의 관련성을 식별하고 탐구한다.
- 지식 질문과 지식 영역 간의 관련성을 식별하고 탐구한다.
- 적합하고 명확하며 일관성있는 주장을 전개한다.

- 예시와 증거를 효과적으로 사용하여 논의를 뒷받침한다.
- 다양한 관점에 대한 이해와 평가를 보여줍니다.
- 주장과 결론에 시사점을 고려한다.

 ## 평가 요소 (2022년 첫 시험)

평가유형	평가요소	반영비율
외부평가 (EA)	정해진 제목에 대한 지식이론 에세이 (10점) 이 항목의 경우 학생들은 각 시험 세션에서 IB에서 선정한 6가지의 제목 중 하나에 대한 에세이를 작성해야 한다. 에세이는 외부 평가 항목이므로 IB 채점관이 채점한다.	2/3 (67%)
내부평가 (IA)	지식이론 전시회 (10점) 이 항목의 경우, 학생들은 우리를 둘러싼 세계에서 지식이론이 어떻게 나타나는지 탐구하는 전시회를 만들어야 한다. 이 항목은 교사가 내부적으로 평가를 한 후 과목 종료 시점에 IB에서 평가 조정을 한다.	1/3 (33%)

1. 외부 평가(EA, External Assessment): 지식이론 에세이

정해진 제목에 관한 지식이론 에세이 TOK essay on a prescribed title

지식이론 에세이를 통해 학생들은 각 시험 세션에서 IB에서 선정한 6가지의 제목 (prescribed title) 중 하나에 대해 공식적이고 일관된 에세이를 작성하게 된다. '제목 (prescribed title)'은 지식 영역에 초점을 맞춘 지식 질문의 형식을 취한다.

지식이론 에세이는 외부평가 항목이고, 각 학생의 에세이는 IB에 제출되어, IB 채점관이 채점한다. 이것은 기본적으로 연구 논문이 아니지만 참고 문헌이 사용될 것을 예상하며, 출처를 반드시 밝혀야 한다.

에세이 제목prescribed Title : PT

IB는 각 시험 세션에 대해 6가지 제목(PT)을 발표하는데, 이 제목들은 제출 마감일로부터 6개월 전에 IBO 공식 홈페이지의 프로그램 자료실(Theory of Knowledge 〉 Assessment 〉 Session-specific material)에 게시된다.

교사는 6개월 내에 적절한 시기를 선택하여 학생들이 학사 일정에 따른 다른 계획에 맞추어 에세이 작업을 하도록 해야 하고, 10시간의 수업 시간을 지식이론 에세이 세션으로 운영할 것이 권장된다.

선택한 제목은 주어진 대로 정확히 사용되어야 하며 어떤 식으로든 변경해서는 안 된다.

단어 수

에세이의 최대 길이는 1,600 단어이다. 글자 수에 포함되는 것(에세이 본문과 인용)과 글자 수에 포함되지 않는 것(참조 및 참고 문헌 목록, 지도, 차트, 도표, 주석이 달린 그림 또는 표)에 유의하여 작성해야 한다.

에세이가 단어 수 제한을 초과하는 경우, 채점관은 첫 1,600단어까지 읽고 이를 토대로 평가를 수행하며, 학생들은 에세이를 업로드할 때 단어 수를 표시해야 한다.

지도 및 진위성

지식이론 에세이는 반드시 학생 본인이 작성한 것이어야 하며, 교사는 에세이를 계획하고 쓰는 동안에 학생을 지원하는 역할을 수행한다. 교사는 과제의 요구 사항을 설명하고 학생들이 평가 도구에 익숙해지도록 해야 하며, 학생들의 질문에 대해 명확한 설명을 제공하고, 학생들의 진도를 모니터링하여 작업물의 진위를 확인해야 한다.

지식이론 에세이의 경우, 학생과 교사 간에 공식적으로 기록되는 세 번의 면담이 필수적인데, 이 세 번의 면담은 지식이론 에세이의 TOK Essay Planning and Progress Form, TK/PPF(계획과 진행상황 서식)에 기록되어야 한다. 이 서식은 에세이에 부여할 점수를 결정할 때 채점관이 참조하지는 않지만, 이 서식은 학생의 작업물의 진위를 확인하기 위해 중요한 증거로서 IB로 제출된다. 또한 이 서식은 모든 학생이 에세이를 작성할 때 적절한 수준의 지원을 받도록 도와준다는 면에서 중요한 역할을 한다.

지식이론 에세이를 위한 세 번의 필수 교사·학생 면담

1. 학생과 정해진 제목 목록에 대해 토론합니다.

학생은 교사와 정해진 제목에 대해 토론해야 합니다. 학생은 그들 자신만의 사고와 생각을 발전시켜야 하며 제목에 대한 최종 선택도 스스로 해야 합니다.

2. 선택한 제목에 관련된 학생의 최초 탐구에 대해 토론합니다
(예:에세이계획)

제목을 선택하고 그에 관련된 초기 아이디어를 개발한 후, 학생은 서면으로 교사에게 자신의 초기 작업/탐색을 공유하고 이에 대해 논의해야 합니다. 예를 들어, 이것은 일련의 메모와 아이디어의 형태를 취할 수 있는데, 교사와의 논의를 통해 보다 공식적인 에세이 계획으로 바뀔 수 있습니다.

3. 학생의 에세이의 초안 중 하나에 대해 조언을 합니다.

그 후, 학생은 한 번의 에세이 초안을 교사에게 제출할 수 있습니다. 교사는 과제를 개선할 수 있는 방법에 대해 구도 또는 서면으로 조언을 제공해야 합니다. 이런 조언은 전반적인 내용을 다루는 서면 논평의 형식을 취할 수 있지만, 교사는 이 초안을 채점하거나 편집할 수 없습니다. 학생은 교사로부터 특정 예시에 대한 적절성 또는 작문의 명확성에 대한 추가 조언을 구할 수 있지만 초안에 관한 추가 서면 조언은 허용되지 않습니다. 그 이후 교사에게 제출하는 과제는 최종 버전이어야 합니다.

채점 방법 및 평가 기준

전체적인 인상 채점(global impression marking approach)

지식이론 전시회와 지식이론 에세이는 모두 인상 채점 접근 방식으로 채점된다. 이는 두 과제의 평가가 별도의 평가 기준에 따라 분석적으로 평가한 후 점수를 합산하는 과정이 아니라 전체적인 글에 대한 판단 과정으로 구상되었음을 의미한다.

채점의 목표는 학생이 달성한 수준을 가장 정확하게 전달하는 진술문을 찾는 것이며, 특정 수준의 점수를 받기 위해 그 수준이 설명하고 있는 모든 측면을 다 충족해야 하는 것은 아니다.

학생들이 지식이론 에세이를 쓰며 다음과 같은 중심 질문을 바탕으로 제목(PT)에 대한 초점을 지속적으로 이어갈 수 있도록 유의해야 하며, 이는 채점을 할 때 중요하게 판단되는 지점이기도 하다.

> 학생들은 에세이 제목에 대한 명확하고,
> 일관성 있는 중대한 탐구를 제공합니까?

평가 기준들은 중심 질문에 대한 답안으로써, 5가지의 성과 등급(excellent - good - satisfactory - basic - rudimentary)을 진술한다. 각 등급에서 서술된 기준들은 체크리스트의 형식으로 적용된다기 보다는 해당 등급의 에세이에 대한 총평으로 봐야 한다. 다음은 가장 높은 등급인 '훌륭함'의 평가 기준이다.

제목(PT)에 지속적인 초점을 두고 있으며 지식 영역(areas of knowledge)에 효과적으로 연결되어 있다.

The discussion has a sustained focus on the title and is linked effectively to areas of knowledge.

주장이 명확하고 일관성 있으며 특정 예시를 통해 효과적으로 뒷받침된다.

Arguments are clear, coherent and effectively supported by specific examples. The implications of arguments are considered.

주장의 시사점이 고려되었다.

The implications of arguments are considered.

다양한 관점에 대한 명확한 인식과 평가가 존재한다.

There is clear awareness and evaluation of different points of view.

- 평가 기준의 이해를 돕기 위해 한글 버전과 영어 버전을 모두 제시하였다.

위의 평가 기준에 따르면, '훌륭함'에 해당하는 학생의 에세이는 선택한 제목(PT)에 초점을 맞추어 지식 영역에 연결되어 있어야 한다. 이는 지식이론 에세이의 평가에 지속적인 PT의 요소를 언급해야 한다는 의미이다.

또한 주장의 명확함과 일관성, 예시를 통한 근거의 뒷받침이 필요하다는 서술로 보아, 주장이 뜻하는 바를 학생의 논리로 설명할 것, 자신의 주장과 다른 관점에 대한 인식, 그리고 그에 대한 본인의 평가를 언급해야 한다는 것을 알 수 있다.

에세이 작성 Step-by-Step

    PT에 대한 이해를 돕기 위해 TOK 교과에서 마련한 비계 활동은 '에세이 제목 이해 ('Essay PT Unpacking)캠프였다. 즉, 11월 평가 세션의 PT가 발표된 3월 말, 학생들은 제목별로 핵심어와 제목이 내포하고 있는 전제, 관련 개념, 교과 예시 등을 브레인스토 밍하는 세션에 참여했고, 이를 통해 자신이 선택할 제목에 대해 생각해 보고 결정할 수 있도록 안내되었다(성찰1).

    특히, 에세이 제목이 요구하는 분석과 논지 전개에 대해 기대 수준이 어느 정도인지 이해하도록 전년도 에세이 샘플 답안의 구조를 분석해 보고 학생들이 직접 채점해보는 연습 세션을 마련했다. 이를 통해 평가 기준의 이해와 수준별 설명의 차이를 인식하도 록 하는 것이 목표였다.

    그 다음은 학생의 에세이 아웃라인(개요)에 대한 개별적인 피드백 세션 일정이 진행 되었고, 이 내용은 TK/PPF양식(성찰2)에 기록되었으며 1차 초안에 대한 피드백(성찰3) 으로 이어졌다.

PT의 핵심어와 논점을 서로 다른 교과 영역에서
예시를 들어 주장하기 개념적 이해에 기반한 메타인지적 사고

TOK 에세이는 교과 영역에서 얻은 지식의 전이를 보여주는데 매우 효과적인
평가 도구이다. 각 교과 영역에서 습득하고 생성하고 공유한 지식의 내용과
방법이 예시가 되어 논리적인 주장의 근거로 사용되려면 학생들은 해당 교과
의 지식 뿐만 아니라 다른 영역의 예시를 비교하고 분석하여 적용하는 개념
적 이해에 기반한 메타인지적 사고를 보여야 한다.

Q. 각각의 평가 요소에 대해 알게 되고, 가장 걱정됐던 점은 무엇인가요?
전반적 인상 채점 접근 방식(global impression marking approach)이라는 의
미에 대해 이해하지 못한 부분이 있었고, 기존의 평가 기준과 매우 달라서 실
제 채점 연습과 조정 과정이 막연하다는 점이 가장 어려웠다.
또, 평가 기준들(특히 다양한 관점)에 대한 이해를 학생들의 수준에서 명확하
게 인식하고 적용할 수 있도록 준비시키는 것이 걱정스러웠다. 그래서 IB가
영어로 제공한 학생 답안 샘플을 실제로 학생들이 직접 채점해 보면서 채점
기준을 익히도록 구성한 세션을 마련했고 어렴풋이 감을 잡을 수 있는 계기
가 되었다고 본다.

Q. 그때는 몰랐는데, 이제는 알게 된 점이 있다면 무엇인가요?
IB 평가 기준에서 제시하는 가장 높은 등급이 결코 완벽함을 요구하는 것이
아니라는 점이다. 따라서 지레 겁먹어서 학생들의 수준에 도달할 수 없다고
여기지 말 것이 중요하고, 이는 샘플 답안에 대한 채점을 학생들과 함께 하면
서 학생들 스스로 접근 방식에 대한 전략을 수립하는 과정을 통해 이해의 폭
이 넓어졌다.

2. 내부 평가(IA, Internal Assessment): 지식 이론 전시회

지식이론 전시회는 내부 평가 항목으로 교사가 채점하고 IB에서 그 점수를 외부적으로 조정한다. 이 평가 요소의 목표는 지식이론이 우리의 주변 세계에서 어떻게 나타나는지 탐구하는 것이다. 따라서 학생들은 지식이론 주제 중 하나를 토대로 전시회를 준비하는 것이 좋다. (핵심 주제 또는 선택 주제 중 하나).

이 과제의 경우 학생들은 35개의 '내부 평가 프롬프트(IA prompt)' 중 하나를 선택하고, 선택한 프롬프트 질문과 연결되는 세 가지 대상에 대한 전시회를 만들어야 한다. 학생들은 반드시 하나의 프롬프트를 선택해야 하며, 세 대상은 모두 같은 프롬프트와 연결되어야 한다.

전시회는 세 가지의 대상이나 대상의 이미지로 구성되며, 각 대상에 대한 서면 해설을 포함해야 한다. (950단어 이내) 지식이론 교사가 학생 과제의 샘플을 IB에 제출하기 전에 학생들은 아래 요소들을 포함하는 하나의 파일을 준비해야 한다.

- 선택한 내부 평가 프롬프트를 분명히 보여주는 제목
- 세 가지 대상의 이미지
- 각 대상에 대한 컴퓨터로 작성된 해설 - 각 대상과 그의 특정 현실적 맥락, 각 대상을 선택한 이유 및 내부 평가 프롬프트와의 연결성을 포함해야 함(최대 950단어)
- 적합한 인용 및 참조

모든 학생은 개별 전시회를 만들어야 하며, 그룹 과제의 형식으로 이를 수행할 수 없다. 같은 지식이론 수업에 참여하는 학생들은 동일한 내부 평가 프롬프트를 선택할 수는 있지만 단, 같은 수업의 학생들은 동일한 대상을 사용할 수는 없다.

지식이론 전시회 과제는 DP의 첫해(DP year 1, 고등학교 2학년 과정)에 완료해야 하며, DP 학생들을 지원하기 위해 학교는 과목별로 내부 평가의 제출일을 보여주는 명확한 전체 내부 일정을 정해두는 것이 중요하다. 이 일정에 따라 교사들은 프로그램 첫해에 지식이론 전시회를 완료해야 한다.

지식이론 전시회 과정

지식이론 전시회 과제를 위해 아래의 단계에 따라 과정을 설계할 수 있으므로, 운영을 위하여 총 8시간 정도의 교육 시간을 할당하는 것이 권장된다.

1단계	학생은 내부 평가 프롬프트 1가지와 대상 3가지를 선택하거나 이 질문이 우리 주변의 세계에서 어떻게 나타나는지 보여주는 대상의 이미지를 선택해 전시회를 시작한다.
2단계	학생들은 아래 내용이 포함된 하나의 파일을 생성해야 한다. • 선택한 내부 평가 프롬프트를 명시한 제목 • 세 가지 대상의 이미지 • 각 대상에 대해 컴퓨터로 작성된 해설 (프롬프트와의 연결) • 적합한 인용 및 참조
3단계	교사는 학생들이 제작한 전시회를 청중에게 선보이고 전시할 수 있는 기회를 제공해야 한다. 다만, 이는 공식적인 평가 작업의 일부가 아니므로 교사는 전시회를 개최하는 방식을 상당히 유연하게 조정할 수 있다. (예) 수업 중/학교 간/학교 후배들 대상/학교 공동체 대상/온라인 가상 전시회 등

내부 평가 프롬프트

내부 평가 프롬프트는 35개의 높은 수준의 지식 질문(knowledge question)으로 구성 되어 있다. 학생들은 다음 내부 평가 프롬프트 중 하나를 선택해야 하며, 세 가지 대상 은 모두 같은 프롬프트에 연결되어야 한다.

학생들은 다음 내부 평가 프롬프트 중 하나와 연결되는 세 가지 대상으로 구성된 전시 회를 준비하게 된다.

내부 평가 프롬프트 일부

1. 지식으로 간주되는 것은 무엇인가?

2. 어떤 유형의 지식은 다른 유형의 지식보다 더 유용한가?

3. 지식의 어떤 특성이 신뢰성에 영향을 미치는가?

4. 우리가 주장을 의심하는 근거는 무엇인가?

5. 주장에 대한 좋은 근거는 무엇인가?

6. 우리가 지식을 정리하거나 분류하는 방식은 우리가 아는 것에 어떤 영향을 미치는가?

선택한 프롬프트는 주어진 그대로 사용되어야 하며 어떤 식으로든 변경해서는 안 된다.

- 학생이 내부 평가 프롬프트를 수정한 경우, 그것이 원래 어떤 내부 평가 프롬프트를 의 미하는지가 분명하다면 해당 지식이론 전시회는 그 원래의 내부 평가 프롬프트를 사 용해 채점해야 한다. 이 수정으로 인해 프롬프트와 대상 간의 관련성이 떨어지게 된다 면, 이 부분은 점수에 반영된다.

- 지식이론 전시회가 제시된 내부 평가 프롬프트 중 어떤 것과도 연관성이 파악하기 어려운 주제를 잡은 경우, 0점이 부여된다.

지식이론 전시회의 평가 기준

학생들이 지식이론 전시회에 임하며 다음과 같은 중심 질문을 바탕으로 지식 질문과 우리를 둘러싼 세계 간의 연결성을 탐구할 수 있도록 유의해야 하며, 이는 채점을 할 때 중요하게 판단되는 지점이기도 하다.

전시회는 지식이론이 우리들 둘러싼
세계에서 어떻게 나타나는지 잘 보여줍니까?

지식이론 에세이의 평가와 마찬가지로 지식이론 전시회의 평가 기준 또한 중심 질문에 대응한다. 5가지의 성과 등급(excellent - good - satisfactory - basic - rudimentary)으로 나뉘며, 각 등급에서 서술된 기준들은 체크리스트의 형식으로 적용된다기보다 해당 등급의 전시회에 대한 총평으로 봐야 한다.

전시회는 3가지 대상과 그와 연관된 실제 상황을 명확하게 나타냅니다.
The exhibition clearly identifies three objects and their specific real-world contexts.

각 3가지 대상과 선택된 내부 평가 프롬프트 사이의 연결성을 명확히 이루었으며 잘 설명되었다.
Links between each of the three objects and the selected IA prompt are clearly made and well-explained.

개별 대상이 전시회에 제공하는 특정 기여에 대한 강력하고 타당한 근거가 있다.
There is a strong justification of the particular contribution that each individual object makes to the exhibition.

거의 모든 요점은 적절한 근거와 선택한 내부 평가 프롬프트에 대한 명시적 언급을 통해 잘 뒷받침되고 있다.
All, or nearly all, of the points are well-supported by appropriate evidence and explicit references to the selected IA prompt.

- 평가 기준의 이해를 돕기 위해 한글 버전과 영어 버전을 모두 제시하였다.

※ 참고 사항: 학생이 2개의 대상에 대한 이미지와 해설만 제공한다면 교사는 최대 6점을 부여하고,
1개의 대상에 대한 이미지와 해설만 제공한다면 최대 3점 부여.

지식 이론은 현실 세계에서 어떻게 나타나는가가 초점
개인적인 관심이나 일상에서 대상 선택하기

각 대상의 현실적 맥락은 과제 수행에 있어 매우 중요하고, 특정한 시간과 공간 속에서 존재하는 특정 대상에 대해 논의할 때 전시회는 설득적이고 명쾌하며 정확해진다. 예를 들면, '지식과 문화 사이에는 어떤 관계가 있는가?'라는 프롬프트를 선택하고 세 가지 대상으로, 자신이 갖고 다니는 도시락용 젓가락, 친구가 선물한 토속 인형, 12간지 중 올해의 동물을 설명하는 중국 엽서를 통해 지식과 문화 사이의 각각 다른 관계를 설명하는 식이다.

Q. 각각의 평가 요소에 대해 알게 되고, 가장 걱정됐던 점은 무엇인가요?
대상의 현실적 맥락을 강조할 때 인터넷상의 일반적인 이미지와는 달리 특정한 시공간 속에서 존재하는 대상의 선정이 관건이었고, 이는 학생들의 이해 정도에 따라 피상적으로 구성되거나 초점을 흐리는 설명으로 빠질 가능성이 매우 높은 부분이었다. 예를 들어, '지식의 생산이나 습득에서 물질적 도구는 얼마나 중요한가?'라는 프롬프트에 대해, 자신의 휴대전화, 현미경, 슈뢰딩거의 고양이를 통해 설명하는 경우, 자칫 휴대전화나 현미경의 기능이나 양자 역학의 원리를 설명하는데에 그치고 그로 인한 지식의 생산이나 습득에서 어떤 역할을 하는지를 언급하지 않는 경우가 있다면 초점을 흐리는 설명이 될 것이다.

Q. 그때는 몰랐는데, 이제는 알게 된 점이 있다면 무엇인가요?
'프롬프트와의 연결성'이 한 프롬프트의 각각 다른 측면을 반영한다는 설명이 중요하며, 이는 같은 측면을 반복적으로 설명하는 세 가지 대상을 찾는 것과는 사뭇 다른 작업이다. 이에 대한 지속적인 언급이 필요하며, 이는 각 대상이 전시회에 기여하는 점을 밝히는 정당화로 이어진다는 점을 강조하는 것이 전시회의 수준을 올리는 확실한 기준이다.

IB 언어와 문학 Language and literature

해당 내용은 IB 디플로마 프로그램 언어A: 언어와 문학 가이드 (2020년 8월 발행, 2023년 5월 개정)를 바탕으로 작성되었습니다.

 처음 IB 과목 가이드를 접하고 느낀 심정은 어땠나요?

가장 흥미로운 점 : 교육과정 재구성을 위한 '작품 선정'
문학이든 비문학이든 어떤 '세트'를 요구한다는 것이 가이드를 공부하며 가장 흥미로운 지점이었다. (문학의 경우 'work', 비문학의 경우 'body of work'라는 용어로 표현됨)

문학 '작품' 선택에 대해 가이드에서는 'work'의 개념을 도입한다. HL 수준의 커리큘럼에서는 학생이 최소 여섯 편의 작품(work)를 학습해야 하는데, 이는 한 작가의 일련의 작품 세트(세트 구성은 교사가 함)을 일컫는다. 예를 들어 시를 가르치려면, 한 시인의 일련의 작품을 15편 이상 추려야 하며, 단편 소설의 경우에는 5~10편을 포함해야 한다.

문학 작품 선택의 예 (같은 작가, 같은 갈래)
· 장편 소설, 자서전, 전기 등 단일 작품
· 5~10개의 단편 소설
· 10~15통의 서간문
· 15~20개의 단편 시
· 두 개 이상의 중편 소설
· 5~8개의 수필
· 장편시(최소 600행)의 상당 부분 혹은 전체

이러힌 작품 선택 방침에는 어떤 의도가 담겨 있을까? 작품(work)을 공부하며 학생들은 무엇을 연습하고 결과적으로 어떤 배움을 얻어갈 수 있을까?

문학사적 연구를 통해 거듭 구축된 작가론과 이를 농축한 결과인 작품 해설은 학생들의 발견이 아니었다. 그러나 가이드에서 제시한 작품 선택의 원리는 학생들이 스스로, '작가'라는 존재를 발견하도록 이끈다.
 장편 소설의 경우 하나의 작품을 '작품(work)'로 인정하고 있는데, 이는 '작가'를 발견할 수 있을 만큼 충분한 분량이기 때문일 것이다. (위에서 제시된 문학 작품의 세트로 구성될 수 있는 작품 수는 '작가'를 발견할 수 있을만큼 충분한지가 기준이 아닐까?)

작품에서 작가를 발견할 수 있다는 아이디어만으로도 교실이 학문적 접근을 시도할 수 있는 공간으로 거듭나리란 기대가 생겼다. 문학사적 흐름에 따라 개별적인 작품을 들여다보던 기존의 접근과 달랐기 때문이다. 개별 작품들을 바탕으로 작가에 대한 어렴풋한 이해를 구체화해 나가는 과정은 분명 학생들의 지적 성취를 일궈낼 수 있는 '탐구'였다.

이런 탐구적 분위기가 교실에서 일렁인다면, 학습자는 시대에 대한 작가의 태도가 그렇게 단순하지 않음을 알게 되지 않을까? 일례로 '저항'이라고 뭉뚱그려진 일제 강점기 한 시인의 삶의 태도가 얼마나 복잡한 갈등과 고뇌의 산물인지 변별하게 될 것이다.
인물이나 정서를 형상화하는 방식에서 드러나는 작가적 개성이 천차만별이라는 걸 '진심으로' 알게 되지 않을까? 또 세상이 아이들에게 그토록 엄중하게 요구하는 비판적 사고력을 발휘할 수 있는 기회도 줄 수 있을 것이라는 기대가 생겼다. 반박 불가의 절대적 진리로 여겨지는 인터넷에서 퍼오는 작품 해설들. 한 작가의 여러 작품들을 공부해본다면 그러한 작품 해설 속에서 예외가 있음을 발견하게 되고, 절대적 진리가 아닐 수도 있다는 의구심이 피어오르지 않을까? 이를 통해 답습에 익숙한 사고가 자극될 수 있지 않을까?

과연 어떤 문학 작품과 비문학 텍스트로 수업을 시작할 수 있을까? 작품을 고를 수 있다는 자율성과, 작품 선택 방침에 담겨 있는 수업의 방향성은 당시에는 막연했지만 그럼에도 가장 기대되고 설레는 지점이었다.

가장 걱정이 됐던 점 : 복잡하디 복잡한 작품 선정의 조건

가이드에 의하면 코스 아웃라인(2년간의 과정 계획안)을 구상할 때 HL 수준의 학습자는 최소 6개의 문학 작품을 공부하도록 규정하고 있으며, 그 구체적인 규정은 다음과 같다.

- 최소 두 편의 작품은 학생의 한국어로 창작된 작품이되, 추천 작가 목록(PRL, Prescribed Reading List, IB 제공)에서 선택해야 한다.
- 최소 두 편의 작품은 추천 작가 목록에서 선택한 '외국 작품'이어야 한다.
- 추천 작가 (목록이나 기타 다른 자료를 통해 두 편의 작품을 자유롭게 선정할 수 있으며 번역본도 해당된다.
- 위의 조건으로 선정된 여섯 개의 문학 작품은 아래 조건을 충족해야 한다.
  - 문학 갈래(시, 소설, 수필, 희곡) 중 세 가지 이상 포함되어야 한다.
  - 시대적 배경이 서로 다른 세 가지 시간대로 이루어져야 한다. (예 18C, 19C, 20C)
  - 국가 또는 지역이 서로 다른 세 개로 이루어져야 하며, 최소한 두 대륙의 작품이어야 한다. (예 한국-일본-미국 ; 한국-영국-프랑스 등)

정말 복잡하지 않은가? 이 요건을 충족하려면 교사는 작품에 대한 스펙트럼을 얼마나 넓혀야 할까? 특히 외국 작품은 취미 독서와 향유의 대상이었지, 약 2개월 동안 수업을 진행할만큼 많이 안다고 할 수 없었다. 여차저차 작품을 선정한다 치고, 그 이후 수업 때 IB 교사는 어떤 자료를 활용할 수 있을까? 그야말로 막연함의 연속이었다.

더 공부해야겠다고 생각한 점:

국어 선생님들은 척척박사라는 오해를 많이 받는다. 워낙 다양한 제재들을 수업 시간에 다루기 때문일 것이다. 그렇지만 가이드를 보며 절감한 건, 더 더 더 많이 알아야 된다는 느낌이었다. 공부할 게 정말 많았다. 글로벌 이슈, 마땅한 이론조차 정립되지 않은 비문학 텍스트/매체 독법, 문학 이론 등등

특히, 실제 우리를 둘러싼 현실 세계의 이모저모와 다양한 이슈들에 대해 정말 많이 알아야겠다는 것을 느꼈다. 내부 평가 중 하나인 '개별 구술 평가(이하 IO, Individual Oral)' 때문이다. IO를 준비하기 위해서 학생들은 문학 작품과 비문학 작품에서 공통적으로 나타나는 글로벌 이슈를 찾아내고, 각각의 텍스트의 내용과 형식을 통해 글로벌 이슈가 어떻게 제시되는지 분석해야 한다.

작품 자체에 집중하는 것에서 더 나아가 작품이 세계와 어떤 관련성을 갖는지 논하려면 어디서부터 어디까지 자료를 모아야 할까?

사실상 기초자료의 수집부터 맨땅에서 시작해야 했던 상황이었고, 자료 수집과 공부가 시행착오를 줄일 수 있는 유일한 대안이었다.

그래서 그때 나름의 결론: 평가를 보자

모든 걸 다 할 수는 없는 거니, 막막함을 조금이나마 해소하려면 어떤 평가를 하는지, 거기서부터 목표를 설정하고 공부할 범위를 제한하자는 계획을 갖게 되었다.

어떤 평가를 하는지 공부하고, 그 평가 결과로 산출되는 학생 답안 샘플들을 평가기준을 적용하며 채점해보는 것에서 시작했다.

돌이켜보면, 가이드만 보고 학생들을 지도했다면 막연함과 모호함의 바다에서 학생들과 교사 모두 허우적거리고 있었을 것 같다. 그만큼 실제 평가 샘플을 보는 것은 채점 기준을 정확하게 이해하는 데에 중요하다.

아래 내용을 함께 보자. 내부 평가인 'IO'의 채점기준 중 'A(지식, 이해, 해석 영역)'의 9-10점(최고점) 범위에 대응하는 등급 기준이다.

- 세계적 이슈와 관련하여 발췌문 및 작품과 작품 모음집에 대한 탁월한 지식과 이해를 보이며, 그들의 함축에 대한 설득력 있는 해석을 보여줍니다.
- 발췌문, 작품 및 작품 모음집에 대한 참조가 잘 선택되었으며 응시자의 아이디어를 효과적으로 뒷받침한다

채점기준 A에서 높은 점수를 받는 학생들과 아닌 학생들의 산출물이 얼마나 다를지 머릿속에 그려지는가? 결코 쉽지 않을 것이다. 결국 평가 샘플을 보며 채점 기준을 공부해야만, 어떤 방향성으로 수업을 구상할지 조금이나마 가닥이 잡힐 것이다. 즉, 백워드식 설계가 답이었다.

01 '언어와 문학' 과목의 목적과 평가 목표

아래 내용은 '언어와 문학' 과목의 목적이다.

- 학생은 다양한 시대, 문체, 문화를 배경으로 하는 다채로운 매체 및 유형의 텍스트를 공부한다.
- 듣기, 말하기, 읽기, 쓰기, 관찰하기(viewing), 발표하기 등과 관련된 역량을 개발한다.
- 해석, 분석, 평가 역량을 개발한다.
- 텍스트의 형식적, 미학적 특성에 관한 감각을 개발하고 이러한 측면이 텍스트에 대한 다양한 반응과 해석에 어떠한 영향을 미치는지 인지한다.
- 텍스트와 다양한 관점, 문화적 맥락, 지역 및 세계적 이슈가 지닌 관계를 이해하고, 이러한 측면이 텍스트에 관한 다양한 반응과 해석에 어떠한 영향을 미치는지 인지한다.
- 언어와 문학 수업과 다른 학문과의 관계에 대한 이해를 높이다.
- 자신감 있고 창의적인 방법으로 소통하고 협력한다.
- 언어와 문학에 관한 흥미와 향유를 평생 유지한다

위 과목의 목적을 달성하기 위한 평가 목표는 다음과 같다.

지식, 이해, 해석
- 다음을 이해하고 해석할 줄 알아야 한다.
  - 다양한 텍스트, 작품의 의미와 함축
  - 텍스트의 생산 및 수용 맥락
  - 문학적, 문체적, 수사적, 시각적, 연극 기법의 요소들
  - 특정 텍스트 유형 및 문학 갈래의 특징

분석과 평가

- 다음을 분석하고 평가해야 한다.

  • 언어 사용이 의미를 생성하는 방식

  • 문학적, 문체적, 수사적, 시각적 또는 연극 기법 사용 및 효과

  • 텍스트 간의 연관 관계

  • 인간의 관심사에 대한 관점을 텍스트를 통해 제시하는 다양한 방법

의사소통

- 생각 및 의견 전달에 있어 다음을 숙지해야 한다.

  • 명확하고 논리적이며 설득력 있게 아이디어를 전달

  • 목적과 상황에 맞도록 다양한 문체와 사용역을 선택

평가유형	평가요소	반영비율
외부 평가 (EA)	**HL 에세이 (20점)** 수업 시간에 다룬 하나의 비문학 작품 모음집 또는 문학 작품 한 편에 관한 에세이를 작성한다. <div style="text-align:right">• 분량: 1,200~1,500단어</div>	20%(HL)
	Paper 1: 텍스트 분석(2시간 15분, 40점) 시험지는 서로 다른 유형의 비문학 텍스트 2개로 구성되어 있으며, 각 지문에는 안내 질문이 포함되어 있으며, 이에 따른 분석 글을 작성한다. <div style="text-align:right">• SL은 1개 텍스트를 선택하여 응시한다. (20점, 1시간 15분)</div>	35%(HL) 35%(SL)
	Paper 2: 비교 에세이(1시간 45분) 문학과 관련한 일반적인 질문 4개가 제공된다. 학생은 수업 시간에 공부한 두 편의 문학 작품에 기반하여 한 개의 질문을 택하고, 이에 대한 비교 에세이를 작성한다. (30점)	25%(HL) 35%(SL)
내부 평가 (IA)	**개별 구술 평가 (40점)** - 하나의 비문학 작품 모음집의 발췌문과 한 편의 문학 작품의 발췌문에 근거하여, 학생이 10분 발표를 하고, 이어서 5분간 교사와의 질의응답이 이어진다. - 공부한 비문학 작품 모음집 한편과 문학 작품 한편을 분석하여, 학생이 선택한 세계적 이슈가 이들의 형식과 내용을 통해 어떠한 방법으로 제시되었는지 논한다. (40점)	20%(HL) 30%(SL)

1. 외부 평가(EA, External Assessment)

언어와 문학 과목에서는 HL 수준을 선택한 학생들이 치르는 외부 평가는 총 3개이다. 그중 Paper 1, Paper 2는 지필 시험의 형식으로 치러지는 평가이며, HL 에세이는 과제 형식의 평가로 1500단어 내외의 학술적 에세이이다.

교사는 외부 평가에 대해서는 직접 채점하여 점수화하지는 않는다. 그렇지만 학생이 어느 정도의 점수를 받을 수 있는지 예측하여 최종 점수로 환산한 후 제출해야 한다. 이를 예측 점수(PG, predicted grade)라고 하는데 추후 IB의 최종 점수와 너무 다를 경우 조정의 대상이 된다.

HL 에세이

HL 학습자들은 수업 시간에 배운 비문학 작품 모음집(body of wo가)이나 문학 작품과 관련하여 탐구 주제를 선정한 후, 이에 입각하여 1,200~1,500단어 가량의 에세이를 작성하게 된다.

이 과정에서 학생은 다양한 언어적 혹은 문학적 관점으로 텍스트에 접근하여 분석적인 논증을 구성한다. 이때 올바른 인용 방법과 정확한 참고 문헌 표기 방법을 익히는 등 학술적 에세이로서의 형식 준수는 필수적이다.

평가 기준

A (5점)
지식 이해 해석

에세이 전반에 걸쳐, 선택한 주제와 관련하여 텍스트에 대한 탁월한 지식과 이해도를 보이는가?

텍스트의 함축적 의미에 대한 설득력 있는 해석을 보이는가?

선택한 주제와 관련하여 텍스트에 대한 참조가 잘 선택되었는가?

텍스트에 대한 참조는 아이디어를 효과적으로 뒷받침하는가?

B (5점)
분석 평가

선택한 주제와 관련하여 텍스트의 특징 또는 작가의 선택에 관한 분석이 적절한가?

선택한 주제와 관련하여 텍스트의 특징 또는 작가의 선택에 관한 평가가 적절한가?

통찰력 있고 설득력 있는 분석과 평가가 지속적으로 나타나는가?

C (5점)
초점 구성 전개

에세이는 효과적이고 응집력 있게 구성되었는가?

탐구 주제에 대한 전개 흐름이 일관적으로 이루어지는가?

뒷받침하는 예시들이 문장 및 문단에 잘 통합되고 있는가?

D (5점)
언어

에세이는 효과적이고 응집력 있게 구성되었는가?

탐구 주제에 대한 전개 흐름이 일관적으로 이루어지는가?

뒷받침하는 예시들이 문장 및 문단에 잘 통합되고 있는가?

스스로 텍스트의 지평을 넓혀 나가는,
상호텍스트적 학습 경험

1. 텍스트 선택 및 탐구 질문의 선정

언어와 문학 EE(소논문)와는 달리 외부 평가 'HL 에세이'는 수업 시간에 공부했던 문학 작품이나 비문학 텍스트와 연결하여 탐구 질문을 학생이 자기주도적으로 선정해야 한다. 이는 곧 상호텍스트성에 기반하여 학문적 호기심을 발휘할 것을 요구한다.

예를 들어, 수업 시간에 일련의 작품들을 다루며 문학적 모티프를 알게 되었다면 이러한 모티프는 다른 문학 작품에서 계승되거나 변형되어 반복적으로 나타나곤 한다. 학생들은 상호텍스트성에 바탕을 두어 유사한 모티프가 드러난 다른 문학 작품을 탐구해 볼 수 있다. 또는 비문학 텍스트를 공부하며 해당 텍스트(예를 들면, 광고)가 시대의 흐름에 따라 의사소통의 전략을 다르게 수립한다는 것을 알 수 있었다면, 이를 다른 텍스트 유형에 접목하여 분석하는 등 배웠던 것을 적용해 볼 수도 있다.

읽기 경험을 확장한다는 것은 결국 독자가 이미 알고 있는 텍스트를 중심으로 새로 접하게 되는 텍스트들의 관계성을 구축하는 것이라고 할 수 있다. HL 에세이는 학생들로 하여금 배운 것을 확장해 볼 것을 제안하는, 곧 전이를 촉진하는 탐구 과제라고 할 수 있겠다.

2. 본론부의 전략적인 배치가 관건

HL에세이는 단순히 작가의 일생과 작품의 주요 장면을 해설하는 문학 보고서가 아니다. 방향성이 분명한 탐구 질문을 설정해야 한다. 탐구 질문을 설정한 이후에 학생들은 그 질문에 대한 결론을 도출하기 위한 논증 과정을 정제하고 정제하여 제한된 분량 안에서 써내려가야 한다. 이때 결론 짓는 논리적 과정을 어떻게 배치할 것인지는 글의 수준을 좌우한다. 텍스트에 대한 동일한 해석이라고 하더라도, 그 해석의 목적성이 있느냐 없느냐는 그 해석을 의미있게 만들고 자연스러운 분석과 평가가 이뤄지게끔 돕는다. 그렇지만 해석을 그저 나열한다면 탐구 질문을 효과적으로 논증할 수 없을 뿐만 아니라 글의 초점이 흐트러진다.

HL 에세이가 요구하는 1,500 단어 내외의 분량이란 7-8페이지의 양이다. IB 프로그램에 익숙하지 않았던 학생들은 이만큼의 양을 채워야 한다는 점 때문에 초반에는 덜컥 겁을 집어먹곤 한다. 그러나 결론만 놓고 봤을 때, 학생들은 IB DP 체제 하에서 여러 과목에서 글쓰기나 보고서에 지속적으로 노출된다. 글쓰는 경험이 축적됨에 따라 분량 자체를 채우는 것은 문제가 되지 않았다. 정말 어려운 건 탐구질문과 관련하여 글의 응집성을 어떻게 높일 것인지였다. 따라서 1,500 단어라는 제한된 분량에서 논증하는 것은 학생이 설득하기 위해 어떤 사고 과정을 거치는지 판별하기 좋았던 평가 요소라고 생각된다.

Paper 1

시험지에는 학생들이 수업 시간에 공부한 지문이 아닌, 외부 비문학 지문 두 개를 제공받는다. 이때 학생들은 텍스트의 유형이나 내용 등 그 어떤 정보도 미리 제공받지 못한다.

비문학 지문 두 개와 함께 학생들은 각각의 지문마다 주어진 '안내 질문'의 방향성에 따라 분석하는 글을 써야 한다.

질문의 예시는 다음과 같다.
· 텍스트의 구조와 주장은 어떻게 독자들을 설득하는가?
· 저자는 청중의 참여를 유도하기 위해 어떻게 글을 구조적으로 전개하는가?
· 시각적 이미지는 어떻게 인포그래픽의 의미를 형성하는가?
· 저자가 시각적 요소와 언어적 요소의 상호작용을 활용하여 의미를 전달하는 방식을 분석하라.

각각의 안내 질문은 해당 지문에서 중요하게 포착되는 기법이나 형식적인 요소가 글의 효과성을 어떻게 높일 수 있는지 분석하는 데에 초점이 맞추어져 있다. HL, SL 모두 평가 기준은 동일하지만 HL의 학생들은 두 개 지문, SL 학생들은 두 개 지문 중 한 개를 선택하여 답하게 되므로 평가 시간과 총점에서 차이가 나타난다.

A (5점)
이해 해석

텍스트의 문자적 의미에 관한 정확하고 통찰력 있는 이해를 보이는가?

텍스트가 지닌 더 폭넓은 함축적 의미에 대한 설득력 있고 통찰력 있는 해석을 보이는가?

텍스트에서 참조할 부분을 적절하게 선택하였는가?

텍스트의 인용은 아이디어를 효과적으로 뒷받침하는가?

B (5점)
분석 평가

텍스트의 특징 또는 작가의 선택에 관한 통찰력 있고 설득력 있는 분석을 보이는가?

텍스트의 특징 또는 작가의 선택이 의미 형성에 어떤 영향을 미치는지에 대한 평가가 잘 이뤄지는가?

C (5점)
초점 구성

아이디어는 효과적으로 구성되었는가?

아이디어는 일관성을 유지하는가?

분석의 초점이 명확한가?

D (5점)
언어

언어는 명확하고 효과적이며, 주의 깊고 섬세하게 선택되었는가?

문법, 어휘, 문장 구성이 높은 수준으로 정확도를 보이는가?

사용역과 문체는 주어진 과제에 효과적이고 적합한가?

텍스트가 숲이라면, 그 숲을 이루는 건 무엇일까?
중요한 나무의 발견과 의미 찾기

안내 질문의 중요성

안내 질문을 처음 접했을 때는, 복잡한 비문학 텍스트를 분석할 때 방향성을 제시해주는 나침반 정도로 생각되었다. 하지만 질문을 찬찬히 분석해보고, 수업해보니 안내 질문을 나침반보다 나았다. 캄캄한 미로 속에서 빠져나오려면 어디로 가야할지 환하게 불을 밝혀주는 자동 랜턴이었다.

나침반만 손에 들고 여행을 떠나면 방향은 알되, 그 방향으로 이끄는 길에 중요한 것과 덜 중요한 것을 구분하는 데에도 많은 에너지를 낭비하게 된다. 그렇지만 안내 질문은 봐야 할 것을 보게 함으로써, 독자의 눈에 발견되었지만 중요하지 않은 요소에서 눈을 돌리게 한다.

'텍스트의 구조와 주장은 독자를 어떻게 설득시키는가'라는 질문을 예로 들어보자면, 여기서 찾아야 할 건 텍스트가 무엇을 설득하냐는 것이다. 이에 따라 Paper 1 답안의 각 단락들은 '설득'으로 귀결되어야 한다.

사소해 보이지만, 이것을 깨우치지 못한다면 학생의 분석 글은 그저 해석을 나열한 것에 지나지 않게 된다. 아무리 날카로운 눈으로 텍스트의 독특한 특징을 발견한다고 하더라도, 그 의미를 심도 있게 다루지 못한다.

그렇지만 텍스트의 도입부에서 독자의 흥미를 끄는 전략이 어떠한 방식으로 나타나며, 그러한 방식이 설득을 효과적으로 이끄는지 논할 수 있다면 어떨까? 본론의 각 단락이 설득을 위해 독자의 인지 과정에 개입하며 얼마나 섬세하고 단계적으로 중요한 주장들을 노출시키고 있는지 파악할 수 있다면? 단순히 본론 각 단락의 주장과 근거를 잘 파악하고, 이를 잘 해설하는 것보다, 진정으로 저자와 의사소통하는 경험 아닐까?

텍스트를 구성하며 작가는 본능적으로든 전략적으로든 동시다발적으로 문장 하나하나에 기능을 부여한다. 하지만 많은 아이들은 각 문장들의 특징이나 기능에 섬세하게 주의를 기울이지 않는 한 그저 글을 흘려보낸다. 어떻게 하면 글을 잘 읽을 수 있게 할까, 고민하던 차에 Paper 1을 지도하는 것은 이 고민의 실마리를 찾게 해주었다. (물론 이 고민은 여전히 계속되고 있고, 끝은 나지 않을 것 같다)

Paper 2

시험지에는 문학과 관련된 네 개의 일반적인 질문이 제공된다. 네 개의 질문 중 학생은 한 개를 택하게 되며, 해당 질문에 답하기 위해 수업 시간에 공부한 작품 중 두 개를 중심으로 답안을 작성하게 된다. 가이드에서는 Paper 2를 준비하기 위해 세 개 정도의 작품을 학생이 미리 세트로 구성해 볼 것을 제안한다.

질문의 예시는 다음과 같다.

- 두 작품에서 '이해받기 위한 투쟁'은 어떻게 묘사되는가?
- 두 작품을 참조로, 저자는 설득력 있는 세계를 어떻게 창조하는지 논하라.
- 공부한 두 작품에서 의사소통의 중요성을 어떻게 드러내고 있는가?

해당 질문에 대한 답안을 단순히 서술하는 것에서 더 나아가 학생은 질문을 중심으로 두 문학 작품을 비교 및 대조하며 답안을 구성해야 한다.

A (5점)
식 이해 해석

답변과 관련된 작품들에 대한 뛰어난 지식과 이해력을
보이는가?

작품의 의미에 관한 설득력 있는 해석을 보이는가?

질문과 관련하여 작품들 간의 유사점 및 차이점에 대한 통찰력 있는 해석을
보이는가?

B (5점)
분석 평가

텍스트의 특징 또는 작가의 선택에 관한 통찰력 있고 설득력
있는 분석이 지속적으로 나타나는가

텍스트의 특징 또는 작가의 선택이 의미 형성에 어떤 영향을
미치는지에 대한 평가가 잘 이뤄지는가?

선택한 작품에서 작가의 선택에 관한 매우 좋은 비교 및
대조를 보이는가?

C (5점)
초점 구성

명확하고 일관성 있게 과제에 초점을 맞추었는가?

작품을 균형있게 다루었는가?

아이디어가 논리적이고 설득력 있게 전개되는가?

아이디어가 매우 설득력 있게 연결되었는가?

D (5점)
언어

언어는 명확하고 효과적이며, 주의 깊고 섬세하게 선택
되었는가?

문법, 어휘, 문장 구성이 높은 수준으로 정확도를 보이는가?

사용역과 문체는 주어진 과제에 효과적이고 적합한가?

생각의 도구 '일반화'와 '비교', '일반화'를 통해 추상적 사고를 훈련하고 '비교'를 통해 디테일을 발견하게 하다

Paper 2는 학생들이 특정 문학 작품의 구체적인 요소들을 깊이 있게 분석하면서도, 동시에 그것을 보편적인 문학적 주제나 기법으로 일반화할 수 있는 능력을 요구한다. 이는 단순한 작품 이해를 넘어, 문학에 대한 메타적 사고를 발달시키는 중요한 과정이다.

이를 가능하게 하는 것은 Paper 2에서 제공되는 질문들이다. 이 질문들은 어떤 문학 작품에든 적용할 수 있는 즉 전이 가능성을 전제로 한다. 예를 들어, '권위에 대한 저항은 어떻게 드러나는가'라는 질문은 '권위에 대한 저항'이 문학에 형상화되어 있음을 전제한다. 이는 곧 문학에 반영된 사회 문화적 맥락에 주목하게 만든다. 즉 학생들은 어떤 작품에서든 보편적으로 찾아볼 수 있을 만한 〈인물이 세계와 관계 맺는 방식〉을 '저항'이라는 키워드와 연관지으며 논증을 구축해야 한다.

공통점을 찾으며 일반화함으로써 '문학'이라는 큰 개념에 대해 통찰할 수 있다. Paper 2의 질문들은 개별 작품들의 내용적, 형식적 요소들이 '문학'의 하위 개념들과 어떤 관련성이 있는지 사고하게 한다. 겉보기에 매우 다른 두 작품 사이의 연관성을 찾는 과정은 창의성을 요구하는데, 예를 들어, 카프카의 '변신'과 이상의 '날개'를 비교하면서, 학생들은 표면적으로 매우 다른 이 두 작품이 어떻게 현대 사회에서의 소외와 정체성 문제를 다루는지 연결할 수도 있다. 더 나아가, 이렇게 습득한 통찰력을 다른 작품이나 스스로의 삶에 적용하는 과정은 지식의 전이 능력을 크게 향상할 것이라고 기대된다.

동시에, 학생들은 선택한 두 작품을 대조해야 한다. 두 작품은 모두 '문학'이라는 범주 하에 있으므로 공통적인 것들이 있을 것이다. 그러나 여기에서 한 단계 더 나아가 공통점이 있음에도 불구하고 발현되는 각 작품의 고유한 특성과 세부적인 차이점을 발견해야만 한다. 예를 들어, 한 작품에서는 권위에 대한 저항이 직접적인 행동으로 표현될 수 있지만, 다른 작품에서는 은유적이거나 상징적인 방식으로 드러날 수 있다. 권위에 대한 저항이 각 작품의 세계관 속에서 성공하거나 패배할 수도 있으며 저항을 촉발하는 서사적 요소 또한 다양할 것이다.

결론적으로 Paper 2는 '일반화'와 '비교'라는 두 가지 사고 도구를 결합한 평가 요소라고 생각된다. 학생들은 추상적 개념을 구체적인 문학적 개념과 연결시킴으로써 단순히 작품의 내용을 이해하는 것을 넘어, 문학이 어떻게 보편적 주제를 문학만의 방식으로 다루는지 고민하게 된다. 이로써 해설지의 권위에서 벗어나(물론 기존 해석을 이해하고 공부하는 것은 베이스 작업으로 아주 중요하다. 기본적인 이해 없이 깊이있는 분석이나 평가는 이뤄지기 어려운 것 같다) 작품의 가치를 스스로 평가할 수 있게 되는 능동적 독자로서 거듭날 수 있었고, 이렇게 성장해 나간 학생들과의 학문적 대화는 값진 경험이었다.

2. 내부 평가(IA, Internal Assessment)

언어와 문학 과목에서는 HL, SL 수준을 선택한 학생들이 공통적으로 치르는 내부 평가는 '개별 구술 평가' 하나이다.

학생들의 내부 평가는 모두 동료 교사와의 협의를 거쳐 채점되어야 한다. 가이드에 제시되어 있는 평가 기준에 입각하여 채점한 후, 교사는 학생들의 모든 점수를 IB에서 제공하는 시스템에 입력하게 된다. 그후, 시스템에서 무작위로 추출된 샘플과, 해당 샘플에 대한 채점 코멘터리를 업로드한다.

개별 구술 평가(Individual Oral)

개별 구술 평가에 임하는 학생들은 문학 작품의 한 편과 비문학 텍스트 한 편을 선택하여, 해당 텍스트들에 공통적으로 발견할 수 있는 '글로벌 이슈'를 만들어 낸 후, 텍스트의 형식과 내용이 해당 글로벌 이슈를 어떻게 제시하고 있는지 논하는 구술 발표에 임하게 된다.

이때, 문학 작품과 비문학 텍스트 각각에 대한 40줄 이하의 발췌문을 선택해야 하며, 해당 발췌문은 글로벌 이슈와 긴밀하게 연결되어야 한다.

글로벌 이슈?

글로벌 이슈는 다음의 조건을 충족해야 한다.
- 넓고 큰 범위에서 중대성을 가질 것
- 초국가적일 것
- 지역적 맥락의 일상에 영향을 미칠 것

학생은 발표를 준비하며 개요(아웃라인)을 작성하게 되는데, 최대 10개의 불렛 포인트를 통해 자신이 다룰 내용을 준비할 수 있다.

이후 지정된 시간에 녹음 장비, 녹음에 적절한 환경을 세팅하여 10분간의 학생 혼자만의 구술이 이루어진다. 이때 학생이 참고할 수 있는 것은 오직 개요, 문학 발췌문, 비문학 텍스트 발췌문 뿐이다.

10분간의 개인 구술이 끝나면, 5분간 해당 구술 내용에 대한 교사와의 질의응답이 이루어진다. 교사의 질문은 단순히 학생의 구술 내용에서 궁금한 점이나 작품에 대한 학생의 생각을 물어보기 위함은 아니다. 평가 기준 중 학생의 말하기에서 드러나지 않은 요소나 보충이 필요한 지점들에 대해 보완할 수 있게끔 기회를 제공하는 것이다.

A (10점)
지식 이해 해석

세계적 이슈와 관련하여 발췌문 및 작품과 비문학(body of work)에 대한 탁월한 지식과 이해를 보이는가?

세계적 이슈와 관련하여 발췌문 및 작품과 비문학(body of work)의 함축적 의미에 관한 설득력 있는 해석을 보이는가?

발췌문, 작품, 비문학(body of work)에 대한 참조가 잘 선택되었는가?

텍스트에 대한 참조는 아이디어를 효과적으로 뒷받침하는가?

B (10점)
분석 평가

발췌문 및 작품, 비문학(body of work)에 대한 분석이 적합하고 통찰력 있는가?

발췌문 및 작품, 비문학(body of work)에 대한 평가가 적합하고 통찰력 있는가?

글로벌 이슈를 제시하기 위해 작가적 선택이 어떻게 사용되었는지에 대한 꼼꼼하고 심층적인 이해를 보이는가

C (10점)
초점 구성 전개

명확하고 일관성 있게 과제에 초점을 맞추었는가?

발췌문, 작품, 비문학(body of work)을 매우 균형있게 다루었는가?

아이디어가 논리적이고 설득력 있게 전개되는가?

아이디어가 매우 설득력 있게 연결되었는가?

D (10점)
언어

언어는 명확하고 정확하며 다양한가?

어휘와 구문이 다양하며, 구술의 효과성을 높이는가?

문체 요소는 주어진 과제에 적합하며, 구술의 수준을 향상시키는가?

〈글로벌 이슈(현실 맥락) - 작가 - 텍스트의 기법〉의 3단계 기-승-전-글로벌 이슈

가이드에서는 개별 구술 평가(이하 IO)의 개요에 있어 제한을 두지는 않는다. 그렇지만 평가 기준을 자세히 들여다보면, 10분이라는 시간 동안 학생이 어떤 내용들을 담아내야 하는지 알 수 있다.

우선 자신이 선택한 문학 작품과 비문학 텍스트에서 공통적으로 드러나는 글로벌 이슈가 무엇인지 설명할 수 있어야 한다.

다음으로는 '작가론'이다. IB 언어와 문학 과목에서는 문학 영역이든 비문학 영역이든 '세트'의 개념이 있는데(앞에서도 언급하였듯) 예를 들어, '시'라는 갈래를 배울 때는 한 시인의 작품을 15~20편 택해야 하며 '단편 소설'의 경우에는 한 작가의 작품 5~10편을 하나의 유닛(단원)으로 구성하여야 한다. IO에 임하는 학생들은 문학, 비문학의 일부를 발췌해야 하는데, 그 일부를 중심으로 글로벌 이슈를 논한다면 추측컨대 아주 지엽적인 분석이 이루어질 것이다. 해당 글로벌 이슈가 단 한 장면에서만 연결된다면 그건 결코 깊이있게 작품을 감상한 것이 아님을 유의해야 한다.

따라서 시 한 편을 발췌했다면, 저자의 다른 시에서도 해당 글로벌 이슈가 반영되고 있음을, 단편 소설 일부를 발췌했다면 저자의 다른 작품에서도 글로벌 이슈가 지속적으로 반복되고 있음을 논해야 한다. 이는 비문학 텍스트에서도 마찬가지인데, 언어와 문학 과목에서는 '저자'의 존재감을 인지하는 것이 깊이 있는 비평에 필수불가결하다고 여기는 것이다. 결론적으로 학생은 글로벌 이슈가 저자(문학이든 비문학이든)의 작품/텍스트에서 지속적으로 드러나는지 판명해야 한다.

마지막으로는 텍스트의 기법이 글로벌 이슈를 드러내는 데 어떠한 역할을 하는지 분석하고, 그 효과성을 평가해야 한다. 이때 발췌문을 선정한 학생의 안목이 그 진가를 톡톡히 발휘한다. 발췌문을 중심으로 문학만의, 비문학만의 의사소통 전략이 무엇인지 찾아내고, 그 특징이 글로벌 이슈라는 소기의 목적을 달성하는 데 보탬이 되는지 논할 수 있어야 한다.

결론적으로 IO의 중요한 아이디어들은 모두 글로벌 이슈와 촘촘하게 연결되어야 한다. 학생들이 작품/텍스트에서 글로벌 이슈를 찾아낸다는 것은 기존의 해석에서 더 나아가 작품/텍스트와 현실적 맥락의 관련성을 발견하여 새로운 주제의식을 도출해내는 작업이었다. 그리고 학생은 그 주제의식이 과연 타당한지 작가론적으로, 작품론적으로 입증해내야 한다는 점에서 IO는 문학의 보편성을 발견하고 현실과 연결하는 고차원적인 비평 능력을 요구하는 종합적인 평가 요소라고 할 수 있겠다.

IB 영어_{English B}

.

해당 내용은 IB 디플로마 프로그램 Language B 가이드 (2018년 2월 발행, 2019년 5월·2021 8월 개정)를 바탕으로 작성되었습니다.

또한, 한국어로 번역된 공식적인 출판물이 없는 관계로 과목 교사들의 협의를 거쳐 재구성된 내용임을 밝힙니다.

 처음 IB 과목 가이드를 접하고 느낀 심정은 어땠나요?

가장 흥미로운 점

1. "Conceptual Understanding"

IB English B 가이드에서 제시하는 English B의 교육목표는 2015 개정 교육과정에서 명시하고 있는 영어 교육의 목표와 크게 다르지 않았다.

"언어 기술의 습득 뿐 아니라 문화, 생각 그리고 국제적으로 중요한 사항들에 대한 이해도를 발전시켜 국제적 마인드를 가진 학습자로서의 성장"(IB Language B Guide)

"영어로 의사소통할 수 있는 능력을 길러 학습자 각자의 지적 역량을 신장시켜 학습자들이 미래의 주역으로 시대적 변화에 능동적으로 대처할 수 있는 역량을 갖추어 글로벌 시민으로서 성장해 나갈 수 있도록 하는 교과이다" (2015 교육과정 영어 학습 목표)

우리나라 영어 교과의 목적과 유사하게 글로벌 시민으로서 의사소통 기술(듣기, 말하기, 쓰기, 독해)을 길러야 하며 다양한 주제와 형식의 텍스트를 활용한 영어 습득 및 해당 언어의 문화에 대한 이해 등이 그 목적이다.

한 가지 흥미로운 가장 큰 차이점이 있다면 IB 영어에서는 "개념"에 대한 이해를 필수적으로 발전시켜야 함을 매우 강조한다. 최근 2022 개정 교육과정 도입과 맞물려 "개념 기반 수업"이 많은 교사들의 관심사이다. 이미 IB에서는 개념을 통한 학습을 통해 아이들이 배운 개념을 전이시켜 지식을 확장하도록 교육과정을 운영해 오고 있는 점이 매우 흥미로웠다. 그리고 영어 교과는 지식을 전달하기보다는 기술을 연마하는 교과로 여겨지기에 외국어 교과에서의 공통적으로 적용되는 개념에는 어떤 것들이 있고 아이들에게 어떻게 가르칠 것인가에 대한 걱정과 궁금증이 생겼다.

2. 문학 작품 활용

우리나라 영어 교과서에도 영미문학 작품이 쉬운 표현으로 각색되어 본문에 실려 수업 시간에 가르치기도 한다. 하지만 IB English B 가이드에서는 2개의 문학 작품을 통으로 완독하고 거기서 그치지 않고 분석하고, 문학 작품 요소들을 익히고 학생 스스로 성찰하여 자신의 의견을 말로, 또는 글로 반드시 표현해야 한다.

늘 영미 소설을 고등학교 영어 수업 시간에 교과서 대신 활용하여 영어를 가르치고 싶은 꿈이 있었다. 선정된 적절한 수준의 소설을 통해 실제 사용되는 언어적 소통 표현들을 익히고 문학 작품을 감상하는 적극적인 참여를 유도하여 문학적 감수성을 기를 수 있는 수업에 대한 로망이 있었다. 다만 그때마다 "객관식 평가"의 벽에 가로막혀 제대로 된 영어 문학 작품 수업을 진행해 본 경험이 없었다. 작품을 이해하고 감상하는 데에 정해진 답이 없기에 과연 영미 문학 작품을 어떻게 상대평가를 통해 등급을 매길 것인가에 대한 답이 나오지 않았기 때문이다.

IB English B에서는 영미 문학 작품에 대한 저마다 작품을 감상하는 성찰 과정을 공유하며 문학 작품 요소들을 기반으로 분석하는 토론 활동을 반드시 해야 하고 그것이 곧 평가로 연결된다고 하니 여간 설레지 않았다.

가장 걱정되었던 점

과연 문학작품을(단편이라 해도) 아이들이 끝까지 독해하며 이해한 뒤 분석하고 자신의 생각을 영어로 표현하도록 어떻게 수업을 진행해야 하며, 영어적 역량은 어떻게 강화할 수 있을까? 이런 걱정과 스스로가 IB 수업을 경험하지 못한 학습자인데 과연 교사로서 IB가 요구하는 수준에 맞는 수업을 진행할 수 있을까에 대한 고민이 가장 컸다.

잘하고 있는지 물어볼 사람도 없고, 참고할 교사용 지도서도 없고 하물며 정해진 교과서도 없었다. 그저 동료 교과 교사와 끊임없는 협의와 연구를 통해 작품을 정하고 진도를 결정하고 평가를 진행하는 것이 모조리 교사의 책임이었던 것이 가장 걱정스러웠다.

더 공부해야고 생각한 점

- Reading: 다양한 텍스트들을 최대한 많이 읽어보고 깊게 탐구해야겠다고 생각했다. IB 교육프로그램은 정해진 교과서나 참고할 만한 진도표가 없었기 때문에 무엇을 가르칠 것인가 결정하는 것이 전적으로 교과 담당 교사에게 달려있다. 그러므로 학생들 수준에 적절히 부합해야 하며, 동시에 IB에서 선정한 주제와 관련되어야 하고, IB 평가 요소들을 포함하고 준비시킬 수 있는 수업 자료들을 찾아야 하므로 닥치는 대로 많은 글을 읽으려고 노력하였다. 비슷한 맥락에서 단편 문학작품들을 많이 감상하고 공부했다.
- Writing: 교사가 직접 써보지 않으면 아이들의 답변을 채점할 수 없다고 판단하여 아는 원어민 선생님과 함께 2:1로 주 1회 영어 영작 과외를 거의 1년 가까이 받았다. IB 기출문제를 탐구하고 평가 기준들을 자연스레 익히려고 노력했다.
- Speaking: 원어민 선생님과 영어 논술 과외를 받으며 최대한 많은 영어회화 시간을 갖고자 했다.
- Listening: IB Paper 2는 미국인들의 대화만 나오는 것이 아니라 주로 영국식 억양과 발음과 그리고 빠른 속도(=정상속도)의 녹음된 음성으로 시험문제가 출제되므로, 늘 듣던 익숙한 한국에 오래 거주하신 것 같은 미국인의 녹음된 음성파일에서 벗어나 영국식 빠른 억양 및 다양한 영어 억양에 익숙해지기 위해 각종 어학 시험의 듣기 평가 학습에 매진하였다.

그래서 그때 나름의 결론

IB 가이드북에서 평가 부분만 너덜해질 때까지 가이드 북을 정말 열심히 공부하고 분석했다. 기출문제, 평가의 목적, 평가 기준표, 평가해야하는 사항 등 IB Paper 기출 문제와 관련된 자료들을 영어 교과 선생님들과 함께 정말 열심히(말 그대로 정말 울면서 열심히) 분석하고 공부했던 것 같다. 늘 평가는 모든 수업의 시작이자 끝이니까.

과목의 목적과 평가 목표

아래 내용은 'IB 영어' 과목의 목적이다.

1. 언어, 문화, 그리고 세계적 의의를 지닌 이슈와 아이디어에 대한 학습을 통해 국제적 안목을 기른다.
2. 학생들이 다양한 상황과 목적에서 학습한 언어로 의사소통할 수 있게 한다.
3. 다양한 문화권 사람들의 다양한 관점에 대한 인식과 이해를 증진시킨다.
4. 학생들이 익숙한 언어와 문화 간의 관계를 이해하도록 돕는다.
5. 언어가 다른 지식 영역과 관련된 중요성을 학생들이 인식하도록 한다.
6. 언어 학습과 탐구 과정을 통해 지적 참여와 비판적·창의적 사고력 발달의 기회를 제공한다.
7. 추가적인 언어 사용을 통해 향후 학업, 직업, 여가 생활의 기반을 마련한다.
8. 언어 학습에 대한 호기심, 창의성, 그리고 평생 학습의 즐거움을 기른다.

위 과목의 목적을 달성하기 위한 평가 목표는 다음과 같다.

1. 다양한 상황과 목적에 맞게 명확하고 효과적으로 의사소통한다.
2. 다양한 대인관계 및 문화 간 상황과 청중에 적합한 언어를 이해하고 사용한다.
3. 유창성과 정확성을 가지고 다양한 아이디어를 표현하고 반응한다.
4. 다양한 주제에 대한 아이디어를 식별, 구조화, 발표한다.
5. 다양한 문자, 오디오, 시각, 시청각 텍스트를 이해, 분석, 성찰한다.

02 평가 요소

평가유형	평가요소	반영비율
외부평가 (EA) 75%	**Paper 1(1시간 30분)** Prodoductive skills - 작문 (30점) 시험에서 제시된 텍스트 유형 중 하나를 선택하여, 3개의 주제 중 하나를 골라 450-600 단어의 작문 과제를 수행한다.	25%
	Paper 2 (2시간) Receptive Skills - 듣기와 독해 영역으로 구분됨 (65점) Listening comprehension (1시간 / 25점) Reading comprehension (1시간 / 40점) 오디오 지문(3개), 독해 지문(3개)에 대한 이해력을 묻는 문제로 구성되며 이 자료들은 IB Language B 가이드에서 제시하는 주제 영역(5개)에서 선별되어 제공된다. • 주제(Prescribed themes): Identities, Experiences, Human ingenuity, Social organization, Sharing the planet.	50%
내부평가 (IA) 25%	**개별 구술 평가 (Individual Assessment)** 수업 시간에 다룬 문학작품 중 한 개의 발췌문을 바탕으로 교사와의 대화로 진행되며, 이어 5가지 주제 중 하나 이상을 다루는 토론이 이루어진다. (30점)	25%

SL(Standard Level)

평가유형	평가요소	반영비율
외부평가 (EA) 75%	**Paper 1 (1시간 15분)** Prpdoductive skills - 작문 (30점) 시험에서 제시된 텍스트 유형 중 하나를 선택하여, 3개의 주제 중 하나를 골라 250-400 단어의 작문 과제를 수행한다.	25%
	Paper 2 (1시간 45분) Receptive Skills - 듣기와 읽기 영역으로 구분됨 (65점) Listening comprehension (45분 / 25점) Reading comprehension (1시간 / 40점) 오디오 지문(3개), 독해 지문(3개)에 대한 이해력을 묻는 문제로 구성되며 이 자료들은 IB Language B 가이드에서 제시하는 주제 영역(5개)에서 선별되어 제공된다.	50%
내부평가 (IA) 25%	**개별 구술 평가 (Individual Assessment)** 시각적 자료를 바탕으로 담당 교사와 대화를 나누고, 이어 5가지 주제 중 하나 이상을 다루는 토론이 이루어진다. (30점)	25%

1. 외부 평가

Paper 1: Productive skills-writing

Paper 1은 IB에서 정한 [5가지 주제 : 정체성, 경험, 인간의 독창성, 사회조직 그리고 지구촌 공유하기]를 바탕으로 외부에서 출제되고 평가된다. 3개의 과제 중 하나를 선택하여 작성하게 되며, SL의 경우 250-400 단어, HL의 경우 450-600 단어 분량의 답안을 영어로 작성한다.

이 시험의 목적은 서·논술형 영작을 통해 의사소통 능력을 평가하는 것이다. 이 평가 요소의 요구사항을 충족하기 위해 학생들은 시험에서 제시된 상황에 가장 적합한 텍스트 유형, 사용역(register), 문체의 스타일을 스스로 선택하고 청중, 맥락, 목적, 의미, 변화(variation)의 개념을 이해하여 이를 적용할 수 있음을 보여주어야 한다.

다음의 평가 기준을 바탕으로 채점된다.

A (12점) Language	• 어휘가 적절하고 다양하게 사용되었는가? To what extent is the vocabulary appropriate and varied? • 문법 구조가 다양하게 사용되었는가? To what extent are the grammatical structures varied? • 언어의 정확성이 효과적인 의사소통에 어느 정도 기여하는가? To what extent does the accuracy of the language contribute to effective communication?
B (12점) Message	• 학생의 아이디어가 과제와 얼마나 관련이 있는가? How relevant are the ideas to the task? • 학생의 아이디어가 어느 정도로 확장되고 있는가? To what extent are ideas developed? • 아이디어의 명확성과 조직성이 메시지의 전달에 어느 정도 기여하는가? To what extent do the clarity and organization of ideas contribute to the successful delivery of the message?
C (6점) Conceptual Understanding	• 학생이 선택한 텍스트 유형은 과제에 어느 정도로 적합한가? To what extent is the choice of text type appropriate to the task? • 과제의 맥락, 목적, 청중에 맞는 어조와 문체가 어느 정도로 적절한가? To what extent are register and tone appropriate to the context, purpose and audience of the task? • 학생은 텍스트 유형의 관습을 어느 정도로 반영하는가? To what extent does the response incorporate the conventions of the chosen text type?

※ 맥락, 목적, 청중을 고려하지 못한 답변은 기준 A에서 높은 점수를 받더라도 기준 B와 C에서 0점을 받을 수 있다

다양한 종류의 텍스트들을 유형별 특성에 맞게
논리적 구조를 가지고 있는 글을 영작하기

해당 외부 평가를 진행하며…

IB의 가장 큰 장점은 수업내용, 수업 내 활동, 그리고 교내 시험과 최종 IB 시험이 모두 촘촘히 연결되어 있다는 것이다.
학생들이 수업시간에 충실히 하는 것이 곧 내신 점수를 잘 받는 발판이 되고 내신 점수를 잘 받기 위해 교내 지필고사와 수행평가를 준비하는 것이 곧 IB 외부평가 및 내부평가를 를 준비하는 과정으로 자연스럽게 연결된다. 그런 점에서 매우 효율적인 교육과정이라고 느껴졌다.

- IB 외부평가 대비 학습내용의 가장 큰 차별점은 수업내용이나 평가 요소들 이 훗날 학생들이 여행을 가거나 외국 생활을 할 때 실제로 사용할 수 있다 (Authentic English)는 것이다.

IB English Paper 1은 실생활에서 마주칠 수 있는 학생의 삶과 둘러싼 환경과 연관된 상황을 설정하고, 그 상황 속 자신을 가정하며 가장 효과적으로 하고자 하는 말을 전달하는 역량을 평가한다. 학생에게 직접 전달할 메시지를 작성하게 하며 학습한 어휘, 표현 그리고 개념들을 정말 잘 배워서 사용할 수 있는지 여부를 확인하는 것이 그 목표이다.

- 다만 영어로 서술형 평가를 운영한다는 것은 학생들도 그만큼의 실력이 되어야 하지만 그 시험을 준비시키는 교사들 역시 서술형 평가 운영 및 채점에 대한 충분한 훈련과 연수와 이해가 필요하다고 느꼈다. 또한 공정하고 객관적인 평가 체제를 갖추기 위해서는 좀 더 전문화되고 체계적인 시스템의 구축이 절실하다.

다음은 Paper 1의 기출 문제이다. (N20 P1 기출)

1. You recently had an experience where you felt discriminated against, and you want to express your views to others. Write a text in which you explain what happened, why you felt the treatment you received was wrong, and how you would like to have been treated.

| Journal entry | Opinion column | Speech |

2. The excess consumption of junk food is on the rise in your town, which may have negative effects on residents' health. You would like to inform the residents about this issue. Write a text in which you explain the problem, how it can be overcome, and why it is important to take action.

| Blog | Pamphlet | Speech |

3. You were accepted at two universities and you are not sure which one you will join. You need to clarify your thoughts in order to reach a decision. Write a text in which you compare and contrast the offers received from the universities and evaluate them in relation to your plans for the future.

| Blog | Journal entry | Pamphlet |

Paper 2

Paper 2는 Paper 1과는 달리 명확한 답과 그에 대한 채점 기준표가 있다.

Paper 2의 시험지는 두 개의 섹션으로 나뉘어 있으며, 세 개의 오디오를 활용한 듣기 영역, 세 개의 지문으로 구성된 독해 영역으로 구분된다. 이 두 섹션은 모두 English B 에서 다루는 5개의 주제와 관련된다.

오디오와 독해 지문, 총 6개의 지문을 통해 학생들의 이해도를 평가하기 위함이며, 해당 지문에 대한 사실적 내용과 관련하여 학생들의 지식은 평가 대상이 아니다. 모든 지문은 목표 언어인 '영어'로 제공되며, 답변 또한 '영어'로 작성되어야 한다.

Paper 2 는 선택형 및 서답형 문제로 채점기준(Markscheme)이
따로 IB에서 제공됨.

다음은 듣기 영역 문제의 답안지의 예시이다. (N20 P2 기출)

Text A

You will hear a conversation between two colleagues about their attitudes towards dress codes in the office.

Tick **one** correct option for each of the following statements.

Whose opinion?	Stan	Hadia	Stan and Hadia	
1. Young people tend to not care much about dressing formally for work.	☐	☐	☐	[1]
2. Not all young members of staff borrow ties for interviews.	☐	☐	☐	[1]
3. What people are expected to wear to work should be clear on the website.	☐	☐	☐	[1]
4. Quality of work is more important than what one wears to work.	☐	☐	☐	[1]
5. A clear dress code will affect employees.	☐	☐	☐	[1]

다음은 읽기 영역 문제의 예시이다. 지문은 지면상 생략하였다.

(N20 P2 기출)

Text A — Telling good information from bad

Answer the following questions.

1. What online sources does Mr Lauw trust most? [1]

....

2. In which sources have online rumours rapidly increased? [1]

....

3. Which word between **lines 12 and 15** means "developed into something more attractive"? [1]

....

유사하다?? 수능 문제유형과 비슷할 수도 있지만
paraphrase를 할 수 있어야 정확한 답을 할 수 있다는 것!

듣기 영역

듣기 녹음 파일이 늘 듣던 친절한 미국식 발음과 억양도 아니며, 속도 또한 빠르다는 점, 듣기 텍스트의 유형 또한 대화, 연설문, 광고문 등 다양하며, 한 지문당 문항 수가 많다는 점 등 고려할 점이 많다. 따라서 문제 푸는 연습을 반복적으로 진행해야 한다. 다소 점수 받기 쉬운 이미지(?) 인 수능 모의고사 유형의 듣기 평가라고 생각하면 큰 오산이다. 긴 텍스트를 듣고 5-6개의 문제를 풀 수 있는 집중력과 듣는 즉시 번역하지 않고 바로 답을 찾을 수 있는 영어를 영어로 받아들이고 이해하는 능력을 길러야 한다.

독해 영역

비문학, 광고문, 연설문, 가이드 등 다양한 지문이 출제되며 한 지문당 7-8문제 정도가 제시된다. 짧은 서답형의 답을 작성하거나 선지형에서 고르는 문제들이 있다. 답을 찾거나 작성하려면 유사어를 활용하거나 본문에 적힌 표현을 paraphrase(바꾸어 말하기)하는 방법을 알고 있어야만 정확한 답을 작성할 수 있다. 채점 기준에 제시된 그대로 답을 작성해야 인정이 된다는 점에서, 정교함이 요구된다. 이것이 학생들이 가장 힘들어 했던 점이다.

현재 수능 모의고사에 출제되는 지문들은 매우 학술적인 지문들이 대부분이며 실생활(real life)과의 관련성이 IB 평가 지문보다는 상대적으로 낮은 편이라고 생각한다. 영어 교사조차도 한 번도 활용해 보지 않은 어휘들이 더러 등장할 뿐 아니라 전문적 배경 지식이 필요한 주제의 지문들을 활용하여 수업하다 보면 이 내용을 고등학생이 꼭 알아야 하는가 하는 의문이 들 때도 있었다. 따라서 IB에서 중시하는 개념 기반의 수업과 실제 삶과 연계가 되는 학습이라는 목적이 평가에서도 잘 반영되고 있다고 생각한다.

Q. 각각의 평가 요소에 대해 알게 되고, 가장 걱정됐던 점은 무엇인가요?

텍스트를 보면서 답을 찾는 것도 힘이 드는 과정인데 긴 지문을 들으며 답을 찾고 paraphrase 하는 평가를 준비시키기 위해 과연 수업 시간에 어떤 수업 활동과 수행평가를 진행해야 하는가에 대한 걱정이 많이 되었다.

Q. 그때는 몰랐는데, 이제는 알게 된 점이 있다면 무엇인가요?

예상 외로 학생들은 듣기 평가를 힘들어 했다. 영작과 독해는 당연히 많은 시간과 노력이 투자되어야 하지만.

듣기능력은 하루아침에 향상되는 것이 아니다. 매일 듣기 활동을 루틴으로 3년간 진행 했다면 (실제로 1년 정도 밖에 못했지만) 더 좋은 결과가 나왔을지도 모르겠다.

이제 돌이켜 보니 독해나 듣기 모두 다 일관된 주제의 내용들이었고 실제 사용할 수 있는 언어적 표현을 익히는 과정들이기 때문에 언어습득에는 IB English가 추구하는 학습 목표와 평가 체계가 정말 큰 도움이 될 것 같다.

1. 내부 평가: 개별 구술 평가(Individual Oral)

English B의 내부 평가는 개별 구술 평가의 형태로 진행된다. 다만, SL과 HL의 내부 평가의 구체적인 방식에는 다소 차이가 있다. SL 학생들은 시각 자료(visual stimulus)에 대한 응답을, HL 학생들은 수업 시간에 배운 문학작품 중 텍스트 일부를 중심으로 응답을 구성해야 한다. 두 수준 모두에서 학생들은 주어진 자료(stimulus)의 주제에 대해 교사와 일대일 토론을 진행하며, 이후에는 IB Language B 가이드에 제시된 주제에 대한 질의응답이 이어진다.

		A (12점) Language	• 어휘가 얼마나 적절하고 다양한가? To what extent is the vocabulary appropriate and varied? • 문법 구조가 얼마나 다양한가? To what extent are the grammatical structures varied? • 언어의 정확성이 효과적인 의사소통에 얼마나 기여하는가? To what extent does the accuracy of the language contribute to effective communication? • 발음과 억양이 의사소통에 얼마나 영향을 미치는가? To what extent do pronunciation and intonation affect communication?
HL		B1(6점) Message -literary extract	• 발표를 하며 학생은 문학 발췌문을 얼마나 잘 다루는가? How well does the candidate engage with the literary extract in the presentation?
SL		B1(6점) Message -visual stimulus	• 발표를 하며 학생은 시각 자료를 얼마나 잘 다루는가? How well does the candidate engage with the stimulus in the presentation? • 학생의 아이디어는 목표 언어의 문화적 맥락과 얼마나 잘 연결되는가? How well are the ideas linked to the target culture(s)?
		B2(6점) Message -conversation	• 학생은 교사의 질문에 얼마나 적절하고 상세하게 답변하였는가? How appropriately and thoroughly does the candidate respond to the questions in the conversation? • 질문에 대한 답변은 얼마나 깊이 있게 이루어지는가? To what depth are the questions answered?
		C (6점) Interactive skills -communication	• 학생은 아이디어를 얼마나 잘 표현할 수 있는가? How well can the candidate express ideas? • 학생은 대화를 얼마나 잘 유지할 수 있는가? How well can the candidate maintain a conversation?

A4 3장짜리 독서 감상문을 PEEL구조에 맞춰
논리적으로 작성하고 영어로 발표하기

English B의 내부 평가 중 HL의 경우, 문학 작품의 일부 텍스트를 그 자리에서 공개하는 것에서 시작한다. 학생은 바로 소설의 일부 발췌문을 읽으며, 소설에 대한 소개와 함께 그 텍스트가 전체적인 작품 속의 어떤 부분인지 설명하고 작가가 주제를 전달하기 위해 사용한 장치들을 자신의 시각으로 분석하게 된다. 즉, 캐릭터, 상징, 갈등, 은유 등 다양한 문학 기법들이 어떤 효과가 있는지 영어로 논하는 평가이다.

어떤 소설의 어느 부분이 나올지 모르기 때문에 기본 개념을 충실하게 익히는 것이 중요하다. 또한 어떤 문학 작품을 읽게 되더라도 배운 내용을 기반을 분석할 수 있는 능력을 길러야 하며, 무엇보다도 문학 작품을 스스로 감상할 줄 알아야 한다. 학생들이 과연 영미 문학 작품에 얼마나 열정을 갖고 공부하고 탐구할지 우려가 많이 되었으나 의외로 내부 평가 준비에 큰 흥미를 느끼고 적극적으로 답변 준비에 임했다. 아마도 학생들은 자신의 개인적 감상과 생각을 평가받는다는 점이 큰 매력으로 다가왔던 것 같다. 정해진 답이 없다는 점, 같은 작품을 보고 서로 다른 생각들을 공유하는 수업 활동들이 아이들을 수업과 평가 준비의 주체로 만들었고 이는 학생들의 학업에 대한 열정을 고스란히 담아낼 수 있었다. 모든 답이 인정된다는 점에서(단 논리적인 뒷받침 근거가 있다면) 아이들은 더 깊이 생각하려고 노력하였고 자신의 분석에 대한 논리성과 일관성을 갖도록 끊임없이 탐구하고 연구하였다.

Q. 각각의 평가 요소에 대해 알게 되고, 가장 걱정됐던 점은 무엇인가요?

문학 기법들과 문학 용어들을 영어로 알아야 하고 각 특징을 영어로 설명할 수 있어야 했기에 기본 개념과 지식을 어떻게 가르치고 수업시간에 활동을 전개해야 자연스럽게 활용할 능력을 갖추게 만들 수 있을지에 대한 걱정이 매우 컸다. 그리고 어디까지 교사가 개입하여야 하고 어느 선까지 그들에게 자율권과 재량권을 허가해야 하는지가 언제나 고민이었다. 자칫 선을 잘못 지키면 방임이 되어 기본적인 지식과 틀 없이 허무맹랑한 답변들을 내놓기 일쑤고 너무 자세히 깊게 가르쳐버리면 과연 학생들의 생각인지 교사의 생각을 그들에게 주입하는 건지 구분하기 힘들 수 있기 때문이다.

Q. 그때는 몰랐는데, 이제는 알게 된 점이 있다면 무엇인가요?

교사가 생각하지 못했던 작품 속 상징, 은유, 주제, 갈등, 캐릭터 분석등에 대한 다양한 해석과 답들이 쏟아졌다. 기존의 교과서에서 사전에 정해진 획일적인 답변이 아닌 학생 개인의 사전 지식과, 선험적 경험들, 삶의 가치들이 투영된 답변들이었기에 더욱 의미있는 평가였다. 학생들에게 자신의 생각을 남에게 설득시키는 것을 평가한다고 했을 때 아이들은 놀라울 정도로 지속적인 인내력과 꾸준함과 분석력을 보여주었고 자신의 답에 대한 책임감도 갖추고 있다는 것을 알게 되었다.

IB 역사 History

해당 내용은 IB 디플로마 프로그램 Language B 가이드 (2018년 2월 발행, 2019년 5월·2021 8월 개정)를 바탕으로 작성되었습니다.

또한, 한국어로 번역된 공식적인 출판물이 없는 관계로 과목 교사들의 협의를 거쳐 재구성된 내용임을 밝힙니다.

 처음 IB 과목 가이드를 접하고 느낀 심정은 어땠나요?

'다르다! 새롭다! 하지만 힘들겠는데?'

1. '다르다'의 생각

IB 교육프로그램에 가장 관심이 갔던 이유는 기존 2015 개정 교육과정과 '다름'을 보았기 때문이다. 특히 그 당시 동아시아사를 가르치면서 수능 준비를 위해 연도의 1년 단위, 몇 개월의 차이를 학생들에게 강조하면서 수업하던 때였다. 당연히 동아시아사 교육 목표 및 성취 기준에는 학생들에게 1년 단위 또는 그보다는 더 작은 단위의 세세한 역사의 순서를 가르쳐야 한다는 구절은 단 한 문장도 없다. 하지만 고3을 담당하고 학생들과 대학수학능력시험을 준비하는 과정에서 소위 킬러 문항이라고 불리는 문제들을 풀고 등급을 얻기 위해서는 학생들에게 동아시아의 실질적 목표보다는 수능에서 한 문제라도 더 맞출 수 있도록 문제 풀이 능력에 초점을 맞출 수밖에 없었다. 이렇게 수업을 진행하며 학생들에게 킬러 문항을 대비시켜줄 수 있었다는 희열감도 느꼈지만 동시에 이러한 수업이 과연 역사인가에 대한 환멸도 함께 느끼며 양가의 감정이 공존하고 있었다.

이때 IB 역사 가이드를 본격적으로 공부하게 되면서 2015 개정 교육과정, 기존의 대학수학능력시험과 '다름'이 저에게는 매우 흥미롭게 다가왔다. 먼저 내용 구성 측면에서 2015 개정 교육과정은 통사적 구성, IB는 주제사 구성이라는 차이점이 있다. 통사는 전시대를 아우르는 내용 구성 방식이며, 주제사는 특정 주제와 관련된 역사적 사건을 배우는 내용 구성 방식이다. 통사는 전 시대를 순서대로 배우기에 전체적인 역사의 흐름과 구조를 파악하기에 용이하지만 전 시대를 배워야 하기 때문에 내용의 제약 및 깊이가 약할 수 밖에 없다. 하지만 IB는 주제사 구성으로 여러 주제 중 학교에 맞는 주제를 선택해서 교육과정을 구성하기 때문에 세계사의 전체적인 흐름을 파악하기에는 어려움이 있을 수는 있으나 깊이 있는 학습이 가능하다 이러한 주제 중심의 깊이 있는 내용 구성에서 '다름'을 느꼈다.

둘째, 대학수학능력시험은 객관식 문항으로 이루어져 있다면 IB DP 외부 평가는 서술형 문항 중심으로 이루어져 있다는 차이가 있다. 상대 평가 하에서 객관식 문항은 '킬러 문항'처럼 학생의 역량을 위함이 아닌 등급을 위한 문제로 변질될 가능성이 크지만, 절대 평가에서 서술형 문항은 문제를 어렵게 하지 않아도 학생들이 알고 있는 것들을 작성하기 때문에 그 학생의 역량을 중심으로 평가할 수 있다. 이런 평가에서도 '다름'을 느꼈고, 특히 문제 푸는 기술을 가르치는 것이 아닌 학생의 역사적 사고력과 같은 역량에 초점을 맞출 수 있지 않을까, 하는 기대를 품게 되었다.

2. '새롭다!'의 생각

IB 역사 가이드를 읽으며 새로움을 느꼈는데, 먼저 교사의 자율적 교육과정 구성이 가능하다는 것이었다. 과정을 설계할 때, 지정 주제 5개 중 1개, 세계사 주제 12개 중 2개, 4개의 지역 옵션 중 한 개 그리고 그 한 지역 주제에서 18개의 섹션 중 3개를 학교마다 또는 교사마다 다르게 구성할 수 있다. 우리 학교의 상황에 맞는 교육과정 구성이 가능하겠다는 점에서 설렘을 느꼈다.

두 번째, 새로운 접근 방식이 돋보였다. 15개정 교육과정에서는 세계 2차 대전이라는 학습 내용에 대하여 1-2차시 정도의 시간을 소요하여 배경-전개 과정-결과 정도만 다룬다. 그러나 IB에서는 지정주제는 1학기, 세계사 주제는 1달 정도의 긴 호흡 내에서 배움이 일어나며 따라서 내용적 깊이도 달라진다. 예를 들어, 지정 주제에 따라 '독일과 이탈리아, 일본'에 초점을 맞춰 이들의 팽창을 주로 다룰 수 있다. 세계사 주제에서는 2차 대전의 발생 원인이 장기적인지 혹은 단기적인지, 전쟁의 결과에는 외세의 개입이 영향을 미쳤는지, 이후에 평화 조성은 실패인지 아닌지 등 2차 대전의 원인, 과정, 결과에 대해 다루게 된다는 점에서 기존 한국의 교육과정과는 차이점이 있었다.

 마지막으로 새로운 주제도 재미있게 다가왔다. 권위주의 국가, 이탈리아의 팽창, 스페인 내전 등의 주제는 기존 고등학교 교육 과정에서는 생소하거나 다루더라도 비중이 크지 않다. 그러나 IB에서는 하나의 주제이자 사례로 이렇게 생소한 주제들을 깊이 있게 다루어서 신선했다. 특히 가이드의 내용에 따라 권위주의 국가를 살펴본다면, 권위주의 국가가 등장한 조건은 무엇인지, 권위를 공고하게 한 수단은 무엇인지, 어떻게 권력을 통합하고 유지했는지, 마지막으로 정책의 목적과 결과는 무엇인지 등을 다루게 된다. 이렇듯 가이드에 상세하게 제시된 내용 요소들을 보며, 어떤 수업을 구상할 수 있을지 궁금증을 품게 되었다.

3. '힘들겠는데?'의 생각

위의 내용들처럼 다르다는 생각, 새롭다는 생각으로 끝이 아니었다. 바로 그 다음 생각은 아이러니하게도 '앗, 어떻게 이 모든 것들을 준비하지?'였다. 너무 다르고 새로웠기에 재미있기는 했지만 참고할 자료도 영어 자료밖에 없는 상황이었으며, 가이드는 내용 요소만을 명시할뿐 관련 자료는 수중에 전무했다. 내용적 요소에 대한 자료 부족 뿐만 아니라 학생들은 실제로 배운 내용을 바탕으로 논술을 해야 하는데, 이런 것들을 도대체 어떻게 연습시켜야 할지 솔직히 매우 막막했다. 특히 교재 하나도 번역이 안 되어 있었으며, 한국어 과정으로 IB 역사를 가르쳐본 사람도 없었다.

그래서 함께 IB를 시작한 후배 교사와 함께 한숨만 쉬었던 기억이 있다.

4. 그래서…

저와 IB를 함께 시작한 후배 교사, 동교과 선생님과 IB 코디네이터 선생님의 영어 지원을 받으며 IB 옥스퍼드 역사 교재 번역 스터디를 했다. 세계사 주제 '히틀러'부터 시작을 했고, 그 이후 지정 주제까지 함께 읽어 나갔다. 내용을 파악하면서 IB에서 중요하게 생각하는 지점에 대해 어렴풋하게 감은 잡히긴 했지만 부족하다고 생각했다. 그래서 중요한 지점을 파악하기 위해 기출 문제 번역 및 분석을 시작했다. 시험에서 물어보는 바가 IB 역사 교과가 중요하게 보는 지점들이라고 생각을 했고, 기출 문제와 채점 기준, 평가 보고서 등을 읽으며 평가로부터 가르쳐야 할 내용을 추론하였다. 모호하게 다가왔던 부분들이 기출과 IB교재, 가이드를 함께 보니 큰 그림이 보이기 시작했다.

과목의 목적과 평가 목표

아래 내용은 '그룹 3 개인과 사회' 과목의 목적이다.

인간 경험과 행동, 물리적, 경제적 및 사회적 환경, 사회 및 문화 기관의 역사와 발전에 대한 체계적이고 비판적인 연구를 장려한다.

개인과 사회의 성격과 행동에 대한 이론, 개념 및 주장을 규명하고, 비판적으로 분석하고 평가할 수 있는 능력을 함양한다.

학생들이 가설을 검증하고 복합적인 데이터와 원자료를 해석하기 위해 사회 과목에서 사용한 데이터를 수집하고, 서술하고, 분석하도록 한다.

학생이 속한 사회의 문화뿐만 아니라 다른 사회의 문화 모두와 학습이 어떻게 관련이 있는지에 대한 이해를 촉구한다.

인간의 행동과 의견은 매우 다양하며 사회에 대한 연구는 이러한 다양성을 기꺼이 포용해야 한다는 인식을 기릅니다.

그룹 3 주제의 내용과 방법론에는 논쟁의 여지가 있으며, 연구 과정에서 불확실성에 대한 감내가 필요하다는 것을 학생들이 인지하도록 한다.

역사 과정의 목적은 다음과 같다.

과거에 대한 이해 및 이에 관한 지속적인 흥미를 기릅니다.

학생들이 다양한 관점에 관여하고 역사적 개념, 문제, 사건 및 발전의 복합적인 성격을 인지하도록 장려한다.

세계적으로 두 지역 이상에 관한 역사 공부를 통해 국제적 소양을 함양한다.

학문으로서 역사에 대한 이해를 기르고 연대와 맥락에 대한 감각을 포함한 역사적 의식과 서로 다른 역사적 관점들을 발달시킵니다.

자료를 효과적으로 활용하는 법을 포함한 주요 역사적 기술을 개발한다.

과거에 대한 성찰을 장려함으로써 학생들 자신과 현대 사회에 대한 이해를 높이다.

위 과목의 목적을 달성하기 위한 평가 목표는 다음과 같다.

• 구체적이고 관련 있는 정확한 역사 지식을 보여줍니다.

• 역사적 개념과 맥락에 대한 이해를 보여줍니다.

• 역사적 자료에 대한 이해를 입증한다. (내부 평가와 시험 1)

• 명확하고 일관성 있는 논거를 제시한다.

• 관련 있는 역사 지식을 사용하여 효과적으로 분석한다.

• 다양한 자료를 분석하고 해석한다. (내부 평가와 시험 1)

평가
목표
03

종합과
평가

- 역사적 사실과 분석을 통합하여 일관성 있는 답변을 완성한다.
- 역사적 이슈와 사건에 대한 서로 다른 관점을 평가하고 이러한 평가를 통합하여 답변을 완성한다.
- 자료가 가진 가치와 한계를 인식하며, 역사적 증거로서의 가치를 평가한다. (내부 평가와 시험 1)
- 관련 자료를 선택하여 정보를 종합한다. (내부 평가와 시험 1)

평가
목표
04

적절한 기술의
사용과 적용

- 질문이 요구하는 바를 효과적으로 반영하고 해당 사항에 초점을 맞춘 에세이를 구성 및 작성한다.
- 역사가가 사용하는 방법과 역사가가 마주한 어려움에 대해 성찰한다. (내부 평가)
- 역사적 연구 및 조사에 적합하며 초점에 맞는 질문을 완성한다. (내부 평가)
- 연구 기술, 구성력, 참조 및 적절한 자료 선택에 관한 역량을 입증한다. (내부 평가)

01

평가 요소 (2020년 응시자부터 적용)

평가유형	평가요소	반영비율
외부평가 (EA)	**Paper 1 (24점 / 1시간)** - 다섯 가지 지정 주제 중 한 가지 지정 주제를 택하여, 네 가지 일련의 질문에 답하는 사료 기반 서술형 시험이다. - 선택한 지정 주제 : 3. 세계 대전 발발의 움직임 : 사료에 대한 이해력(5점), 역사가의 입장으로 본 사료에 대한 분석력(4점), 비교 및 대조(6점), 사료와 배경 지식을 바탕으로 한 주제에 대한 평가(9점)	20%(HL) 30%(SL)
	Paper 2 (30점 / 1시간 30분) - 열두 가지 세계사 주제 중 서로 다른 두 개의 주제에 대한 서술형 질문(2개)이 제시된다. - 선택한 세계사 주제 : 권위주의 국가, 20세기 전쟁의 원인과 결과 : 세계사 주제에 대한 지식, 논지에 대한 정확한 이해 및 논리적 근거 제시, 답안의 구조, 역사적 개념에 대한 적용과 분석, 다른 관점에 대한 평가, 비판적 분석, 합리적 결론 도출	25%(HL) 45%(SL)
	Paper 3 (45점 / 2시간 30분) - 네 지역 중 선택한 지역에 대해 서술형 질문(3개)이 제시된다. - 선택한 지역 옵션 : 아시아와 오세아니아 : 주제에 대한 지식, 논지에 대한 정확한 이해 및 논리적 근거 제시, 답안의 구조, 역사적 개념에 대한 적용과 분석, 다른 관점에 대한 평가, 비판적 분석, 합리적 결론 도출	35%(HL)
내부평가 (IA)	**역사 연구 에세이 (25점 / 2200단어)** - 섹션1 : 사료의 식별과 평가 (6점 / 500단어) - 섹션2 : 탐구 (15점 / 1300단어) - 섹션3 : 성찰 (4점 / 400단어)	20%(HL) 25%(SL)

1. 외부 평가(EA, External Assessment)

IB DP 세계사에서는 각 주제별로 지필 평가 형식의 외부 평가를 치르게 된다. Paper 1은 사료 기반을 바탕으로 서·논술형 평가이고, Paper 2는 세계사 주제에 대한 논술형 평가이며, Paper 3는 지역 옵션 주제에 대한 논술형 평가이다. SL의 경우 Paper1, 2의 평가를 치르게 되며, HL의 경우 Paper1, 2, 3을 모두 준비해야 한다.

Paper 1

Paper 1은 4가지 사료를 바탕으로 4가지 질문에 답을 해나가는 평가이다. 총 1시간의 시간이 주어지며, SL 학생과 HL 학생 모두 해당된다. 사료는 1차 사료 또는 1차 사료와 2차 사료를 혼합한 것으로, 서면, 그림 혹은 도표가 나올 수 있으며, 거의 대부분의 경우 3가지는 서면 사료와 1가지는 그림 혹은 도표로 구성된다.

주제에 대한 4가지 질문이 있으며, 학생은 선택한 지정 주제의 네 가지 질문 모두에 답하여야 한다. 3가지 질문에는 문제에서 제시된 1가지 이상의 사료를 활용해 답변을 서술해야 하며, 마지막 질문의 경우는 사료에 포함된 증거와 지정 주제에 관한 본인의 지식을 활용하여 답안을 작성한다.

다음은 Paper 1 기출 문제의 예시이다. (N23 P1 기출)

지정 주제 3: 세계 대전 발발의 움직임

9. (a) 사료 I에 따르면 일본이 1937년에 중국을 침략한 이유는 무엇입니까? [3점]
   (b) 일본의 중국 침략과 관련하여 사료 J가 의미하는 바는 무엇입니까? [2점]

12. 일본의 정치 및 경제 정책이 외교 관계에 미친 영향을 사료와 본인의 지식을 활용하여 평가하시오. [9점]

Paper 1의 경우 총 4가지 질문이 제시된다. 그 중 3가지 질문은 [9번]처럼 질문에 비교적 답의 초점이나 범위가 명확한 채점 기준이 매 시험 제시되는 반면, [12번]처럼 서론, 본론, 결론으로 구성된 미니 에세이의 형식을 요구하는 형태도 있다. 아래와 같은 평가 기준을 사용하여 채점한다.

Paper1 - 네 번째 질문의 평가 기준 - 재구성

Paper1	
지식과 이해력	• 질문의 요점을 잘 파악하였는가? • 정확하고 관련성이 있는 본인의 지식을 보여줬는가?
적용과 분석	• 주어진 사료를 명확하게 인용했는가? • 분석을 뒷받침하는 증거로서 사료를 효과적으로 사용했는가?
종합과 평가	• 본인의 지식과 사료를 효과적으로 종합했는가?

시간 배분과 사료에 대한 분석 전략만 갖춘다면
가장 많은 점수를 획득할 수 있는 시험

1. 시간 배분 및 시간 절약 방법

Paper 1은 네 가지 사료를 읽고, 네 가지 질문에 대한 답을 작성해야 하는 시험이다. 그중에 마지막 문제는 서론, 본론, 결론을 갖춘 미니 에세이 형식으로 꽤 많은 분량의 답안이 요구된다. 따라서 문제별로 시간을 배분해야 하는 게 관건인 것!

시간 배분에 실패한다면 모든 질문에 대한 답안을 작성하지 못할 가능성이 매우 크다. 가장 이상적인 시간 배분은 첫 번째 사료 이해 문제 10분, 두 번째 사료의 가치, 한계 평가 문제 10분, 세 번째 사료의 비교 및 대조 문제 15분, 마지막 미니 에세이 문제 25분 정도로 제안한다.

답안 작성에 있어 시간을 줄일 수 있는 팁은 첫 번째, 시험 시작 전 문제 읽는 시간 5분을 잘 활용하는 것이다. 이때 문제를 먼저 읽고 사료를 살펴보며 각 사료별로 파악해야 할 논점이 무엇인지 잘 파악하면 시험이 시작되자마자 문제를 풀 수 있기에 시간 절약에 큰 도움이 된다.

둘째, 사료 활용을 할 때 2, 3개의 단어만으로 효율적으로 제시하는 것이다. 사료는 제시되어 있기에 굳이 문장으로 제시할 경우가 없으며 2, 3개의 단어로 작성한다면 시간을 절약할 수 있다. 셋째, 마지막 미니 에세이의 구조를 잡아두어야 한다. 글의 큰 구조는 모든 문제에 적용 가능하기에 자신만의 적합한 글의 구조를 미리 갖춘다면 답변 구성에 있어 시간을 아낄 수 있다. 마지막으로 가치와 한계의 경우 사료의 종류에 따라 적용될 수 있는 일반적 가치와 한계가 있다. 예를 들면 역사가가 서술한 경우 '역사를 전공한 전문가이기에 사료에 대한 신뢰도가 높을 수 있다.'와 같은 만능 문장을 활용하는 것도 좋은 방법이다.

2. 배점에 주목하기

첫 번째부터 세 번째 문항의 배점을 보면, 제시해야 할 답안의 개수를 추론할 수 있다. 공식적으로 가이드에는 제시되어 있지는 않지만, 통상적으로 1점당 1개의 답변을 제시해야 한다. [사료 해석 문제(a, b문항) (5점)]은 사료에 담긴 의미 5가지, 두 번째 문항인, [가치와 한계(4점)]은 사료의 가치 또는 한계 4가지, 세 번째 문항인 [비교와 대조(6점)]은 공통점 또는 차이점 6가지를 의미한다. 이 점수에 맞는 답안 개수를 작성하는 게 중요하다.

3. 사료에 답이 있다.

많은 학생들이 마지막 질문에서 에세이 쓰기에 겁먹어 포기하는 경우들이 있다. 그러나 Paper 1은 꽤 친절한 시험이다. 왜냐하면 사료 자체가 주제에 대해 서술하고 있기에 사료 안에 주제에 대한 내용 요소들이 제시될 뿐만 아니라 사료를 언급하는 것만으로도 점수를 받을 수 있기 때문이다. 예를 들면 2017 MAY 경우 미국과 일본 사이의 긴장감 고조 원인에 대한 논술 문제가 주어졌을 때 사료만으로 '미국의 금수조치가 일본에 미친 영향, 그리고 그에 대한 일본의 대응'이라는 역사적 내용 등을 파악할 수 있었다.

그래서 사료를 파악하고 그 주제에 맞는 부분만을 활용해 작성하는 것만으로도 점수를 획득할 수 있기에 사료를 잘 읽고 에세이를 작성하는 것을 추천한다.

Paper 2, Paper 3

Paper 2는 12가지 세계사 주제에 대한 서술형 시험이고, 총 소요 시간은 1시간 30분이다. SL 학생과 HL 학생 모두 해당되며, 주제별로 각각 두 가지 질문이 제시된다. 학생은 자신이 배운 2가지 주제에 대한 질문을 모두 다루어야 하며, 주제별 2가지 질문 중 1가지를 선택하여 총 2가지 질문에 답변을 해야한다. 이 시험의 최대 점수는 30점이다. 이 시험은 일반적인 점수 구간표(mark band)와 시험별 채점 기준표를 사용하여 채점한다.

예시 문항은 다음과 같다. (2017년 5월 기출)

주제 10. 권위주의 국가

19. "권위주의 국가가 등장하게 된 조건은 주로 경제적 요인에 의해 결정되었다."에 대해 두 권위주의 국가를 제시하여 이 내용을 논하시오.

21. "외세의 영향이 20세기 내전의 결과를 결정했다."에 대해 두 개의 전쟁을 제시하여 이 내용을 논하시오.

Paper 3는 HL 학생만 응시하는 시험이며, 4가지 HL 옵션인 '지역' 별로 각각의 시험지가 마련되어 있다. 한국 학생들은 아세아와 오세아니아 지역 옵션에 응시해야 한다.

지역 옵션은 18개 섹션별로 각 2개의 에세이 질문이 제시되며, 총 36개의 질문으로 구성되어 있다. 학생은 반드시 세 가지 질문에 답해야 하는데, 이때 주제를 중복하여 선택할 수 있다. 그리고 특정 국가, 사건이나 인물에 대한 문제는 가이드북에 수록된 것에 한하여 출제된다.

다음은 지역 옵션이 가이드에서 어떻게 제시되어 있는지에 대한 예이다.

---

14. 중화인민공화국(1949~2005)
- 마오쩌둥 치하의 공산주의 국가 통합(1949~1961), 주요 정책, 토지 개혁, 정풍 운동, 백화제방 운동 등(1956)
- 사회 주의로 전환, 경제 개발의 성공과 실패(1949~1961), 제1차 5개년 계획, 대약진 운동(제2차 도개년 계획)

이 시험의 최대 점수는 45점이며, Paper 2와 마찬가지로 일반적인 점수 구간표와 시험별 채점 기준표를 사용하여 채점한다.

예시 문항은 다음과 같다. (2017년 5월 기출)

---

17. 1895년까지 중국과 일본에서 일어난 근대화를 위한 시도를 비교 및 대조하시오.

23. 5. 4 운동(May Fourth Movement, 1919)이 중국에 미친 영향을 평가하시오.

Paper 2 -3 평가기준 - 재구성

	Paper2	Paper3
지식과 이해력	• 답안이 문제의 요구사항과 함축성에 대한 높은 수준의 인식을 보여주며 명확하게 초점을 맞추고 있는가? • 세계사 주제에 대한 지식이 정확하고 관련성이 있는가? • 역사적 맥락에 맞게 사건을 배치했는가? • 역사적 개념을 분명히 이해했는가?	• 답안이 문제의 요구사항과 함축성에 대한 높은 수준의 인식을 보여주며 명확하게 초점을 맞추고 있는가? • 지식이 구체적이고 정확하며 관련성이 있는가? • 역사적 맥락에 맞게 사건을 배치하고, 역사적 개념을 분명히 이해했는가?
적용과 분석	• 학생이 논의하기 위해 선택한 예시가 적절하고 관련성이 있고, 분석과 평가를 효과적으로 뒷받침하고 있는가? • 답안은(질문에 적합한) 효과적인 연관성 및/또는 비교를 포함하고 있는가? • 비판적 분석이 명확하고 논리적인가?	• 사용한 예시가 적절하고 관련성이 있으며, 분석/평가를 뒷받침하는데 효과적으로 사용되었는가? • 논지가 명확하고 논리적인가? • 잘 다듬어진 비판적 분석을 포함하고 있는가?
종합과 평가	• 다른 관점에 대해 평가하고 있는가? • 다른 관점에 대한 평가는 답안과 통일성이 있는가? • 답안이 주요 사항을 거의 다 혹은 전부 다 입증하고 일관된 결론을 내리고 있는가?	
적절한 기술의 사용과 적용	• 답안의 구조가 잘 잡혀 있고 효과적으로 구성되어있는가?	

문제에 숨겨져 있는 정보 파악과
"PEE(...)EEL" 구조 !

1. 문제에 있는 정보 파악하기

 Paper2, Paper 3는 Paper1과는 다르게 사료 없이 오직 한 문장의 문제로 제시된다. 사료는 없지만 이 한 문장 안에는 꽤 많은 정보를 담고 있다. 예를 들면 '두 가지 전쟁의 사례를 바탕으로 이데올로기는 전쟁에서 어느 정도까지 중요한 원인이었는가?'라는 문항을 보자. 이 문제에서 제시된 첫 번째 정보는 글의 주제인, '20세기 전쟁의 원인'이다. 두 번째 정보는 [1] 이데올로기가 가장 중요한 요인이었지만 다른 요인도 있었다는 구조 또는 [2] 이데올로기도 전쟁에 영향을 미치긴 했지만, 다른 요인들이 더 중요하였다는 구조 중 하나를 택해 글을 써내려야 간다는 것이다. 즉, 방향성을 추론할 수 있다. 세 번째는 '두 가지 전쟁의 사례'라고 제시된 문구를 통해 '2가지 전쟁 사례를 가지고 근거를 제시해야 한다'는 글의 조건 또한 파악할 수 있다. 마지막으로 '어느 정도까지'라는 지시어는 한가지 측면이 아닌 여러 가지 측면을 제시해야 하며, 한 의견이 다른 의견보다 얼마나 더 낫고 그 이유가 무엇인지까지 서술해야 한다는 지시 사항들을 내포하고 있다. 따라서 단 하나의 문장이지만, 그 문항을 샅샅이 파헤쳐 냄으로써, 문제가 요구하는 조건들을 포착해 내야 한다.

2. PEEL(PEEEEL) 구조

학생들과 함께 글쓰기 수업에 들어서며 첫 시작으로 잡은 것은 '한 문단 쓰기'였다. 이 한 문단은 어떻게 보면 글의 가장 기본 구성 요소로, 한 문단을 쓴다면 그다음 문단을 쓰는 건 역사적 지식만 있다면 가능하기에 한 문단 쓰기 연습에 많은 시간을 할애했다. 특히 한 문단을 쓸 때 '주장을 어떻게 논리적으로 구성하여 서술하도록' 지도할 수 있는지가 큰 고민거리였다. 이때, 국제학교에서 IB DP를 오랫동안 가르쳐 오신 선생님께서 진행한 연수를 통해 PEEL 구조를 접하게 되었으며, 이를 적용해 학생들과 수업을 진행하였다.

PEEL 구조는 핵심 주장(Point), 증거 및 사례(Evidence), 증거에 대한 설명(Explain), 전체 주장과 핵심 주장을 연결 짓는 링크(Link)로 문단을 구성하는 문단 구성 방법 중 하나이다. PEEL 구조는 많은 학생들이 논리적인 답안을 구성하는 데 큰 도움이 되었다.

처음엔 단순한 문단 구성으로 시작했고, 2학년(DP Year 1) 2학기에는 문단에서의 핵심 주장을 뒷받침해줄 수 있는 증거를 2가지 이상 제시할 것을 지도하였다. PEEEEL 구조인 것이다. 이전보다 한 문단에 서술하는 양이 많아지면서 학생들이 제한된 시간에 쫓기기도 하고, 증거 찾기도 어려워 하면서 힘들어 하긴 했으나 그 노력으로 만들어진 문단과 그러한 문단으로 이루어진 글의 논리성은 그 이전과 비교할 수 없을 정도로 개선되었다.

2. 내부 평가 : 역사 연구 에세이

 IB DP 역사 내부 평가인 '역사 연구 에세이'는 학생들이 자유롭게 연구하고 싶은 주제를 선정한 후 수업 시간을 활용해 탐구하며 에세이를 작성하는 장기 역사 연구 프로젝트이다. 이 과정은 SL과 HL 학생 모두에게 필수 사항이며, 조별 과제가 아닌 개별적 연구 하에 2,200단어 이내로 작성해야 한다.

 역사 연구 에세이는 첫 번째 섹션 [사료의 식별과 평가], 두 번째 섹션 [탐구], 마지막으로 [성찰] 섹션으로 총 3가지 섹션으로 이루어져 있다. 첫 번째 섹션인 '사료의 식별과 평가'에서는 역사적 개념을 활용한 자신의 연구 질문을 제시하고, 에세이에서 사용할 사료 2가지를 분석 및 평가하는 과정이다. 두 번째 섹션은 '탐구'로 연구 질문에 대한 비판적 분석 및 탐구 활동을 진행하고 그 내용을 작성하게 된다. 마지막 '성찰' 섹션은 학생이 연구를 진행하면서 어떤 점에서 역사가가 사용한 방법 및 직면한 어려움을 이해하게 되었는지를 성찰해보는 파트이다.

 학생들은 이 과정을 통해 역사가의 입장에서 역사적 사건 또는 인물을 바라보며 생긴 본인의 의문점을 해결할 수 있는 기회를 갖게 된다. 학생들은 다양한 사료를 선택하고 분석하며 여러 관점을 고려함으로써 역사가로서의 역량을 개발하고 적용할 수 있다. 학생은 제시된 증거 및 주장과 일관성 있는 결론을 도출하기 위하여 증거를 조사, 선택, 평가 및 사용해야 한다.

역사 내부 평가 기준 - 재구성

	섹션1 : 사료의 식별과 평가(6)	섹션2 : 탐구(15)
지식과 이해력	• 적절한 사료를 파악하고 선택했는가? • 사료와 답안의 관련성에 대한 명백한 설명이 있는가?	• 명시된 질문에 초점을 맞추고 있는가?
적용과 분석	• 사료에 대한 자세한 분석과 평가를 제시하고 있는가? • 사료의 기원, 목적과 내용을 언급하고 있는가? • 탐구를 위한 두 사료의 가치와 한계에 대한 명확한 설명이 있는가?	• 올바른 비판적 분석을 포함하고 있는가? • 주장을 뒷받침하기 위해 효과적으로 다양한 사료를 근거로 사용했는가?
종합과 평가		• 서로 다른 관점에 대해 평가하고 있는가? • 제시된 근거 및 주장과 일치하는 합리적인 결론으로 이어지는가?
적절한 기술의 사용과 적용	• 탐구에 대한 적절한 질문을 명확히 서술했는가?	• 명확하고 일관성 있으며 효과적으로 구성되어 있는가?

	섹션3 : 성찰(4)
적절한 기술의 사용과 적용	• 역사가가 사용한 방법 중에 특히 기억에 남는 방법에 중점을 두고 명확하게 성찰이 이루어졌는가? • 역사가가 마주한 난제 또는 역사가가 사용한 방법의 한계에 대해 명확하게 인식하고 있는가? • 성찰과 탐구 간의 관련성이 명료하고 확실한가?

외부평가의 총합

내부 평가는 장기간 학생 스스로 연구 질문에 답을 해나가는 과정으로 학생들에게 가장 힘든 과정이었다. 내부 평가의 섹션1은 Paper1에서의 사료 분석 및 평가, 섹션2는 Paper2-3에서 요구되는 에세이 쓰기 역량, 섹션3는 TOK 질문에 답을 해야 하기에 이제까지 학생이 배운 모든 것을 활용해야 한다.

타이트한 채점 기준, 그래도 잘 활용하면 가이드가 됨!

외부평가는 제한된 시간에 학생이 에세이를 서술하기 때문에 생각보다 기준이 융통성 있게 적용되는 경향이 있다. 하지만 내부평가는 다르다. 수업 시간을 활용해 많은 시간을 제공하고 담당 교사의 피드백도 있기에 외부 평가의 기준보다 다소 엄격하게 적용되는 경향이 있다. 그래서 평가 기준을 통해 지켜야 하는 조건들을 체크하면서 내부평가를 점검할 필요가 있다. 예를 들면 섹션 A에 있는 '탐구에 대한 적절한 질문을 명확히 서술했다.'라는 채점 기준과 관련하여, 본문 안에 질문 형식으로 탐구 질문이 명시되어 있는지 확인해야 한다. 또한 '탐구를 위한 두 사료의 가치와 한계에 대한 명확한 설명과 함께 사료에 대한 자세한 분석과 평가를 제시하고, 사료의 기원, 목적과 내용을 언급했다.'라는 평가 기준도 보면 두 사료의 기원과 목적, 내용을 활용해 가치와 한계를 제시해야 함을 알 수 있다. 그러므로 평가 기준을 체크 리스트로 재구성하여 학생은 스스로 자신의 글을 점검할 수 있어야 하며, 교사 또한 이를 활용해 피드백할 수 있다.

채점 기준의 숨은 의미 파악하기

내부평가를 지도하며 가장 힘들었던 점은 채점 기준의 숨은 의미였다. 가이드에 명확하게 제시되지 않았지만 IB DP 세계사에서 암묵적으로 통용되는 의미가 있었다. 예를 들어, '올바른 비판적 분석을 포함한다'라는 진술은 그 의미가 명확하지 않다고 느껴졌다. 비판적 분석에 대한 명확한 예시는 없었지만 IB 역사 선생님들과 교류하고, 다양한 외국 사례를 살펴보며 그 의미를 찾아갔다. 동학교 선생님들과 끊임없이 공부하고 토론하며 낸 결론은 다음과 같다. '비판적 분석'이란 근거로 제시한 역사가들의 견해나 역사적 사건들의 동의할 수 있는 부분과 그렇지 않은 부분을 평가하며 증거들을 비판적으로 수용하고 자신의 주장에 반영시키는 것을 말한다. 또한 이러한 비판적 분석은 글의 전개 과정에 지속적으로 나와야 하기에 학생들이 정말 어려워했던 작업이었다.

이것 외에도 '다양한 사료를 근거로 사용했다.'라는 기준도 명시적으로 적혀있지는 않았지만 이때의 다양함의 기준은 최소 8-9가지 이상을 말한다는 IB 역사 선생님의 조언도 있었다.

마지막으로 중국사를 다루고자 한다면, 반드시 중국 사료가, 미국사를 다룬다면 미국 사료가 반드시 있어야 한다. 이러한 부분은 가이드에 명시적으로 제시되어 있지 않지만 각 관련 국가의 역사 사료를 활용하였을 때 주장을 뒷받침 할 수 있는 근거로 인정이 된다.

IB 생물학_{Biology}

해당 내용은 IB 디플로마 프로그램 IB 생물학 가이드 (2014년 2월 발행, 2020년 8월 번역, first assessment 2016)를 바탕으로 작성되었습니다.

또한 2025년 시험 응시자부터 적용되어 새로 개정된 생물학 가이드(2023년 2월 발행) 또한 참조되었습니다.

 Q 처음 IB 과목 가이드를 접하고 느낀 심정은 어땠나요?

이제까지 가르쳐왔던 기존 교과와의 차이점을 중심으로

학자마다 과학을 정의하는 방식은 조금씩 다를 수 있지만, 보편적으로 과학이라는 개념에는 자연 현상을 과학적 방법론을 통해 탐구하는 과정과 그로부터 생성된 지식체계라는 의미가 포함된다. 이러한 과학은 객관성을 추구하는 학문적 특성이 있기 때문에, 국가에 따라 내용 체계나 방법론이 크게 달라 보이지는 않다. 그래서인지 IB DP 과목 가이드를 보면서도 특별히 생소하거나 충격적으로 다가온 부분은 없었다.
 그럼에도 불구하고, IB 교육프로그램의 교육 실현 과정은 한국에서 경험한 교육프로그램과는 다른 요소들이 있었다.

가장 흥미로운 점 :
'전이'를 중시하는, 깊이 있는 교과 학습

2015 개정 교육과정에서 생물학 I은 사람의 몸을 중심으로 생명 현상을 이해하는 데 초점을 맞추고, 생물학 II에서는 생명 현상 전반과 핵심 개념

을 심도 있게 이해하도록 구성되었다. 반면, IB DP 생물학은 세포생물학, 분자생물학, 유전학, 생태학, 인체생리학 등의 교수요목을 제시하여, 보다 각론 중심의 깊이 있는 학습을 목표로 하고 있음을 알 수 있다. 이는 2년 간의 심화된 학습을 목적으로 하는 것으로 보이며, 특히 '전이(transfer)' 를 중시하는 IB 교육프로그램의 특성이 잘 드러난다. 새로 개정된 IB 가이 드북(2025년 외부평가 응시)에서도 핵심 개념 중심으로 내용이 재구성 되었으나, 이 역시 전이를 강조하는 IB 교육의 본질적인 특성을 반영하고 있다.

또한, IB DP 과목의 '가이드북'이라는 명칭에 걸맞게, 한국의 교육과정 문 서보다도 교과 운영에 대한 내용이 훨씬 더 구체적으로 담겨 있던 점이 인상 깊었다. 소단원별로 '과학의 본성', '이해', '적용 및 기술', '지침', '국제 적 소양', '지식이론', '활용', '목적' 등 다양한 학습 요소들이 체계적으로 제 시된 점이 돋보였다.

IB DP 과정에서는 교과 수료를 위해 충족해야 할 사항이 단순히 이수 단 위(시간) 외에도 다방면에 걸쳐 있다는 점도 신선하게 다가왔다. 예를 들 어, Group 4 project라는 협업 탐구 프로젝트, 가이드에서 제시하는 필수 실험 7가지(SL은 6가지), 엄격한 내부 평가 그리고 수료를 위한 최소 점 수 등의 조건을 충족해야 한다.

이처럼 내용 구성, 가이드북의 구체성 그리고 교과 이수를 위한 다양한 필수 조건은 깊이 있는 교과 학습을 위한 체계로 보였으며, 학생들이 다 른 교과나 자신의 삶에 전이할 수 있는 역량을 함양하는 데 크게 기여할 것이라고 생각했다.

가장 걱정되었던 점:
학구적인 교육프로그램, 학생들과 잘 헤쳐나갈 수 있을까?

IB DP 교육프로그램은 학생들이 불확실성으로 가득 찬 세상에서 건강한 사회인으로 성장할 수 있도록 돕는 매우 우수한 교육 프로그램임에는 의 심의 여지가 없었다. 그럼에도 불구하고, 가장 걱정됐던 부분은 이 프로그램이 너무 학구적이라는 점이었다.

첫째, 학생들은 방대한 양의 지식을 학습해야 한다. IB 생물학 교과 가이드를 살펴보면, 학생들은 생물학 관련 전공자가 접하는 개론 수준의 깊이 있는 지식체계를 학습해야 한다. 앞서 언급했던 것처럼, 가이드북에서 제시하는 학습 주제가 각론 형태로 구성됐다는 점에서 이를 느낄 수 있을 것이다. IB 학교에 근무하기 전에 IB DP 생물학과 2015 개정교육과정의 생명 관련 교과목 간 매핑(mapping) 가능성을 확인하기 위해 교과 내용을 비교 분석한 적이 있다. IB DP 생물학은 2015 개정 교육과정의 생물학 관련 교과목에서 제시하는 대부분의 내용을 포함하고 있었으며, 그 외에도 추가적인 지식과 기능을 요구했다. 더불어 심화 수준(HL)을 선택한 학생들은 2년간 240시간의 학습 시간을 충족해야 한다는 점도 학습 부담의 요소가 될 수 있다고 느껴졌다.

둘째, 내부평가(IA, Internal Assessment)로 모든 학생이 개별적인 과학적 연구를 수행하고, 약 12쪽 분량의 소논문 형태의 보고서를 작성해야 한다는 점도 매우 걱정되었다. 학생들은 직접 자신의 개인적 중요성을 기반으로 연구 질문(Research question)을 생성하고, 이를 해결하기 위해 자신이 학습한 과학적 방법론을 적용해야 한다. 이 과정은 매우 높은 수준의 과학적 탐구력과 논리적 사고력을 요구하며, 학생들은 탐구 과정에서 높은 수준의 실행력을 발휘해야 한다. 또한, 이 과정에서 시행착오를 겪으면서도 좌절하지 않고 다시 시도하는 인내심, 그리고 자신의 시행착오를 새로운 데이터로 인식하고 연구 과정을 성찰하여 개선하는 메타인지 능력이 필수적이다. 이러한 경험은 학생들이 건강한 어른으로 성장하는 데 매우 귀중한 경험이 될 것이라 확신했지만, 그 어려운 과정을 팀이 아닌 개별적으로 진행되어야 한다는 점 또한 걱정하지 않을 수 없었다.

※ 참고로 개정된 가이드북에 따르면, 내부평가를 위한 준비에서 학생들 간 협력이 가능한 부분이 제시되었다. 자세한 사항은 개정된 가이드북을 참고바란다.

더 공부해야겠다고
생각한 점:
IB 과목 가이드북과 평가에 대한 분석

IB 교육프로그램의 교육 철학과 그 가치를 실현하는 방식이 매우 좋았다. 그래서 호기롭게 가보지 않은 길에 도전했다. 그러나 상상 이상으로 IB 교육을 준비하는 과정은 막막하게 느껴졌고, 그 막막함은 걱정으로 채워졌다. 이렇게 걱정이 가득할 때는 어떻게 해야 할까? 상황에 따라 다르겠지만, 걱정과 불안이 가득할 때는 몸과 머리를 굴리며 준비하고 연습하는 것이 가장 좋은 방법이라 생각한다. 그래서 "당장 내가 무엇을 준비하면 도움이 될까?"라는 질문을 던지며 시작했다.

IB 교육프로그램은 매우 체계적으로 구성되어 있으며, 그 교육적 가치와 철학을 실현하기 위한 구조도 매우 타당하다고 생각한다. 그러나 아무리 훌륭한 프로그램이라도 이를 운영하는 교사의 이해도가 충분하지 않다면, 높은 교육적 효과를 기대하기 어려울 것이다. IB 생물학의 경우를 예로 들면, 많은 교과 내용이 구체적이고 체계적으로 구성되어 있어 학생들이 더 깊이 있는 학습을 할 수 있도록 돕는다. 특히 평가 형식은 보편적인 한국 학교에서의 평가에 비해 정형화되어 있다. 이러한 IB의 평가 방식을 잘 분석하고 이를 한국 교육과정에 적절히 녹여낸다면, 한국 교육의 맥락에서 학생들의 성장을 적극 지원할 수 있는 효과적인 교육 구조를 만들 수 있을 것이라는 기대가 있었다.

정리하자면, 상대적으로 자율성이 보장되는 우리나라 교육과정에 세계적으로 인정받는 IB 교육 프로그램을 적절히 녹여내어 교육적 효과를 극대화하기 위해, 개별 교과교사가 해야 할 필수 선행 과제는 'IB 교과 가이드북 및 평가 형식에 대한 깊이 있는 분석'이라 판단했다.

그래서 그때 나름의 결론:
최종 평가를 목표로 수행평가의 단계를 나누자!

IB에서의 평가는 학생의 역량을 종합적으로 평가하며, 그 과정에서도 학생들의 성장을 지원한다. 따라서 IB에서 요구하는 평가 기준에 도달할 수 있도록 학생들을 안내하는 것은 자연스럽게 학생들의 역량 함양으로 이어진다. 하지만 IB DP는 다루는 지식의 양이 많고, 다양하고 높은 수준의 역량을 요구하기때문에 최종 평가를 한 번에 준비하는 것은 학생들에게도 교사에게도 너무나 버거운 일이라 판단했다. 이에 최종적으로 학생들이 도달해야 할 수준을 단계별로 쪼개어, 학생들이 차근차근 성장할 수 있도록 수행평가를 구성했다. 이는 백워드 설계에 기반한 접근이었다.

평가와 관련된 구체적인 내용은 뒷장에서 다루겠지만, 내부평가(Internal assessment)를 준비하기 위한 수행평가 구성 사례를 간단히 제시한다면 다음과 같다. 우선 IB 생물학에서의 내부평가는 12쪽 내외의 체계적인 '개별 연구보고서 작성'이다. 매우 학술적인 접근을 요구하는 과정이기에, 제대로 된 자유주제 탐구보고서를 작성해 본 경험이 없는 학생들에게는 매우 어려운 과제가 될 수 있다. 따라서 긴 호흡으로 1학년부터 3학년까지 큰 틀에서 단계별로 구조화된 수행평가를 통해 학생들을 준비시키고자 했다.

1) 내부평가 채점기준(criteria)으로 직접 채점해보기

 IBDP 생물학의 내부평가 기준을 바탕으로, 학생들이 직접 샘플 보고서를 채점해보는 활동을 진행했다. 이를 통해 학생들이 내부평가 채점 기준을 깊이 이해할 수 있는 기회를 제공하고자 했다.

2) 샘플 보고서 개선 방안 고찰하기

평가 기준에 따라 샘플 보고서의 개선 방안을 고찰하는 시간을 가졌다. 이를 통해 평가 기준을 더 깊게 이해하고, 추후 자신의 보고서 작성 방향을 고민해볼 수 있는 기회를 마련하고자 했다.

3) 과학 개념 마인드맵 그리기

자신만의 과학 개념 마인드맵을 구성하여, 개인적 중요성을 갖는 과학 개념과 주제를 찾아보는 시간을 갖고자 하였다.

4) 관심 주제에 대한 선행연구 분석하기

앞서 탐색한 관심 주제와 관련된 선행 연구를 3개 이상 찾아 분석하는 활동을 진행했다. 이를 통해 학생들이 학술적 글쓰기의 기본 구조를 이해하고, 관심 주제에 대한 이론적 배경을 확장하는 기회를 제공하고자 하였다.

5) 초점화된 연구 질문 생성하기

연구보고서를 잘 작성하기 위해서는 초점화된 연구 질문 생성이 필수적이다. 이는 매우 중요한 단계이기에 별도의 활동으로 구성하여 진행하였다.

6) 연구 질문에 기반한 실험 설계하기

연구 질문이 초점화되면, 실험 설계는 보다 수월해진다. 그러나 데이터 획득 및 분석 방법, 그리고 실험 과정에서 발생할 수 있는 불확실성에 대해 고민하고 추론하는 시간 또한 매우 중요했다.

7) 개인 연구 계획서 작성하기

이전에 준비했던 내용을 종합하여 하나의 연구 계획서를 작성해보도록 하였다.

8) 개인 연구보고서 초안 작성하기

연구 계획서를 바탕으로 데이터를 얻고 분석한 결과를 정리하는 시간을 가졌다. 초안이 잘 작성될 수록, 단 한번 제공되는 공식 피드백의 질도 높아진다. 이는 학생의 성취 뿐 아니라 성장에도 중요한 영향을 주기 때문에 하나의 수행평가로 구성하였다.

9) 개인 연구보고서 최종본 작성하기 내부평가의 최종 목적지이다. 실제 IBDP 내부평가 채점기준에 준하여 수행평가를 구성하였다.

01 '생물학' 과목의 목적과 평가 목표

아래 내용은 2025년 DP 시험 응시자부터를 대상으로 한,
개정된 '생물학' 과목의 목적이다.

IBDP 생물학 과정은 학생에게 과학의 본성(NOS, Nature of science) 이라는 매우 중요한 주제를 통해 다음을 가능하게 한다.
- 다른 여러 과목 영역 및 다른 DP 과학 과목과의 연계에 도움이 되는 개념적 이해를 발전시킨다.
- 과학의 특징인 지식체계, 방법, 도구, 기법을 습득 및 적용한다.
- 과학 정보 및 주장을 분석, 평가, 통합하는 능력을 기른다
- 익숙하지 않은 상황에서 창의성과 회복력을 갖고 접근하는 능력을 기른다
- 지역적, 세계적 문제에 대한 해결 방식을 과학적 맥락에서 설계하고 모형화한다.
- 과학의 가능성과 한계에 대한 이해를 개발한다.
- 과학적 맥락에서 테크놀로지 기술을 개발한다.
- 과학의 윤리적, 환경적, 경제적, 문화적, 사회적 영향에 대한 인식을 개발한다.

위 과목의 목적을 달성하기 위한 평가 목표는 다음과 같다.

1. 다음에 대한 지식을 보여준다.
• 용어, 사실, 개념
• 기능, 기법, 방법론

2. 다음에 대한 지식을 이해하고 적용한다.
• 용어와 개념

- 기능, 기법, 방법론

3. 다음을 분석, 평가, 통합한다.
- 실험 절차
- 1차 및 2차 데이터
- 추세, 패턴, 예측

4. 통찰력 있고 윤리적인 조사를 수행하는 데 필요한 능력의 적용을 보여준다.

02 평가 요소

평가유형	평가 내용	반영비율
외부평가 (EA)	Paper 1 (SL: 55점, 1시간 30분 / HL: 75점, 2시간) 시험 1A - 선다형 문제 시험 1B - 데이터 기반 문제 (모든 주제를 포함하는 교수요목 관련 문제 4문항)	36
	Paper 2 (SL: 50점, 1시간 30분 / HL: 80점, 2시간 30분) 섹션 A - 데이터 기반 및 단답형 문제 섹션 B - 서술형 문제	44
내부평가 (IA)	과학적 조사(약 10시간 소요, 최대 3,000단어) • 내부 평가 기준 | 연구 설계	데이터 분석	결론	평가	총점 | |---|---|---|---|---| | 6(25%) | 6(25%) | 6(25%) | 6(25%) | 24(100%) | • 다양한 내용을 다룰 수 있으며 교과 과정 수준에 부합해야 함 • 분명한 목적이 있는 연구 질문과 이에 대한 과학적 근거가 요구됨 • 평가는 교사가 실시, IB가 조정	20

1. 외부 평가(EA, External Assessment)

IB 생물학에서 학생들이 치르는 외부평가는 2025년 시험 기준, 총 2개의 시험으로 구성된다. 2025년 직전 시험까지는 총 3개의 시험으로 구성되어 있었으나, 현재는 2개의 시험으로 변경되었다.

Paper 1은 Paper 1A와 Paper 1B로 구분되며, 분리된 두 개의 소책자로 제공된다. Paper 1A와 Paper 1B 사이에 쉬는 시간은 따로 없으며, Paper 1A에서는 선다형 문제가 출제되고 Paper 1B에서는 가이드에서 제시하는 실험 과제 및 교수요목과 관련한 데이터 기반 문제가 4문항 출제된다. Paper 2 또한 Paper 2A와 Paper 2B로 구분되며, Paper 2A는 데이터 기반 문제와 단답형 문제가, Paper 2B에서는 서술형 문제가 출제된다. Paper 1과 Paper 2의 점수 반영 가중치는 SL(Standard Level)과 HL(Higher Level)에서 모두 같으며, 이 외에 외부 평가에서 나타나는 SL과 HL의 차이는 다음과 같다.

- **시험 내용의 차이** : HL의 경우 SL의 내용에서 AHL(Additional Higher Level, 추가 심화 수준) 내용을 추가로 학습하므로, HL 시험에는 AHL 내용이 추가된다.

- **시험 시간의 차이** : SL은 총 3시간(1시간 30분 + 1시간 30분), HL은 총 4시간 30분(2시간 + 2시간 30분) 동안 시험을 치른다.

- **문항 수의 차이** : Paper 1A의 선다형 문제는 SL에서 30문항, HL에서 40문항이 출제된다. 더불어 Paper 2B의 서술형 문제에서 SL을 선택한 학생은 2개 문항 중 1개를 선택하여 답해야 하고, HL 학생은 3개 문항 중 2개를 선택하여 답해야 한다.

- **점수 배점의 차이** : SL의 경우 Paper 1에서 55점, Paper 2에서 50점을 획득할 수 있으며 총 105점이 배점된다. HL의 경우 Paper 1에서 75점, Paper 2에서 80점을 획득할 수 있으며, 총 120점이 배점된다.

IB DP 생물학은 2025년 시험 기준으로 개정되었으므로, 새로이 개정된 외부 평가에 대해서는 섣불리 언급할 수 없다. 그러나 개정 이전에 학생들과 외부평가를 준비했던 경험에 기반해, 개정된 프로그램의 견본 시험지를 살피며 관련 내용을 써 내려가고자 한다.

1. Paper 1A - 선다형 문제

가이드북에서 제시하는
생물학적 기본 개념에 대한 충분한 이해가 관건

 개정된 Paper 1A는 이전 선다형 문제와 큰 차이가 없어 보이며, 생물학적 기본 개념에 대한 충분한 이해가 핵심이다. Paper 1A 형식에 대한 이해를 위해 대학수학능력시험(이하 수능)의 생물학 시험과 비교하면 다음과 같은 차이가 있다. 이 설명에는 필자의 주관적 판단이 일부 포함되어 있을 수 있다.

1) Paper 1A는 4지선다형 문항로 출제되며, 수능은 5지선다형 문항으로 출제된다.
2) Paper 1A 선다형 문항은 대부분 최선답형(One Best Answer Items)으로 구성되어 있다. 반면, 최근 수능에서는 합답형(Multiple True-False Items) 문항이 많이 출제된다.
3) Paper 1A는 기본 개념의 이해를 묻는데 집중하며, 기존의 수능에서 흔히 나타나는 킬러 문항이 없다.
4) Paper 1A는 앞서 제시한 2), 3)의 특징으로 인해, 비록 선다형 문항이지만 분자의 구조 그림을 식별하는 문제와 같이 다양한 방식으로 개념을 평가한다.

이 비교는 IB DP의 평가와 수능의 평가 방식의 차이에 대한 이해를 돕기 위한 설명일 뿐, 어느 평가가 더 우수하다는 가치판단을 내리기 위한 목적은 아니다. 수능은 선택형 문제로 학생들의 다양한 사고 능력을 평가하며, 등급을 산출하는 상대평가(규준지향평가)라는 특징을 갖는다. 반면 IB DP에서는 여러 형태의 평가 방식으로 학생의 다양한 능력을 평가하고자 하며, 성취에 기반해 점수를 산출하는 절대평가(준거지향평가)라는 특성을 갖는다. 이러한 차이에 기인해 수능과 Paper 1A의 선다형 문제는 충분히 다를 수 있음을 유의해야 한다.

2. Paper 1B - 데이터 기반의 서답형 문제

가이드북에서 제시하는 과학 실험 및
탐구활동에 대한 깊이 있는 경험이 중요하며,
명령어(Commend term)에 대한 숙지는 필수

Paper 1B는 개정 이전 Paper 2의 섹션 A의 문제와 유사하게, 단답형 및 간단한 서술형 문제로 구성되어 있다. 가이드북에서 요구하는 실험 및 탐구활동에 기반하며, 과학적 방법론에 대한 이해가 핵심이다. 독립변인과 종속변인, 그리고 변인 통제 대한 명확한 이해가 필요하며, 이를 바탕으로 실험 설계 능력이 있다면 문제 해결에 큰 도움이 된다. 또한, 표 또는 그래프로 제시된 실험 데이터를 해석하고 설명할 수 있어야 한다.
Paper 1B는 대체로 다음과 같은 질문 형태로 구성되어 있으며, 명령어(Command term)의 요구에 맞게 적절한 답변을 작성하는 것이 중요하다. 명령어에 대한 구체적인 설명은 가이드북에 제시되어 있어 이를 충분히 숙지하는 것이 필요하다.

1) 제시된 실험의 변인(Variable) 및 변인 간의 관계에 대한 질문

- 독립변인을 진술하시오(State).
- 독립변인에 X를 처리한 이유를 제안하시오(Suggest).
- 종속변인을 이렇게 설정한 이유를 제안하시오(Suggest).

2) 실험 데이터(표 또는 그래프)에 대한 질문

- X 시점에서 Y의 상태를 설명하시오(Explain).
- X 현상에 대한 근거를 데이터에 기반해 요약하시오(Outline).
- 이 실험의 결과를 분석하시오(Analyse).
- 데이터에 기반해 이 실험의 가설을 평가하시오(Evaluate).
- X와 Y의 관계에 대한 증거를 논하시오(Discuss).

3) 생물학적 기본 개념 및 제시된 데이터와의 관계를 묻는 질문

- 이 사례와 관련하여 X의 개념을 요약하시오(Outline).
- 그래프에 제시된 X의 기능을 설명하시오(Explain).
- X는 어떤 생물학적 기능을 갖는다. X를 파악하시오(Identify).
- X와 Y를 구분하시오(Distinguish).

3. Paper 2A - 데이터 기반의 서답형 문제

Paper 1A의 문제보다 높은 난도!
생물학적 기본 개념에 대한 이해는 기본이며,
익숙치 않은 새로운 데이터를 해석할 수 있는 능력 필요!

Paper 2A는 개정 이전 Paper 3의 섹션 A의 문제와 유사하며, 깊이 있는 과학적 분석력을 요구하는 영역이라 생각한다. Paper 1B와 비슷해 보이지만 가이드북에서 필수로 제시하는 익숙한 데이터가 아닌, 새롭고 낯선 데이터가 제공되기에 이를 해석할 수 있는 '눈'이 필요하다. 따라서 교사가 학생들이 다양한 데이터에 노출될 수 있도록 수업 활동을 구성하여 학생들의 과학적 분석력을 키워준다면, 학생들은 익숙하지 않은 데이터도 자신있게 해석할 수 있을 것이다.

외부평가 견본의 문항에 기반한 질문 형태는 다음과 같다.

- (Error bar가 표시된) 그래프를 보고, A와 B의 차이를 계산하시오(Calculate).
- A와 B의 차이를 비교 및 대조하시오(Compare and contrast).
- X를 만족하는 A와 B의 거리를 추산하시오(Estimate).
- 그림 위에 화살표를 이용해 A의 이동 방향에 대한 주석을 다십시오 (Annotate).
- X의 유무에 따른 A와 B의 차이를 예상하시오(Predict).
- A와 B 사이에서 X 현상이 어떻게 일어나는지 서술하시오(Describe).

4. Paper 2B - 교과 내용에 기반한 서술형 문제

핵심개념(Key concepts)에 기반한
생물학적 주요 기전(mechanism)의 맥락적 이해와
핵심 단어 암기가 관건

Paper 2B는 개정 이전의 Paper 2의 섹션 B와 매우 유사하다. 가이드북에서 제시하는 교과 내용을 기반으로 한 서술형 문제로 구성되며, SL은 2개의 큰 문항 중 1개를, HL은 3개의 큰 문항 중 2개를 선택하여 답해야 한다.

각 큰 문항은 보통 3개의 작은 문항으로 구성되었으며, 작은 문항 3개의 점수를 합한 큰 문항의 점수는 보통 문항당 15점 내외이다. 더불어 작은 문항들에 대해 짜임새 있게 구조화된 답변을 작성하면 추가로 1점을 받을 수 있다.

각 문항에 큰 점수가 배정되어 있으며, 하위 3개의 작은 문항이 하나의 일관된 얼개를 형성하여야 한다는 것은 문항을 통해 생물학적 기본 개념보다는 핵심 개념에 기반한 생물 현상의 맥락적 이해를 물어본다고 할 수 있다. 이에 학생들은 생물학에서 제시하는 개념들 간의 관계를 잘 파악해야 하며, 적절한 과학적 용어를 사용하여 이를 논리적으로 설명할 수 있어야 한다.

Paper 2B의 문항은 다음의 형태로 제시된다.

1. 생명 시스템에서 다양한 기전에서 A가 이뤄진다. B는 생명 시스템에서 X 현상을 방해한다.
   (a) B가 어떻게 C에 작용하는지 서술하시오(Describe). [4점]
   (b) B는 종종 A로 작용한다. A에 의한 Y와 Z를 비교 및 대조하시오.
      (Compare and constrast). [7점]
   (c) D는 자연적으로 발생하는 A로, E를 방해한다. D에 노출됐을 때
      A에 나타나는 결과를 요약하시오(Outline). [4점]

2. 내부 평가(IA, Internal Assessment)

IB 생물학에서 HL(Higher Level)과 SL(Standard Level) 수준을 선택한 학생들이 공통적으로 치르는 내부평가는 '개별 과학적 연구 평가(Individual scientific investigation)'이다. 이 평가 과정에서 학생들은 자신만의 과학적 연구 질문을 구성하고, 데이터를 수집하고 분석하여 개방형 연구 과제를 수행하게 된다. 이러한 평가를 통해 학생들은 필기시험과 같은 시간 제한이나 제약 없이 개인적인 관심사를 추구하며 자신의 기술과 지식의 적용 능력을 보여줄 수 있다.

내부 평가 절차는 다음과 같다.

- 학생들의 평가 결과는 동료 교사와 협의하여 채점되며, 가이드에 제시된 평가 기준에 따라 점수를 부여한다.
- 교사는 학생들의 점수를 IB 시스템에 입력한 후, 시스템에서 무작위로 추출된 샘플과 해당 샘플에 대한 채점 코멘터리를 업로드하게 된다.

개별 과학적 연구 평가는 서면 보고서로 제출되며, 보고서의 최대 단어 수는 3,000 단어로 제한된다. 가이드북에서는 내부 평가를 위해 약 10시간을 배정할 것을 권장하고 있으며, 이 시간에는 평가 요구사항에 대한 안내, 과제 수행 및 질문 시간, 학생과 교사 간의 개별 면담 시간, 과제 검토 시간 등이 포함된다.

학생들의 연구 질문은 흥미 또는 개인적 중요성을 느끼는 분야여야 한다. 다만, 가이드에서 제시하는 이해(understanding)의 범위를 벗어난 심화된 개념을 포함할 필요는 없다. 학생들이 수행하는 과학적 연구는 평가 기준표의 모든 요소가 의미 있게 다뤄질 수 있을 정도로 충분히 넓고 깊이 있는 주제를 다루어야 한다.

또한, 연구에는 반드시 저절한 관찰에 따른 정성적 및 정량적 데이터의 수집과 분석이 포함되어야 한다. 학생들은 다음과 같은 다양한 방식의 데이터 수집 및 분석 기법을 사용할 수 있다.

- 직접 실험 및 실습(Hands-on practical laboratory work)
- 현장 연구(Fieldwork)
- 스프레드시트를 이용한 분석 및 모델링(Use of a spreadsheet for analysis and modelling)
- 데이터베이스에서 데이터 추출 및 분석(Extraction and analysis of data from a database)
- 시뮬레이션 사용(Use of a simulation)

아래의 표는 가이드북에 근거한 평가 기준 요약 내용이며, 전 세계적으로 IB DP를 운영하는 많은 학교에서는 가이드북에서 제시하는 평가 기준표를 더욱 세분화하여 사용하기도 한다.

연구 설계 **(6점)** **(가중치 25%)**	이 기준은 학생이 연구 질문을 다룰 때 사용한 방법론(목적과 실행)을 효과적으로 전달했는지를 평가한다. · 연구 질문이 구체적이고 적절한 맥락에서 서술되었는가? · 연구 질문에서 답하기 위한 충분하고 관련 있는 데이터 수집과 관련된 방법론적 고려 사항이 설명되었는가? · 데이터 수집 또는 선정을 위한 방법론에 대한 설명을 통해 연구가 재생산될 수 있는가?
데이터 분석 **(6점)** **(가중치 25%)**	이 기준은 학생의 보고서가 연구 질문과 관련 있는 방식으로 학생이 데이터를 기록, 처리, 제시했다는 증거를 제공하는 정도를 평가한다. · 데이터 기록 및 처리에 관한 설명이 분명하고 정확한가? · 데이터 기록 및 처리에서 불확도를 적절히 고려한 근거가 있는가? · 연구 질문을 다루는 것과 관련된 데이터 처리가 적절하고 정확하게 수행되었는가?
결론 **(6점)** **(가중치 25%)**	이 기준은 학생이 자신의 분석과 허용된 과학적 맥락에 관하여 연구 질문에 성공적으로 답한 정도를 평가한다. · 연구 질문과 관련이 있고, 제시된 분석과 완전히 일치하는 결론이 정당화되었는가? · 허용된 과학적 맥락과 관련 있는 비교를 통해 결론이 정당화되어 있는가?
평가 **(6점)** **(가중치 25%)**	이 기준은 학생의 보고서가 연구 방법론의 평가에 관한 근거를 제공하는 정도와 개선을 보인 정도를 평가한다. · 보고서가 특정 방법론적 약점이나 한계의 상대적 영향을 설명하는가? · 연구에서 파악된 약저미나 한계에 관한 현실적인 개선점이 설명되었는가?

'시작이 반이다? 적절한 연구 질문 생성이 반이다!'

개별 과학적 연구 평가의 기본적인 구조는 학생들이 스스로 질문을 개발하고 연구를 설계하는 형태의 '개방형 탐구 실험'이다. 이 실험 과정에서는 한국의 과학과 교육과정에서 제시하는 기초탐구기능과 통합탐구기능을 종합적으로 활용해야 한다. 또한, 과학과 핵심 역량이 고루 요구되며, 이를 발달시킬 수 있는 매우 고차원적 과제이다. 이를 통해 학생들은 과학적 방법론과 더불어 과학의 본성(NOS)에 대한 깊은 이해를 얻게 된다.

이러한 과정을 잘 수행한 학생들은 세상을 객관적으로 바라보는 능력을 키우는 동시에, 과학적 탐구에서 중요한 불확실성(uncertainty)도 다룰 수 있는 역량을 함양하게 된다. 개별 연구에서 학생들이 다루게 되는 불확실성에 대한 예시는 다음과 같다.

- 눈금실린더와 같은 정량 실험 기구 사용 시, 기구의 오차 범위를 고려하고 측정된 시료의 측정불확도를 계산
- 실험군과 대조군 비교 등의 상황에서 정량적 데이터를 제시할 때는 통계적 분석을 통해 데이터의 유의미성을 평가
- 정량적 데이터뿐 아니라, 정성적 데이터를 함께 고려하여 상호 보완

이렇듯 개인 연구의 모든 과정은 잘 구조화되어야 하며, 구체적으로 설명되어야 한다. 그러나 그중에서도 가장 중요한 요소는 적절한 연구 질문을 생성하는 것이다. 연구 질문이 잘 설정되었다는 것은 독립변인과 종속변인, 그리고 연구 대상에 대해 명확히 이해하고 있다는 것을 의미하며, 이는 연구에 대한 개인적 중요성도 분명함을 보여준다. 실제로 많은 학생이 연구 질문을 매우 포괄적으로 생성하는 경향이 있다. 예를 들어 '마늘의 항균 효과는 얼마나 좋을까?'와 같은 커다란 주제를 가지고 오고는 한다. 그래서 연구 질문 생성시, 학생들과 연구의 대상과 변인을 동정하고 세분화하는 연습이 필요하다. '어떤 마늘을 사용할 것인지?', '그래서 독립변인은 정확히 무엇인지?', '그 독립변인은 내가 조절 가능한지?', '종속변인은 무엇인지?', '어떤 세균(또는 균주)에 대한 항균 효과인지?' 등의 가이드 질문에 기반하여 분석하고 초점화하는 것이 중요하다. 더불어 좋은 연구 질문에는 '왜 그러한 연구 질문을 생성했는가?'에 답할 수 있는 개인적 중요성이 내포되어 있다. 이러한 연구 질문은 내적 동기를 강화하며, 여러 번의 시행착오 속에서도 연구에 대한 흥미를 유지하고 끝까지 완수하는 원동력으로 작용할 것이다.

IB 수학 분석과 접근 Mathematics: analysis and approaches

해당 내용은 IB 디플로마 프로그램 IB 수학: 분석과 접근 가이드(2020년 8월 발행 및 번역)를 바탕으로 작성되었습니다.

Q 처음 IB 과목 가이드를 접하고 느낀 심정은 어땠나요?

기대감이 먼저 들었다. 평소 수업 시 스스로 가장 안타까웠던 점은 학생들의 눈높이에 맞춰 수업하면 재미도 있고 배우는 것도 많을 것 같다는 착각을 했었다는 것이다. 사실은 진도에 대한 부담으로 인하여 결국 문제 풀이식 수업으로 돌아갈 수 밖에 없는 것이 교사의 숙명이 아닌가 생각했다. 그래서 수업의 질은 교사의 전달 방식 또는 개인의 수업 역량에 의하여 결정되기에 수업에 대한 부담이 많았다. 어떻게 하면 학생들도 같이 호흡하는 수업으로 만들 수 있을까에 대한 고민을 많이 했다. 핵심은 진도와 수업량의 적절한 조화인데 마땅한 방법을 찾을 수 없었다. 그런데 IB 과목 가이드를 보면서 평소에 궁금하게 여겼던 좋은 수업에 대한 답을 찾을 수 있지는 않을까 하는 기대감이 생겼다.

가장 흥미로운 점 :
채점 기준을 수립하는 방법

평가가 중요하고 흥미롭다고 생각했다. 왜냐하면 학생들이 수업 내용을 이해하고 이를 선생님들이 수업에 반영하여 더욱 좋은 수업을 만들 수 있도록 하기 때문이다. 특히 서술형 평가는 문제를 만드는 것부터 채점 기준을 설계하는 모든 과정이 수업을 기반으로 이루어져야 하기에 더욱 그렇다. 문제는 서술형 평가 확대 기조와는 달리 문제 출제와 채점 기준 수립에 대한 합리적인 연수가 충분치 않다는 것이다.

 처음에는 IB 수학 분석과 접근 과목은 절대평가이며 외부평가는 100% 서술형 평가에 일부 시험의 경우 GDC(그래픽 계산기)를 이용하여 시험을 치른다는 연수를 받으면서 그러면 '계산 문제는 앞으로 출제할 수 없는 것인가?' 하는 의구심도 들었다. 문제는 IB 교육프로그램은 여러 국가에서 이루어지는 데 '우리가 만든 평가 문항들이 국제적으로 인증 받을 수 없으면 어떻게 하지?' 하는 생각도 있었다.

이외에도 서술형 평가는 채점 후에 학생이나 심한 경우 학부모 또는 학원 강사, 다른 학교선생님에 의해 이의 제기를 받기도 하기에 서술형 평가에 대해서 출제부터 채점까지 과연 세계적으로 동일한 기준을 만들 수 있을까에 대한 의구심도 들었다. IB 교육프로그램에서 채점은 최소 세 분의 선생님이 한 조가 되어 평가 후 채점을 진행한다. 이 과정에서 선생님끼리 의견통일이 되지 않으면 통일이 될 때까지 협의를 진행하도록 한다(이로 인해 시험이 끝나면 서술형 채점 관련 회의를 계속 요청하는 교사 간의 문화가 실제로 형성되었다). 심할 경우는 12시까지 협의를 하는 경우도 있을 정도로 평가 후 채점에서 합의를 도출하는 과정은 꽤 지난한 과정이다. 하지만 동 교과 선생님들과의 대화를 통해 채점 기준에 대한 각 사람들의 생각이 다르다는 것에서 또 다른 배움이 있었다.

무엇보다도 채점을 잘하기 위해서는 채점 기준표를 명확하게 만들어야 한다. '사실 같은 내용을 가르치면서 채점하는 데 별다른 것이 뭐가 있을까?'라고 반문할 수도 있지만 실제로 경험해 보니 명확한 채점 기준표를 만든다는 것은 많은 것을 바꾸어 놓았다.

가장 걱정이 됐던 점 :
전통 수학에 대한 도전-가르치지 말라는 것처럼 들리는 IB 교수법

IB 수학 수업에서는 GDC(그래픽 계산기), 지오지브라, 데스모스 등 수학 교육용 소프트웨어를 적극적으로 사용할 뿐만 아니라 실제 평가(내부, 외부평가)에도 사용해야 한다. 이로 인해 새로운 공학적 도구의 사용법을 배워야 한다는 점이 가장 걱정이 되었다. 물론 다양한 연수를 통해 프로그램의 사용법을 익히는 과정을 제공해 주었지만 그래도 걱정이 되었다. 더 나아가 교장선생님은 항상 교학상장을 주장하셨는데 교직 생활을 통해 알고 있는 교학상장은 수업을 열심히 해서 학생의 성적을 올리도록 하는 과정에서 제 교수법이 효율적으로 바뀌는 것을 생각했는데 교장선생님의 교학상장은 학생과 스승이 진정한 의미로 성장을 이루도록 해야 한다는 것이어서 걱정이 되었다.

첫해는 이런 부분을 충분히 채우지 못했던 것 같다. GDC와 컴퓨터 프로그램은 학생들의 이해도가 더 높았고, 수업에 대한 준비가 버거워 학생들의 상황을 돌아볼 여유도 없었기에 성장이 이뤄지기 어렵다고 느꼈다. 다행히 올해 2학년 과정을 두 번째로 가르치다 보니 조금씩 성장하고 있음을 느낀다. 작년보다 훨씬 여유가 생겼으며 학생들의 처지에서 탐구보고서를 써보기도 하고, 공학적 도구를 활용해보기도 하는 등 가르치기보다는 제가 학생들과 함께 IB 수학에서 요구하는 것들을 같이 해내고 있음에 보람도 느낀다.

더 공부해야겠다고 생각한 점:
끊임없는 교재연구와 학생에 대한 이해도

IB 수학 분석과 접근 HL(Higher Level) 과정을 수업하면서 IB 수학에 대해 가졌던 토론식 수업, 발표 수업, 프로젝트 수업 등과 같은 다양한 교수법을 제대로 적용하기에는 교재에 대한 이해가 부족했다는 점을 많이 느꼈다. 특히 미분방정식을 포함하여 대학교 1학년 교양과정이 다수 포함되어 있어 학생들에게 바르게 설명하는 것도 어렵게 다가왔다. 또한 개념

도입에서는 한국 교육과정의 원리합계의 경우 컴퓨터로 대신하기에 공식만 제시해 주고 넘어갔던 부분인데 IB에서는 자연대수(e)를 도입하는 과정에서 엄청 중요하게 다루어져서 교재를 다시 연구해야겠다고 생각하기도 했다.

그래서 그때 나름의 결론:
교재에 대한 이해의 폭을 넓혀보자.

현재 IB 교재가 원서로 되어 있어서 학생들이 이해도 어렵고 선생님들도 매 시간 교재를 해석하고 번역하여 교재와 활동지를 만들어 학생들에게 복사해 주고 이 과정을 끊임없이 반복하게 된다. 가끔은 번역이 미흡하여 교재를 수정하는 과정 또한 부담으로 다가왔다. 2022학년도에 IB수업을 처음으로 시작하셨던 많은 새내기 선생님들은 밤 11시, 늦으면 새벽까지 수업을 준비하고 퇴근하는 모습을 옆에서 지켜보았다. 옆에서 볼 때 선생님들은 정말 힘들어 보였다. 그러다가 2023학년도 DP1 과정인 HL Ⅰ, Ⅱ와 DP2 과정인 HL Ⅲ, Ⅳ를 같이 수업하다 보니 기본적으로 밤 10시는 되어야 퇴근이 가능했다. 물론 주말도 학교에 나와서 수업을 준비한 적도 많았다. 그러면서도 학생들에게 조금이라도 나은 교재와 활동지를 제공하자는 생각으로 수업 준비에 만전을 기하면서 교사로서 보람도 많이 느꼈다. 이 과정에서 수업을 위해서는 교재를 완전하게 번역해야 할 필요성을 느꼈다. 이에 덧붙여 IB에서 제공하는 자료를 제대로 정리하여 학생들에게 도움이 되는 활동지를 제공하는 것이 답이라는 것을 알게 되었다. 결과적으로 방학 때 원서를 번역해 보자고 결론을 내렸다.
이런 생각을 다른 선생님들과 논의를 한 결과 선생님들도 모두 비슷한 고민을 하고 계셔서 방학 기간을 이용해 번역을 해보자고 의견을 모았다. 다행히 개학을 앞두고 교정까지 포함하여 번역을 마치고, 현재 2학년 학생들에게는 원서와 함께 번역본을 같이 제공해 주고 있다.
이 과정에서 IB 수학 분석과 접근이라는 과목 전반에 대한 이해가 깊어졌고, 수업 준비에 대한 부담이 줄어들면서 학생들에게 어떻게 수업해야 할 것인지에 대해 보다 깊이 고민할 수 있어 수업하는 데 많은 도움이 되었다.

01 'IB 수학 분석과 접근' 과목의 목적과 평가 목표

아래 내용은 DP 수학 과정의 목적이다.

1. 수학에 대한 호기심과 흥미를 키우고, 수학의 우수성과 힘을 인식한다.

2. 수학의 개념, 원리 및 본질에 대한 이해도를 향상한다.

3. 수학에 대하여 다양한 맥락에서 명확하고, 간결하며 자신감 있게 의사소통한다.

4. 문제 해결 시 활용되는 논리 및 창의적 사고력, 인내심 및 끈기를 길러 수학적 자신감을 고취한다.

5. 수학의 추상화 및 일반화를 이용할 수 있으며, 이를 개선할 수도 있다.

6. 대안적인 상황, 다른 지식 영역 그리고 지역 및 세계 공동체의 향후 발전을 위하여 상황에 맞게 기능을 변화하고 적용한다.

7. 테크놀로지 및 수학의 발전이 서로에게 어떤 영향을 미치는지 인식한다.

8. 수학자의 연구 및 수학의 응용에서 야기되는 도덕적, 사회적 및 윤리적 문제를 인식한다.

9. 수학의 보편성 및 다문화적, 국제적 및 역사적 관점에서의 가치를 인식한다.

10. 수학이 다른 학문 영역, 특히 지식이론 과정의 '지식 영역'에 미치는 영향을 인식한다.

11. 자신의 연구 및 타인의 연구를 비판적으로 성찰할 수 있는 능력을 개발한다.

12. 독립적이고 협력적으로 수학에 대한 이해를 확장한다.

수학: 분석과 접근 평가 목표는 다음과 같다.

1. 지식과 이해: 익숙하고 낯선 다양한 맥락에서 수학적 사실, 개념 및 기법의 지식을 기억하고 선택하고 사용한다.

2. 문제 해결: 추상적 맥락과 실제 상황에서 문제 해결을 위해 수학적 기술, 결과 및 모델의 지식을 소환, 선택 및 사용한다.

3. 의사소통 및 해석: 일반적인 실제 상황에서 수학을 적용하고, 상황에 대하여 설명할 수 있다. 또한 테크놀로지를 활용하여 수학적 도표, 그래프 또는 구조를 종이에 스케치하거나 그릴 수 있다. 표준표기법을 사용하여 방법, 해결책 및 결론을 기록하고, 적절한 기호 및 용어를 사용한다.

4. 테크놀로지: 테크놀로지를 정확하고 적절하며 효율적으로 사용하여 새로운 아이디어를 탐구하고 문제를 해결한다.

5. 추론: 정확한 명제의 사용, 논리적인 연역과 추론 및 수식의 조작을 통해 수학적인 논의를 구축한다.

6. 탐구 접근 방법: 정보를 조직화 및 분석하고, 추측하고, 결론을 도출하고 타당성을 검토하는 과정을 통해 추상적인 상황 및 실제 상황 등 익숙하지 않은 상황을 조사한다.

02 평가 요소

평가유형	평가 내용	반영비율
외부평가 (EA)	**Paper 1 (테크놀로지(GDC) 사용 금지)** 문제는 대체적으로 GDC를 사용하여 풀기보다는 해석적 접근 방법을 이용하여 풀어야 하고, 복잡한 계산식을 요구하지는 않으나 어려운 문제에서는 어느 정도의 산술적 계산을 요구. • SL : 총 9~11문항, 90분, 80점 • HL : 총 11~13문항, 120분, 110점	40%(SL) 30%(HL)
	Paper 2 (테크놀로지(GDC) 사용 가능) Paper 1과 비슷한 형태로 문제가 출제되며, 문제를 풀 때 GDC를 언제든지 사용할 수 있으나 모든 문제에 꼭 GDC를 사용해야 하는 것은 아님. • SL : 총 9~11문항, 90분, 80점 • HL : 총 11~13문항, 120분, 110점	40%(SL) 30%(HL)
	Paper 3 (테크놀로지(GDC) 사용 가능) 문제 해결 방식에 대한 필수 확장 서술형 문항. 각 문항은 단일 주제 내 일반화 또는 맥락의 해석으로 이어지는 문제 해결 중심의 문항으로 구성 • 총 2문항, 60분, 55점	20%(HL)
내부평가 (IA)	**수학적 탐구 과제** 배운 혹은 스스로 학습한 수학을 이용하여 학생이 선택한 주제를 기반으로 탐구 진행. 학생은 수학적 의사소통(공식, 도표, 그래프, 표 등)을 통해 명확한 이해를 보여주어야 하고, 자신의 과제의 모든 단계를 설명할 수 있어야 함. • 12~20페이지 분량의 보고서	20% (SL, HL)

1. 외부 평가(EA, External Assessment)

IB 수학 분석과 접근의 외부평가는 서술형 평가로 진행되며, 시험 문제 출제 및 채점은 학교가 아닌 IBO가 주관한다. 시험 1, 시험 2의 경우 HL과 SL 모두 응시하고, 시험 3의 경우 HL만 응시한다. 또한, 일부 시험의 경우 GDC를 사용할 수 있다.

서술형 평가이므로 풀이 없이 정답을 맞힌 경우 최대 점수를 받지 못할 수 있다. 답안은 반드시 풀이 과정이나 설명을 포함하고 있어야 하며, 오답인 경우에도 올바른 풀이 방법을 사용하고 작성했다면 부분 점수를 받을 수 있다. 따라서 모든 풀이 과정을 작성하는 것이 좋다.

Paper 1, Paper 2

HL과 SL 모두 응시해야 하는 시험이다. 문항은 섹션 A(간단한 서술형 문항)와 섹션 B(확장 서술형 문항)로 구성되어 있다.

시험 1(Paper 1)의 경우 학생들은 GDC를 사용할 수 없고, 해석적 접근 방법을 이용하여 풀어야 한다. 그렇기에 복잡한 계산식을 요구한다기보다는 학생들이 배운 내용을 잘 알고 있는가 정도를 묻는 문제로 구성되어 있다. 그러나 어려운 문제에서는 어느 정도의 산술적 계산도 포함될 수 있다.

시험 2(Paper 2)의 경우 학생들은 GDC를 사용할 수 있으나, 모든 문제에 반드시 GDC를 사용해야 하는 것은 아니다.

섹션 A 예시 문항(출처: IB 수학 분석과 접근 HL Paper 1 N23 기출문제)

> (문제 1) [최대 점수: 5점]
> $z = 5 + qi$가 방정식 $z^2 + iz = -p + 25i$를 만족한다고 하자.(단, p, $q \in \mathbb{R}$)
> p의 값과 q의 값을 찾으시오.

채점 기준(방법 1)	점수
주어진 방정식에 해를 대입하려고 시도함.	(M1)
$(5+qi)^2 + i(5+qi) = -p + 25i$	
$25 - q^2 + 10qi - q + 5i + p - 25i = 0$ 또는 $25 - q^2 + 10qi - q + 5i = -p + 25i$	A1
$25 - q^2 + p - q + (10q - 20)i = 0$	
실수부 또는 허수부에 관한 등식을 세우는 시도를 함.	(M1)
$10q - 20 = 0$ 또는 $25 - q^2 + p - q = 0$	
$q = 2, \ p = -19$	A1 A1

채점 기준(방법 2)	점수
$z^2 + iz + p - 25i = 0$	
(근들의 합) $= -i$, (근들의 곱) $= p - 25i$	M1
하나의 근이 $(5+qi)$이므로 다른 근은 $(-5 - qi - i)$이다.	A1
곱하면 $(5+qi)(-5-qi-i) = -25 - 5qi - 5i - 5qi + q^2 + q = p - 25i$	
근의 곱에 대한 실수부와 허수부가 서로 같음을 보임.	(M1)
허수부: $-25 = -10q - 5$, 실수부: $p = -25 + q^2 + q$	
$q = 2, \ p = -19$	A1 A1

섹션 B 예시 문항(출처: IB 수학 분석과 접근 SL Paper 2 N23 기출문제)

(문제 2) [최대 점수: 14점]

다음 그림에 표시된 입체도형은 원기둥과 2개의 반구로 구성되어 있다. 원기둥의 높이는 h cm이고 반지름은 x cm이다. 반구는 원기둥의 양쪽 끝에 정확히 맞붙는다.

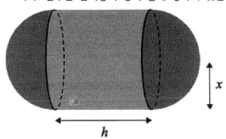

원기둥의 부피는 $45\,\text{cm}^3$이다.

(a) 입체도형의 총 표면적 $S\,\text{cm}^3$가 $S = \dfrac{90}{x} + 4\pi x^2$ 임을 보이시오. [3]

$x = a$일 때 입체도형의 총 표면적은 극댓값 또는 극솟값을 갖는다.

(b) [5]

(i) $\dfrac{\mathrm{d}S}{\mathrm{d}x}$에 대한 식을 찾으시오.

(ii) 이를 활용하여 a의 정확한 값을 찾으시오.

(c) [6]

(i) $\dfrac{\mathrm{d}^2 S}{\mathrm{d}x^2}$에 대한 식을 찾으시오.

(ii) S의 2차 도함수를 사용하여 $x = a$때 S가 최소임을 정당화하시오.

(iii) 입체도형의 최소 표면적을 찾으시오.

p의 값과 q의 값을 찾으시오.

채점 기준	섬수
(a) $\pi x^2 h = 45$	(A1)
재배열하고 h를 총 표면적에 대한 식에 대입하려고 시도함	(M1)
$S = 2\pi x \left(\dfrac{45}{\pi x^2} \right) + 4\pi x^2$	A1
$S = \dfrac{90}{x} + 4\pi x^2$	AG
(b)	
(i) $\dfrac{dS}{dx} = -\dfrac{90}{x^2} + 8\pi x$ (또는 이에 상응하는 식)	A1A1
참고: 각 올바른 항에 A1을 부여한다.	
추가 항을 제공하면 A1A0을 부여한다.	
(ii) $\dfrac{dS}{dx} = 0$	(M1)
$-\dfrac{90}{a^2} + 8\pi a = 0$	A1
$(a =) \left(\dfrac{90}{8pu} \right)^{\frac{1}{3}}$	A1
(c)	
(i) $\dfrac{d^2 S}{dx^2} = 180 x^{-3} + 8\pi$ (또는 이에 상응하는 식)	A1A1
참고: 각 올바른 항에 A1을 부여한다.	
추가 항을 제공하면 A1A0을 부여한다.	
(ii) 두 가지 중 하나	
$\dfrac{d^2 S}{dx^2}$ 에 x 값을 대입함.	(M1)
$\dfrac{d^2 S}{dx^2} = 75.39822\ldots = 75.4 (= 24\pi) > 0$	A1
또는	
x 값이 분명히 표시된 $\dfrac{d^2 S}{dx^2}$ 그래프를 스케치함.	(M1)
$x = a$일 때 $\dfrac{d^2 S}{dx^2} > 0$	A1
그러면	
따라서 S는 최소임.	AG
(iii) S에 a 값을 대입하거나 또는 S 그래프를 사용하려고 시도함.	(M1)
$88.2401\ldots$	
최소 표면적 $= 88.2 (\mathrm{cm}^2)$	A1

학생이 풀 수 있도록 소문제로 정답까지 안내해주는
친절한 서술형 시험

 외부평가를 준비하는 과정은 출제 범위가 광범위하고, 서술형 풀이를 작성해야 한다는 점에서 부담이 있다. 여기에 시험 2(Paper 2)의 경우 GDC를 활용해야 한다는 점에서 공학적 도구에 익숙해져야 한다는 부담이 더해진다. 하지만 풀이 과정을 적절히 서술한다면 부분점수를 받을 수 있다는 점에서는 학생들에게 긍정적이라고 생각된다. 결국 외부평가 기출문제를 토대로 반복적인 연습을 통해 학생들이 문제 유형에 익숙해져야 하는 것이 필요하다.

시험 문항의 구성과 지도 방법

Paper 1과 Paper 2의 경우 섹션 A(간단한 서술형 문제)와 섹션 B(확장 서술형 문제)로 구성되어 있다.

섹션 A에서 출제되는 간단한 서술형 문제는 단답형 문항을 떠올리시면 된다. 하지만 서술형 시험이기에 답을 도출해내는 과정에 대한 점수도 채점기준에 배정되어 있다. 그렇기 때문에 아무리 간단한 답을 도출하는 것이라 할지라도 풀이 과정을 적도록 강조하여 지도하고 있다.

섹션 B에서 출제되는 확장 서술형 문제는 여러 개의 소문제로 구성되어 있다. 해당 소문제들은 최종 답을 추론하는 과정에 필요한 요소를 묻는 문제들이며, 이는 학생들이 최종 답을 도출해내기까지의 비계의 역할을 하게 된다. 따라서 학생들에게는 문제를 풀 때 막힌다면, 이전에 풀었던 소문제에서 힌트를 얻는 방법이나 소문제 간의 관계를 생각해보라고 안내하기도 한다.

GDC 사용이 학생들에게 주는 고민

Paper 2의 경우 GDC를 활용하여 문제를 풀 수 있다. 하지만 GDC를 사용한다고 해서 풀이 과정을 적지 않아도 되는 것은 아니다. 많은 학생들이 처음에는 GDC를 통해 답을 구하면 풀이과정은 적지 않은 채 답만 적는 경우가 있다. 이 경우 배점으로 부여된 모든 점수를 받을 수 없는 경우가 생긴다. GDC는 학생들이 복잡한 단순 계산이나 그래프, 반복적인 계산을 처리해줄 뿐 시험 문제를 해결하는 과정에서는 식을 도출하는 과정에 대한 서술이 필수적으로 요구되기 때문이다. 따라서 학생들은 GDC를 활용하여 문제를 풀더라도 풀이 과정은 반드시 적어야 한다. 이때 학생들은 풀이 과정을 어떻게 적어야 할지 모르는 경우가 많은데, GDC에 입력한 명령어를 풀이 과정이라 생각하고 적는 친구들도 있다. GDC를 활용하여 푼 문제의 풀이 과정은 GDC에 입력하기 위해 구한 대수적인 과정을 적는 것임을 명심해야 한다.

시험 3(Paper 3)

HL을 이수하는 학생만 응시하는 시험이다. 또한 시험 2(Paper 2)와 마찬가지로 GDC를 사용할 수 있으나, 모든 문제에 반드시 GDC를 사용해야 하는 것은 아니다.

시험 3은 확장 서술형 2개 문항으로 구성되어 있다. 문항을 구성하는 질문의 유형은 일관성 있는 추론을 포함하는 서술형 답변을 요구하는 질문, 단일 주제 내에서 일반화 또는 맥락의 해석으로 이어지는 문제 해결에 중점을 두는 질문 등이다.

예시 문항(출처: IB 수학 분석과 접근 HL Paper 3 N23 기출문제)

(문제 1) [최대 점수: 24점]

이 질문에서는 곡선족 $y = x^3 + ax^2 + b$의 일부 특성을 탐구한다.(단, $x \in \mathbb{R}$이고, a, b는 실수이자 매개변수이다.)

$x \in \mathbb{R}$에 대해 곡선족 $y = x^3 + ax^2 + b$이다.(단, $a \in \mathbb{R}$, $a \neq 0$이고 $b \in \mathbb{R}$)

먼저 $a = 3$이고 $b \in \mathbb{R}$인 경우를 생각해보자.

(a) b값을 체계적으로 바꾸거나, 곡선 $y = x^3 + 3x^2 + b$가 정확히 2개의 x축 절편을 갖도록 하는 b의 두 값을 찾으시오. [2]

(b) 곡선 $y = x^3 + 3x^2 + b$가 정확히 다음과 같도록 하는 b값의 범위를 쓰시오.

(ⅰ) x축 절편 1개 [1]

(ⅱ) x축 절편 3개 [1]

이제 $a = -3$이고 $b \in \mathbb{R}$인 경우를 생각해보자.

(c) 곡선 $y = x^3 - 3x^2 + b$가 정확히 다음과 같도록 하는 b값의 범위를 쓰시오.

(ⅰ) x축 절편 2개 [1]

(ⅱ) x축 절편 1개 [1]

(ⅲ) x축 절편 3개 [1]

이 질문의 다음 파트에서는 $a \in \mathbb{R}$, $a \neq 0$ 및 $b \in \mathbb{R}$에 대해 곡선 $y = x^3 + ax^2 + b$이다.

(d) 곡선에 정확히 3개의 축 절편이 있는 경우를 생각해보자. 기울기가 0인 각 점이 x축 위 또는 아래에 있는지 명시하시오. [1]

(e) 곡선이 $P(0, b)$에서 기울기가 0인 점을 가지고, $Q\left(-\dfrac{2}{3}a, \dfrac{4}{27}a^3 + b\right)$에서 기울기가 0인 점을 가짐을 보이시오. [5]

(f) 점 P와 점 Q가 $a > 0$ 및 $b > 0$일 때

(ⅰ) $\dfrac{d^2y}{dx^2}$에 대한 식을 찾고 이를 활용하여 각 점이 극대점 또는 극소점인지 결정하시오. [3]

(ⅱ) 각 점이 x축 위 또는 아래에 있는지 결정하시오. [1]

(g) 점 P와 점 Q가 $a < 0$ 및 $b > 0$일 때

(ⅰ) P가 극대점 또는 극소점인지와, x축 위 또는 아래에 있는지 명시하시오. [1]

(ⅱ) Q가 x축 아래에 있을 때를 결정하는 a와 b에 대한 조건을 명시하시오. [1]

(h) $4a^3b + 27b^2 < 0$이면 곡선 $y = x^3 + ax^2 + b$에서 정확히 3개의 x절편축을 가짐을 증명하시오. [5]

이에 대한 채점 기준

채점 기준	점수
(a) $a=3$을 사용하여 다양한 b 값을 사용해본다.	(M1)
$b=-4,0$	A1
(b) (i) $b<-4$ 또는 $b>0$	A1
(ii) $-4<b<0$	A1
(c) (i) $b=0,4$	A1
(ii) $b<0$ 또는 $b>4$	A1
(iii) $0<b<4$	A1
(d) 기울기가 0인 한 점이 (x축의) 어느 한 쪽(또는 이에 상응)에 위치함.	A1
(e) **방법 1**	
$\dfrac{dy}{dx}=3x^2+2ax$	(A1)
x에 대해 $\dfrac{dy}{dx}=0$를 풀려고 시도함.	M1
$x(3x+2a)(=0)$ 또는 $x=\dfrac{-2a\pm\sqrt{4a^2}}{6}$ 또는 $x+\dfrac{a}{3}=\pm\dfrac{a}{3}$	
$x=-\dfrac{2}{3}a,0$	A1
$x=0$일 때 $y=b$이므로 P$(0,b)$는 기울기가 0인 점임.	AG
참고: 다음 두 개의 점수는 처음 세 개의 점수와 무관하다.	
a로 표현된 x의 식을 $y=x^3+ax^2+b$에 대입함.	(M1)
$y=\left(-\dfrac{2}{3}a\right)^3+a\left(-\dfrac{2}{3}a\right)^2+b$	
$y=-\dfrac{8}{27}a^3+\dfrac{4}{9}a^3+b$	A1
따라서 Q$\left(-\dfrac{2}{3}a,\dfrac{4}{27}a^3+b\right)$는 기울기가 0인 점임.	AG
(e) **방법 2**	
$\dfrac{dy}{dx}=3x^2+2ax$	(A1)
$x=0$ 또는 $x=-\dfrac{2}{3}a$를 $\dfrac{dy}{dx}$에 대입함.	M1

채점 기준	점수

참고: 다음 두 개의 점수는 처음 세 개의 점수와 무관하다.

$x = -\dfrac{2}{3}a$를 $y = x^3 + ax^2 + b$에 대입함. (M1)

$$y = \left(-\dfrac{2}{3}a\right)^3 + a\left(-\dfrac{2}{3}\right)^2 + b$$

$$y = -\dfrac{8}{27}a^3 + \dfrac{4}{9}a^3 + b$$　　A1

따라서 $Q\left(-\dfrac{2}{3}a, \dfrac{4}{27}a^3 + b\right)$는 기울기가 0인 점임.　　AG

(f) (ⅰ) $\dfrac{\mathrm{d}^2 y}{\mathrm{d}x^2} = 6x + 2a$　　A1

$x = 0$일 때, $\dfrac{\mathrm{d}^2 y}{\mathrm{d}x^2} = 2a\ (a > 0)$이므로 P는 극소점.　　R1

$x = -\dfrac{2}{3}a$일 때, $\dfrac{\mathrm{d}^2 y}{\mathrm{d}x^2} = -2a\ (a > 0)$이므로 Q는 극대점.　　R1

(ⅱ) P와 Q 모두 x축 위에 있다.　　A1

(g) (ⅰ) P는 극대점이고, x축 위에 있다.　　A1

(ⅱ) $\dfrac{4}{27}a^3 + b < 0$ (인 경우 Q는 x축 아래에 있음)　　A1

(h) **방법 1**

$4a^3 b + 27b^2\ (<0)$를 인수분해 하려고 시도함.　　(M1)

$27b\left(\dfrac{4}{27}a^3 + b\right)(<0)$ 또는 $b(4a^3 + 27b)(<0)$　　A1

$b > 0$ 및 $\dfrac{4}{27}a^3 + b < 0$ 또는 $b < 0$ 및 $\dfrac{4}{27}a^3 + b > 0$　　A1

참고: 두 사례가 모두 명시된 경우에만 이 A1을 부여한다.

b와 $\dfrac{4}{27}a^3 + b$ 중 정확히 하나가 0보다 작다고 명시하는 경우(또는 이와 동등함) A1을 부여한다.

b와 $\dfrac{4}{27}a^3 + b$의 부호가 반대이면 P와 Q는 x축의 어느 한쪽에 위치한다.(또는 이와 동등함).　　R1

참고: 이 정보를 명확하게 보여주는 기호가 붙은 그림은 인정한다.

곡전이 정확히 3개의 x축 절편을 가지는 경우(에 한해) P와 Q는 x축의 어느 한쪽에 위치한다.　　R1

$4a^3 b + 27b^2 < 0$인 경우, $y = x^3 + ax^2 + b$의 그래프는 정확히 3개의 x축 절편을 가진다.　　AG

참고: 그 역을 입증하는 경우 최대 3점을 부여한다.(유사한 단계일 가능성이 높지만 역방향으로 제시됨, 역방향 방법에서는 두 번째 줄의 A1이 필요하지 않음.)

(h) **방법 1**

$4a^3 b + 27b^2\ (<0)$를 인수분해 하려고 시도함.　　(M1)

$27b\left(\dfrac{4}{27}a^3 + b\right)(<0)$ 또는 $b(4a^3 + 27b)(<0)$　　A1

$b > 0$ 및 $\dfrac{4}{27}a^3 + b < 0$ 또는 $b < 0$ 및 $\dfrac{4}{27}a^3 + b > 0$　　A1

참고: 두 사례가 모두 명시된 경우에만 이 A1을 부여한다.

채점 기준	점수
b와 $\frac{4}{27}a^3+b$ 중 정확히 하나가 0보다 작다고 명시하는 경우(또는 이와 동등함) A1을 부여한다.	
$b>0$ 및 $\frac{4}{27}a^3+b<0$, $\left(\Rightarrow 0<b<-\frac{4}{27}a^3\right)\Rightarrow a<0$ 이므로 3개의 x축 절편	R1
$b<0$ 및 $\frac{4}{27}a^3+b>0$, $\left(\Rightarrow -\frac{4}{27}a^3<b<0\right)\Rightarrow a>0$ 이므로 3개의 x축 절편	R1
참고: 이 정보를 명확하게 보여주는 기호가 붙은 그림은 인정한다.	R1
$4a^3b+27b^2<0$인 경우, $y=x^3+ax^2+b$의 그래프는 정확히 3개의 x축 절편을 가진다.	AG
참고: 그 역을 입증하는 경우 최대 3점을 부여한다.(유사한 단계일 가능성이 높지만 역방향으로 제시됨, 역방향 방법에서는 두 번째 줄의 A1이 필요하지 않음.)	

문제 배점에 덜컥 겁이 나지만,
푸는 재미가 쏠쏠한 시험

Paper 3을 구성하는 문항의 특징은 학생들이 귀납적인 추론을 통해 일반화를 경험하게 하는 것이다. 그렇기 때문에 학생들은 '아는 데까지는 정확하게 푸는 것'이 무엇보다 중요한 것 같다. 또한, 하나의 문항을 구성하는 소문제를 풀면서 문제가 요구하는 것이 무엇인지 생각해보고, 다음 문제를 풀 때 이전에 풀었던 소문제를 어떻게 활용해야 하는지 고민하는 것이 중요하다.

1. 문제를 바라보는 학생의 시선

학생들의 경우 55점 만점의 시험이 2개의 문항으로 구성되어 있으며, 한 문항의 총점이 20점이 넘는다는 사실에 덜컥 겁을 먹는 모습을 보이기도 한다. 특히 문제가 물어보는 내용이 단순 계산의 결과를 물어보는 것이 아닌, 수학 개념 자체 혹은 개념이 갖는 특징의 일반화 과정을 묻는 보다 본질적인 질문에 대한 답을 요구하기에 더욱 움츠리는 경향을 보인다. 게다가 소문제의 수가 Paper 2의 2~3배가 되기에 문항 수가 주는 압박감도 크게 다가오는 것 같다. 그래서 몇몇 학생들의 경우 충분히 풀 수 있는 수준의 문제로 구성되어 있음에도 불구하고 비교적 많이 헤매는 모습을 보이곤 했다.

2. 문제를 바라보는 교사의 시선

개념이 갖는 의미와 특징을 깊이 이해한다면 푸는 재미가 쏠쏠한 시험이다. 특히 개념에 대한 일반화 과정에서 소문제가 학생에게 주는 가이드는 문제의 본질적인 물음에 대한 깊은 이해를 도와주는 진정한 비계라고 느껴질 정도다. 이와 같은 앎의 재미를 학생들도 느낄 수 있도록 가르치는 것이 곧 학생을 Paper 3에 대비시키는 방법이라고 생각한다. 그렇기에 수업 중 틈이 날 때마다 학생들에게 일반화를 할 수 있는 경험을 제공하려고 노력하고 있다.

예를 들어, 삼각함수의 미분 단원에서 주기성을 일반화하는 과정에 대한 질문을 던짐으로써 단순히 미분의 결과만을 생각하는 것이 아니라 변수 $n(\in \mathbf{N})$을 사용하여 삼각함수의 고계도함수를 일반화시켜보도록 하는 것이다.

또한, Paper 2와 마찬가지로 문제에서 물어보는 본질적인 질문과 소문제 사이의 관계에 대해 생각해 볼 수 있도록 가르치고 있다. 이는 소문제를 통해 출제자가 설명하고자 하는 바가 무엇인지 파악할 수 있는 힘을 길러주기 위함이다.

2. 내부 평가(IA, Internal Assessment)

내부평가는 수학 탐구 과제이다. 학생이 선택한 주제를 기반으로 작성되며, 선택한 특정 수학 분야를 활용한다. 이 과정에서 교사는 학생에게 피드백을 제공하며 학생을 안내한다. 이를 통해 학생은 자신이 관심 있는 영역을 개발하고, 성취감을 경험할 수 있다.

내부평가의 목적은 다음과 같다.
1. 수학의 본질에 대한 학생의 개인적 통찰력 및 수학에 대한 본인 자신에게 질문을 하는 능력 개발
2. 학생이 장기간에 걸친 하나의 수학 과제를 완성할 수 있는 기회 제공
3. 수학 과정을 주체적으로 적용함으로써 학생들에게 만족감 선사
4. 수학의 아름다움, 힘, 유용성을 직접 경험할 수 있는 기회 제공
5. 학생들에게 공학적 도구의 힘을 발견하고, 경험하고, 이해할 수 있도록 독려
6. 학생들이 인내와 끈기의 자질을 개발하고, 자신의 과제가 지니는 의미를 성찰할 수 있는 기회 제공
7. 학생 자신이 수학적인 측면에서 이룬 발전을 자신감 있게 보여줄 수 있는 기회를 마련

내부평가의 평가는 교내 교사가 IB에서 제공하는 평가 기준에 근거하여 평가를 진행한다. 교과 내 교사가 학생의 과제물을 평가한 후 점수 조정 과정을 거쳐 학생의 최종 점수를 산출한다. 이후 IBO에 일부 학생의 샘플이 무작위로 선정되어 채점에 대한 관리가 이루어진다.
다음은 IB에서 제공하는 내부평가 기준이며, 다섯 가지 기준(기준 A: 형식, 기준 B: 수학적 의사소통, 기준 C: 직접 참여, 기준 D: 성찰, 기준 E: 수학의 활용)으로 구성되어 있다. '기준 E: 수학의 활용'을 제외한 모든 기준은 SL과 HL에 동일하게 적용된다.

A (4점) **형식**	일관적이고, 잘 구성되어 있으며, 간결한가? - 서론, 본론, 결론의 논리적 구성 및 내용 상의 간결함 - 관련 그래프, 표, 도표의 적절성	
B (4점) **수학적 의사소통**	- 적절한 수학적 언어(표기법, 기호, 전문용어)의 활용 - 핵심 용어와 변수 정의 - 여러 가지 형태의 수학적 표현 및 연역법의 적절한 활용	
C (3점) **직접 참여**	수학을 탐구하고 자신의 것으로 만드는 것과 관련한 학생의 참여 정도 (노력의 측정이 아니며, 개인적 시각이 반영되지 않은 교과서 방식의 서술이나, 이미 있는 수학적 방식의 서술 모방은 높은 점수를 받지 못함)	
D (3점) **성찰**	비판적 성찰, 성찰의 반복(결론에만 드러나지 않아야 함)	
SL	**E (6점)** **수학의 활용**	- 학습 수준에 맞는 연관성 있는 수학이 사용되었는가? - 탐구한 수학이 올바른가? - 완전한 지식과 이해도를 논증하고 있는가? * 논증: 예시나 실제 적용을 사용해 설명하여 추론이나 증거를 통해 명료화함
HL	**E (6점)** **수학의 활용**	- 학습 수준에 맞는 연관성 있는 수학이 사용되었는가? - 탐구한 수학이 정확하고 정교하고 엄밀한가? - 완전한 지식과 이해도를 논증하고 있는가?

배운 수학의 주인으로서
수학의 렌즈를 끼고 세상 바라보기

학생들에게 수학이라는 렌즈를 통해 세상을 바라보고, 배운 수학 개념을 이용하여 본인의 삶 주변에서 발견한 궁금증을 해결해보며 수학의 유용성을 경험하게 하는 과제이다. 예를 들면, 접선, 미분, 맥클로린 급수를 활용해 자동차 크기 별 전방 사각지대를 비교하거나, 회전체의 부피를 활용해 돼지저금통 안에 들어갈 수 있는 동전의 개수를 예측하기도 한다. 그 과정에서 학생들은 자연스레 본인의 생각을 수학적으로 밝히는 증명 과정을 경험하는데, 이는 학생이 수학적 모델링을 통해 생활 속 궁금증을 해결해 본 하나뿐인 유의미한 결과물이다.

1. '도전하는 사람'으로 성장하길 요구하는 평가

학생의 탐구 과정이 완벽할 수는 없다. 특히 수학적 모델링을 통해 수학화하는 과정에서는 당연히 한계점도 존재한다. 현실의 다양한 변수를 전부 고려할 수는 없기 때문이다. 이는 변수를 통제하거나 다른 연구 방법을 활용하는 등의 대안으로 해결해나가도록 안내했다. 그럼에도 불구하고 해결하지 못한다면 한계점을 제시하고 탐구를 끝내는 경우도 있다. 그래도 괜찮다. 여기서 중요한 사실은 학생이 탐구의 한계점을 해결했는지의 여부보다 한계를 인지하고 유의미한 성찰을 하였는가이기 때문이다. 또한 내부평가는 학생 본인이 탐구의 주체가 되어 배운 수학을 이용해 문제 상황을 해결해보려고 시도한 경험 그 자체에 의미를 두고 있기 때문이다. 수학 내부평가의 경우 최종적으로 20% 비율로 반영되는, 어떻게 보면 다른 평가 요소에 비해 그렇게 비중이 크지 않다. 그렇기에 교사로서 학생들이 평가 결과에 대한 부담을 덜고 탐구할 수 있도록 독려한다면, 학생들이 수학을 활용하여 본인의 관심 분야에 보다 용기 있는 도전을 할 수 있을 것이라 기대한다.

2. 교사도 배우며 성장하는 평가

문제 풀이 중심으로 수학을 공부해온 학생들의 경우 수학을 이용한 탐구 경험이 거의 없거나 수학적 모델링이 무엇인지조차 알지 못하는 경우가 많아 내부 평가에 임하며 어려움을 겪는다. 이는 학생뿐만 아니라 내부평가를 지도해야 하는 교사들도 마찬가지이다. 또한 내부평가의 채점 기준 이해 및 과제 채점, 교사 간 점수 조정 등 어느 하나 쉬운 과정이 없었다. 이는 교사들로 하여금 배우고 도전하도록 만들었다.

먼저, 단기간에 학생들이 수행할 수 없는 난이도의 과제이기에 고1부터 체계적인 준비가 필요했다. 이에 학년별로 수준에 맞는 내부평가 관련 역량을 키울 수 있도록 수행평가 계획을 수립하여 학생들이 대비할 수 있도록 하였다. 이를 통해 학생들은 자신의 관심 분야에 대한 수학 탐구 주제를 정하고, 교사의 피드백을 받으며 내부평가를 체계적으로 준비할 수 있었다.

또한 교사들은 연수를 통해 내부 평가 채점 전문성 개발 및 평가 기준에 대한 의견을 공유하며 채점 기준에 대해 IB에서 요구하는 수준의 이해도와 눈높이에 도달하고자 하였다. 그럼에도 불구하고 내부평가 채점 결과에서 교사들 간 차이가 생길 경우, 교과 협의회를 통해 점수 조정 과정을 거쳐 최종 점수를 부여함으로써 채점 타당도를 확보하는 등 끊임없는 논의와 협의의 과정을 거치고 있다.

위 과정들을 경험하는 교과 선생님들 모두 교학상장의 공동체로 성장하고 있음을 느끼고 있다.

IB 비주얼 아트 Visual Arts

해당 내용은 IB 디플로마 프로그램 IB 비주얼아트 가이드 (2014년 2월 발행, 2017년 2월 개정)를 바탕으로 작성되었습니다.

또한, 한국어로 번역된 공식적인 출판물이 없는 관계로 과목 교사들의 협의를 거쳐 재구성된 내용임을 밝힙니다.

 처음 IB 과목 가이드를 접하고 느낀 심정은 어땠나요?

가장 흥미로운 점

1. 2년간의 긴 호흡

IB 교육프로그램은 2년 동안 학생들이 최종 IA와 EA에 도달할 수 있도록 설계되어 있어 더 깊이 있고 의미 있는 학습을 기대할 수 있을 것이라 생각했다. 2년 간의 긴 호흡으로 비주얼 아트 수업을 어떻게 효과적으로 이끌어갈 수 있을지에 대한 고민이 많았다.

이러한 고민의 해결 방안으로 비주얼 아트 과정에서 시각 예술 저널을 활용하여 2년의 학습 과정을 꾸준히 기록하고 성찰할 수 있도록 강조한 점이 가장 흥미로웠다. 교사는 학생들이 시각 예술 저널을 통해 조사, 실험, 탐구, 성찰한 모든 예술적 여정을 기록하도록 권장한다. 이 기록은 최종 평가 과제에서 탐구의 근거로 활용되는데 이는 이전의 생각과 아이디어가 어떻게, 왜 발전했는지를 보여주는 강력한 시각적 증거자료가 된다. 학생들은 이를 개인 맞춤별 예술 학습 방법의 안내서로 활용하며, 독립적인 학습주체자로 성장할 수 있다.

2. 명확한 최종 목적지

IB 교육프로그램은 무엇을 평가받는지 평가 과제와 조건이 명확하게 제시되어 있어 목적지가 분명하다는 점이 인상 깊었다. 인지 수준별 평가 목표와 교과 핵심 영역, 평가 과제가 연결된 좌표는 IB의 교육철학과 예술 교육의 목적이 조화롭게 어우러진 그림처럼 아름답게 다가왔다.

		AO1				AO2				AO3				AO4			
		a	b	c	d	a	b	c	d	a	b	c	d	a	b	c	d
Core syllabus	Visual arts in context	•	•	•		•	•	•	•	•	•			•			
	Visual arts methods			•	•	•		•	•	•	•	•	•	•	•	•	•
	Communicating visual arts	•	•			•	•	•	•	•	•	•			•	•	•
Assessment tasks	Part 1 (SL and HL)	•	•	•			•	•	•				HL only				
	Part 2 (SL and HL)	•	•	•		•	•	•	•	•	•	•	•	•	•	•	•
	Part 3 (SL and HL)				•	•				•	•	•	•	•	•	•	•

AO1 지식과 이해 / AO2 적용과 분석
/ AO3 종합과 평가 / AO4 적정한 기법의 선택과 적용

평가 과제에서 평가 목표가 직접적으로 다루어지는 부분을 시각적으로 보여주는 표는 수업 설계의 방향을 알려주는 나침반이자 평가 과제와 조건이 왜 그렇게 정해졌는지 이해를 돕는 설명서가 되었다. 이것은 교사뿐만 아니라 학생에게도 어떤 문제로 평가받는지 학습의 결과를 미리 가늠할 수 있게 하며 미래의 성과를 예측할 수 있게 하여 학습 동기를 높이고, 안전한 학습 환경 안에 있다는 것을 느끼게 하는 데 중요한 자료가 되겠다는 확신이 섰다. 하지만 이를 평가하는 평가 기준이 포괄적인 개념으로 제시되어 있어 세분화할 필요가 있고, 교과서가 없어 학습 내용을 어떻게 선정하고 구성해야 하는지 방법적인 면에서 구체화하는 과정이 중요하겠다고 생각했다.

가장 걱정되었던 점

1. 예술가로서의 창작 활동

비주얼 아트는 모든 평가 요소에서 학생들의 자율적이고 주도적인 활동을 강조한다. 예를 들어, EA 중 하나인 프로세스 포트폴리오의 'A. 기술, 기법과 과정' 기준은 '다양한 기술, 기법 및 과정을 지속적으로 실험하고 조작하여 자신의 의도에 맞는 매체(재료)를 선택하고 사용할 수 있는 능력을 보여주는가?'를 평가한다. 이는 학생들이 자신의 예술적 의도에 맞는 매체(재료)를 선택하는 능력과 스스로 다양한 예술 제작 기술, 기법에 대한 탐구를 요구한다. 이전에 내가 진행했던 대부분의 수업에서는 교사가 결론적으로 활용하는 기법이나 도달해야 하는 목표점을 제시했다. 그리고 학생들은 그 테두리 안에서 자율성, 상상력, 창의력을 발휘한다. 하지만 비주얼 아트 수업에서 학생들은 스스로 예술가가 되어 창작의 전 과정에서 독립적인 자율성을 발휘해야 한다. 이 부분이 쉽지 않을 것으로 생각했다.

2. 그리고, 만들고, 그러나 그것이 전부가 아닌

현재 비주얼 아트 학생들이 항상 하는 말이 있다. '글 쓰는 게 제일 어려워요.'. 비주얼 아트의 절반 이상의 활동은 비판적 사고 활동, 즉 글쓰기 활동이다. 시각 예술 작품을 분석하고 비교하는 '비교연구'는 물론이며, 'Art-making practice'의 중심 활동인 '프로세스 포트폴리오'에서도 학생들은 자신의 다양한 예술 활동 과정을 전부 글과 시각 이미지로 정리해야 한다. 간단한 아이디어 스케치부터 제작 과정, 성찰 등을 글로 보여주는 작업은 쉽게 형성되는 습관이 아니다. 표현 중심의 미술 수업에 익숙했던 교사와 학생 모두 이 과정이 낯설고 익숙하지 않다. 이 부분에 있어 '어떻게 학생들에게 기록하는 습관을 지닐 수 있게 지도할 수 있을까?'라는 고민이 있었다.

더 공부해야겠다고 생각한 점

결국 비주얼 아트 수업이 실제로 어떻게 진행되는지 알아야겠다고 생각했다. 해외 비주얼 아트 교사들의 실제 수업 사례를 조사하고, 국제학교 수업 섀도잉, 국내 비주얼 아트 교사와의 워크숍 등에 참여하며 실제 수업이 어떻게 설계되고 진행되는지를 알아보려 했다.

학생들의 자율성에 대해

다른 지역의 외국인 고등학교에서 비주얼 아트를 가르쳤던 교사와의 워크숍을 진행했다. 코스아웃라인과 수업 설계에 대해 피드백을 받았는데 이 과정에서 '학생의 자율성'에 대한 해결점을 찾을 수 있었다.

 - 주제: '얼굴 없는 초현실주의 자화상'
 - 관련 미술사 및 작가: 초현실주의-마그리트, 달리

이 내용을 바탕으로 수업을 설계하였는데, 이러한 수업 설계는 결국 학생들의 자유로운 '예술적 의도'에 제한을 준다는 피드백을 받았다. 이러한 수업 설계 대신에 '핵심 개념'을 중심으로 학생들이 자율적으로 '예술적 의도'를 탐색할 수 있는 수업 방향에 대한 조언을 얻었다. 이 워크숍 이후 수업 설계를 전부 재구성하여 '정체성(Identity)', '소통(Communication)', '변화(Change)'라는 핵심 개념*을 중심으로 한 수업을 설계하였다. 개념이 중심이 되는 수업에서 학생들은 브레인스토밍과 같은 발산적 사고 도구를 통해 개념을 탐구하고 서로 다른 예술적 주제를 탐구한다. 그리고 이에 맞는 예술 제작 방식과 매체 등을 탐색하여 개별적으로 작품 제작 활동을 진행한다. 교사의 지도와 학생의 독립적 활동의 균형이 중요하기 때문에 교사는 유연한 프레임 워크를 만들어야 하며, 학생들은 그 구조 안에서 독립성과 자율성을 발휘해야 하는 것이다.

* 이 핵심개념(Keyconcept)은 MYP Arts의 핵심개념을 참고하였다.

정답은 없다, 일단 시작하자!

학생들의 자율적이고 독립적인 활동을 위한 수업에는 '정답'이 없다고 생각했다. 완벽한 수업 흐름을 만들어 학생들이 그것을 따라오는 것이 아니라 느슨한 구조 안에서 교사와 학생들이 함께 탐구하는 과정이 중요한 부분이라고 생각했다. 당연히 교사는 더욱 풍부한 예술적 지식을 갖춰야 하며, 그래야만 학생들의 독립적인 활동에 대한 다양한 가능성에 대해 지도해줄 수 있을 것이다.

01 과목의 목적과 평가 목표

과목의 목적

예술의 목적

예술 과목의 목적은 학생들에게 다음과 같은 능력을 부여하는 것입니다.

1. 평생 예술과 함께하는 즐거움을 느낍니다.

2. 예술 분야에 대해 잘 알고 성찰적이며 비판적인 실무자(practitioners)가 됩니다.

3. 예술의 역동적이고 변화하는 본질을 이해합니다.

4. 시간, 장소, 문화 전반에 걸친 예술의 다양성을 탐구하고 가치 있게 생각합니다.

5. 자신감과 역량을 가지고 아이디어를 표현합니다.

6. 지각 및 분석 능력을 개발합니다.

비주얼 아트의 목적

또한 SL 및 HL의 시각 예술 과정의 목적은 학생들이 다음을 수행할 수 있도록 하는 것입니다.

7. 개인적, 문화적 맥락에 영향을 받은 작품(artwork)을 만듭니다.

8. 정보에 입각하고(informed) 비판적인 관찰자이자 시각 문화와 미디어의 제작자가 됩니다.

9. 개념과 아이디어를 전달하기 위한 기술, 기법 및 프로세스(skills, techniques and processes)를 개발합니다.

평가 목표

SL 또는 HL에서 시각 예술 과정을 이수한 학생들은 다음을 기대하게 됩니다.

Having followed the visual arts course at SL or HL, students will be expected to:

Assessment objective 1:

지정된 콘텐츠에 대한 지식과 이해를 보여줍니다.

a. 시각 예술이 창작되고 제시될 수 있는 다양한 맥락을 식별합니다.

b. 다양한 맥락에서 예술 작품을 설명하고 예술 제작가들이 활용하는(employed by the art-makers)아이디어, 관습 및 기술을 식별합니다.

c. 시각 예술과 관련된 기술, 기법, 미디어, 형식 및 프로세스를 인식합니다.

d. 의도에 따른 적절한 시각 예술 언어를 사용하여 작업(work)을 제시합니다.

Assessment objective 2:

지식과 이해의 적용과 분석을 보여줍니다.

a. 시각적 의사소통을 통해 개념, 아이디어 및 의미를 표현합니다.

b. 다양한 맥락에서 예술 작품을 분석합니다.

c. 예술 제작과 관련된 기술, 기법, 미디어, 형식 및 프로세스에 대한 지식과 이해를 적용합니다.

Assessment objective 3:

종합 및 평가 시연(demonstrate synthesis and evaluation)

a. 자신과 다른 사람이 만든 예술 작품을 비판적으로 분석하고 토론하며 정보에 입각한 개인적인 반응을 명확히 표현합니다.

b. 의미가 관객에게 어떻게 전달될 수 있는지 고려하는 예술 작품의 기획, 개발 및 제작에 대한 개인적인 의도를 공식화합니다.

c. 작업을 진행하기 위해 성공과 실패를 강조하는 비판적 성찰을 사용하는 방법을 보여줍니다.

d. 예술 제작이 어떻게, 왜 진화하는지 평가하고 자신의 시각적 작업(own visual practice)에서 내린 선택을 정당화합니다.

Assessment objective 4:

다양한 적절한 기술과 기법을 선택, 사용 및 적용

a. 예술 작품 제작에 있어 다양한 매체, 재료 및 기법을 실험합니다.

b. 예술 작품 제작 시 이미지, 미디어, 재료 및 기법을 선택할 때 적절한 선택을 합니다.

c. 기술, 기법, 미디어, 이미지, 형식 및 프로세스의 사용 및 적용에 대한 기술적 숙련도
   를 입증합니다.

d. 의도에 맞게 해결된 작품과 해결되지 않은 작품의 집합체(a body of resolved* and
   unresolved artworks)를 제작합니다.

---

* 해결된 작품(resolved artworks)

: 오랜 결정 과정을 거쳐 완성되어 일반적으로 전시 또는 전시 준비가 된 것으로 간주되는 예술 작품

02 평가 요소

평가에 대한 내용들은 비주얼 아트 SL을 기준으로 작성되었으며, 비주얼 아트 HL의 평가 요소는 SL의 평가 기준에서 추가되거나 심화되는 부분이 있다.

평가 유형	비주얼 아트 SL 평가 과제	반영 비율
외부평가 (EA)	**비교연구(Comparative Study)** SL 학생들은 다양한 예술가의 다양한 작품을 비교합니다. 이 독립적 비평과 맥락적 조사는 다양한 문화적 맥락의 예술 작품, 사물, 인공물 (artifacts)을 탐구합니다. - 최소 3개의 예술 작품에 대한 분석과 비교에 대한 10-15개 스크린 제출 - 이 중 최소 2개는 다른 예술가의 작품이어야 함 - 선택된 작품은 대조되는 맥락(지역, 국가, 국제 및 문화 간)에서 선택돼야 함 - 사용된 출처 목록 제출해야 함	20% (SL)
	프로세스 포트폴리오(Process Portfolio) SL학생들은 2년 과정 동안 다양한 시각 예술 활동에 대한 실험, 탐구, 조작 및 개선을 증명하는 엄선된 자료를 제출합니다. - 2년 과정 동안의 다양한 시각 예술 활동에 대한 실험, 탐구, 조작 및 개선을 증명하는 9-18개의 화면(Screens) 제출 - Art-making form*에서 최소한 2개 이상의 예술 제작 형식 포함	40% (SL)

평가 유형	비주얼 아트 SL 평가 과제	반영 비율
내부평가 (IA)	**전시회(Exhibition)** SL 학생들은 자신의 전시회에서 해결된 작품(resolved artworks)* 중 일부를 평가를 위해 제출합니다. 선정된 작품은 시각 예술 과정 동안의 기술적 성취의 증거와 시각적 커뮤니케이션에 적합한 재료, 아이디어 및 관행의 사용에 대한 이해를 보여야 합니다. - 4000단어를 초과하지 않는 큐레이터 근거(curatorial rationale) 제출 - 4-7개의 창작 예술 작품 제출 - 선정된 각 작품에 대한 전시 텍스트(제목, 매체, 크기 및 의도를 명시) 제출 SL 학생들은 전체 전시의 사진 2장을 제출해야 합니다. 이 전시 사진은 전시회의 정황(context)과 작품의 규모와 범위에 대한 이해를 제공합니다. 이 사진은 개별 예술 작품을 평가하는 데 사용되지는 않지만, 후보자가 전시회에서 관람자의 전체적인 경험을 어떻게 고려했는지에 대한 통찰력을 평가자에게 제공하기도 합니다.	40% (SL)

2차원 형식(Two-dimensional forms)

- Drawing: such as charcoal, pencil, ink, collage
- 드로잉: 목탄, 연필, 잉크, 콜라주 등

- Painting: such as acrylic, oil, watercolour, murals
- 회화: 아크릴, 유화, 수채화, 벽화 등

- Printmaking: such as relief, intaglio, planographic, chine colle
- 판화: 볼록판화, 오목판화, 평판화, 친콜레 등

- Graphics: such as illustration and design, graphic novel, storyboard
- 그래픽: 일러스트레이션 및 디자인, 그래픽 노블, 스토리보드 등

3차원 형식(Three-dimensional forms)

- Carved sculpture: such as carved wood, stone, block
- 조각 조형: 나무, 돌, 블록 등

- Modelled sculpture: such as wax, polymer clays
- 형태 조형: 왁스, 폴리머 클레이 등

- Constructed sculpture: such as assemblage, bricolage, wood, plastic, paper, glass
- 구축 조형: 앗상블라주, 클리콜라주, 나무, 플라스틱, 종이, 유리 등

- Cast sculpture: such as plaster, wax, bronze, paper, plastic, glass
- 주조 조형: 석고, 왁스, 청동, 종이, 플라스틱, 유리 등

- Ceramics: such as handbuilt forms, thrown vessels, mould-made objects
- 도자: 손으로 빚은 형태, 물레 성형한 그릇, 틀로 만든 오브제 등

- Designed objects: such as models, interior design, jewellery
- 디자인 오브제: 모델링, 인테리어디자인, 주얼리

- Site specific/ephemeral: such as land art, installation, performance art
- 장소특수성/일시적 예술: 대지미술, 설치미술, 퍼포먼스 아트 등

- Textiles: such as fibre, weaving, constructed textiles
- 섬유 예술: 섬유, 직조, 구축 텍스타일 등

렌즈 기반, 전자 및 영상 기반 형식
(Lens-based, electronic and screen-based forms)

- Time-based and sequential art: such as stop-motion, digital animation, video art
- 시간 기반 및 순차적 예술: 스톱모션, 디지털 애니메이션, 비디오 아트 등

- Lens media: such as analogue (wet) photography, digital photography, montage
- 렌즈 매체: 아날로그(습식) 사진, 디지털 사진, 몽타주 등

- Lens-less media: such as photogram/rayograph, scenography, pinhole photography, cyanotype, salted paper
- 렌즈 없는 매체: 포토그램/레이요그램, 무대미술(장면연출), 핀홀 사진, 시아노타입, 솔티드 페이퍼 등

- Digital/screen based: such as vector graphics, software developed painting, design and Illustration
- 디지털/스크린 기반: 벡터 그래픽, 소프트웨어로 제작된 페인팅, 디자인 및 일러스트레이션 등

01 외부 평가(EA, External Assessment)

비주얼 아트 SL를 선택한 학생들의 외부평가는 '비교연구'와 '프로세스 포트폴리오' 총 2개이다.

1. 비교 연구(Comparative Study)

비주얼 아트 SL 비교 연구의 평가 기준은 다음 5가지이다.

- 형식적 특성의 식별 및 분석 (Identification and analysis of formal qualities)
- 기능과 목적 분석 및 이해(Analysis and understanding of function and purpose)
- 문화적 의의 분석 및 평가(Analysis and evaluation of cultural significance)
- 비교 및 연결(Making comparisons and connections)
- 프레젠테이션 및 주제별 언어(Presentation and subject-specific language)

비교 연구가 위의 평가 기준을 어느 정도 증명하는가에 따라 평가된다.

To what extent does the work demonstrate:

Part1: 비교연구(Comparative study) 20%		Marks
A	• 선택한 예술 작품, 사물 및 인공물의 형식적 특성에 대해 정보를 바탕으로 식별하고 분석하는가? • informed identification and analysis of the formal qualities of the selected artworks, objects and artifacts?	6
B	• 선택된 예술 작품, 사물, 인공물이 창작된 문화적 맥락 내에서의 기능과 목적에 대해 정보를 바탕으로 분석하고 이해하는가? • informed analysis and understanding of the function and purpose of the selected artworks, objects and artifacts within the cultural context in which they were created?	6
C	• 선택된 예술 작품, 사물 및 인공물이 창작된 특정 맥락 내에서 해당 작품의 문화적 의의에 대해 정보를 바탕으로 분석하고 평가하는가?(예를 들어, 원래의 청중(창작 당시 대상이 된 청중)과 의도는 물론 현대의 청중에 관한 문화적, 사회 정치적, 역사적 의의) • informed analysis and evaluation of the cultural significance of the selected artworks, objects and artifacts within the specific context in which they were created (such as the cultural, sociopolitical and historical significance of the works, with respect to the original audience and purpose, as well as to a contemporary audience)?	6
D	• 선택한 예술 작품, 사물 및 인공물 간의 연결, 유사점 및 차이점에 대한 효과적인 비판적 분석 및 토론을 보여주는가? • effective critical analysis and discussion of the connections, similarities and differences between the selected artworks, objects and artifacts?	6
E	• 적절한 주제별 언어를 일관되게 사용하여 시각적으로 적절하고 읽기 쉬운 방식으로 정보가 명확하고 일관성 있게 전달되고 있는가? • ensure that information is conveyed clearly and coherently in a visually appropriate and legible manner, supported by the consistent use of appropriate subject-specific language?	6
	Total	30

* 가이드를 참고하여 재구성한 비교 연구(Comparative Study) 평가 기준임.

'시각 예술'에 대한 나의 '시각'을 넓혀줄

이전에도 시각 예술 감상 수업을 진행했었다. 하지만 비주얼 아트의 '비교 연구'와 비교했을 때 지금까지 진행한 미술 감상과 미술 비평 수업은 그만큼의 깊이까지 탐구하도록 지도했는지 돌아보게 한다. 기존에 내가 진행했던 수업은 교사가 선택한 혹은 교과서에 실려있는 자료를 바탕으로 교사가 설명하고 자료를 정리해주면 학생들은 작품에 대한 간단한 스토리텔링을 하거나 펠드먼의 비평단계에 따라 작품을 비평하는 방식이었다. 학생들의 독립적이고 비판적인 분석을 보여주기에는 한계가 있던 수업이었음을 깨닫게 된다.

비교연구에서는 각 평가 요소에 대한 학생들의 독립적인 비판적 분석을 강조한다. 따라서 만약 다른 학생들이 같은 작품을 선택하더라고 그 작품을 선택한 이유, 어떤 이슈나 주제를 연구 초점으로 선택했는가에 따라 작품의 분석, 해석의 내용이 달라야 한다.

학생들은 기존의 비평을 그대로 따르기보다는 신뢰할 수 있는 정보에 의해 뒷받침되는 일관되고 통찰력 있는 개인적인 분석과 해석을 끌어내야 한다. 학생이 선택한 작품을 분석한 기존의 연구 자료에서 찾을 수 없는 부분도 신뢰할 수 있는 정보에 의해 뒷받침된다면 이를 근거로 분석하고 해석할 수 있다. 따라서 관점과 해석의 폭을 넓혀 독창적인 분석과 해석을 끌어낼 수 있다고 생각한다.

1. 학생들의 개별적 작품 선택의 출발점

처음에 평가 요소를 알게 됐을 때 가장 걱정된 점은 학생들이 미술사, 미술이론, 미학을 기반으로 한 작품 분석 경험이 부족한 부분이었다. '다양한 맥락 속에서 연구의 내용이 충분한 작품을 선택할 수 있는가?'라는 첫 단계부터의 고민이 있었다. '처음부터 교사가 출발점을 제시하는 것은 어떨까?'라는 생각도 했다. 하지만 결국 독립적 분석을 위해서는 학생들이 스스로 작품을 선택하는 능력이 중요하다고 결정했다. 이를 위해 학생들이 흥미를 느끼고 있던 작품, 더 알고 싶었던 작품, 혹은 자신이 좋아하는 예술가의 작품을 출발점으로 연결 고리를 만들어 가는 활동을 설계하여 진행했다.

2. 명확한 연구 초점의 필요성

비교연구를 위해서는 상당한 양의 연구 자료를 분석하고 해석해야 한다. 학생들이 '어디서부터 시작해야 하는가?'에 대한 고민 없이 무작정 연구 자료를 수집하는 것은 오히려 시간 낭비가 될 수 있다. 학생들이 연구하고 싶은 초점, 주제를 명확하게 하고 이를 중심으로 자료를 수집하고 분석해 나가야 독립적인 비교연구가 이루어질 수 있다고 생각한다.

예시) Visual arts 비교연구 제출과제 중 일부

'꽃과 여성'을 소재로 한 작품의 비교연구 활동에서 학생은 '꽃'의 상징성과 이와 관련한 '여성'의 이미지가 시각 예술에서 어떻게 표현되는지에 초점을 맞춰 비교 연구를 진행했다. 이 초점에 맞춰 각 작품에 대한 분석과 해석에서 꽃의 상징성에 대한 분석과 이 상징성이 각 작품 속 여성의 이미지와 어떻게 연결되어 해석될 수 있는지를 중심으로 작품의 형식적 요소를 연구했다.

02 프로세스 포트폴리오(Process Portfolio)

비주얼 아트 SL 프로세스 포트폴리오의 평가 기준은 다음 5가지이다.

- 기술, 기법 및 프로세스(skills, techniques and processes)
- 비평적 조사(critical investigation)
- 아이디어 및 의도 전달(communication of ideas and intentions)
- 검토, 개선 및 성찰(reviewing, refining and reflecting)
- 프레젠테이션 및 주제별 언어(presentation and subject-specific language)

포트폴리오가 위의 평가 기준을 어느 정도 증명하는가에 따라 평가된다.

To what extent does the portfolio demonstrate

	Part1: 비교연구(Comparative study) 20%	Marks
A	• 학생이 다양한 기술, 기법 및 프로세스를 지속적으로 실험하고 조작하여 자신의 의도에 적합한 재료를 선택하고 사용하는 능력을 보여주는가? • the student's sustained experimentation and manipulation of a range of skills, techniques and processes, showing the ability to select and use materials appropriate to their intentions?	12
B	• 학생이 예술가, 예술 작품 및 예술 장르에 대한 학생의 비판적 조사를 통해 이러한 조사가 학생의 발전하는 예술 제작 관행(practices)과 의도에 어떻게 작용하고 효과를 미치는지에 대한 이해가 깊어지고 있음을 전달하고 있는가? • the student's critical investigation of artists, artworks and artistic genres, communicating a growing awareness of how this investigation influences and impacts upon their own developing art-making practices and intentions?	6

Part1: 비교연구(Comparative study) 20%		Marks
C	• 학생이 자신의 초기 아이디어와 의도가 어떻게 형성되고 발전했는지 그리고 어떻게 기술적 능력을 습득하고 매체와 아이디어를 선택하여 작업을 더욱 발전시켰는지 명확하게 표현하는가? • the student's ability to clearly articulate how their initial ideas and intentions have been formed and developed and how they have assimilated technical skills, chosen media and ideas to develop their work further?	6
D	• 학생이 선택한 아이디어, 기술, 프로세스 및 기법을 검토 및 개선하고 기술 습득과 시각 예술가로서의 발전을 성찰하는 능력을 보여주는가? • the student's ability to review and refine selected ideas, skills, processes and techniques, and to reflect on the acquisition of skills and their development as a visual artist?	6
E	• 적절한 주제별 언어를 일관되게 사용하여 시각적으로 적절하고 읽기 쉬운 방식으로 정보가 명확하고 일관성 있게 전달되고 있는가? • ensure that information is conveyed clearly and coherently in a visually appropriate and legible manner, supported by the consistent use of appropriate subject-specific language?	4
Total		34

결과보다 과정

프로세스 포트폴리오는 학생이 걸어온 길을 명확하고 매력적으로 보여줄 수 있도록 신중하게 구성돼야 한다. 여기서 '명확성'이란 예술 작품 창작의 시작부터 완성까지의 사고 흐름을 일관된 내러티브로 보여주는 것이다. 따라서 학생들은 단절된 결과의 모음이 아니라 과정 안에서 자신의 예술적 의도, 개념, 내용(contents)이 어떻게 발전되어 왔는지 지속해서 업데이트해야 한다. 그 때문에 학생들은 창작 과정에서 있었던 수많은 선택의 순간에 그러한 결정을 내린 이유를 자신의 예술적 개념과 연결 지어 생각해야 한다. 또 다른 하나인 '매력성'은 프로세스 포트폴리오의 내용을 시각적으로 전달하는 데 필요한 것이다. 창작 과정의 경로를 스케치, 다이어그램, 주석 등을 활용하여 평가자가 읽기 쉽고 명확하게 정리해야 한다. 마지막으로 '신중'은 프로세스 포트폴리오 안의 내용은 선택돼야 한다는 것이다. 학생들은 창작 과정의 모든 내용이 아니라, 의미 있고 중요한 부분을 판단하고 선택할 수 있어야 한다.

과정의 기록

학생들 대부분이 기록의 과정에서 어려움을 겪는다. 기록이 필요한 순간을 모르고 지나치거나, 기록을 미루다 그동안의 세부 과정을 남기지 못하기도 한다. 이러한 과정을 겪으며 학생들은 점차 창작 과정의 모든 순간을 놓치지 말아야겠다고 깨닫는다. 이 깨달음을 더 빠르게 도울 수 있도록 하는 학습 과정이나 교사의 피드백이 무엇일까? 라는 고민을 지금도 하고 있다.

비주얼 아트를 가르치기 전 수업에서도 과정 중심 평가라는 명목하에 포트폴리오 방식을 활용하여 학생들의 총체적인 역량과 성장의 정도를 객관적으로 파악하려고 시도했었다. 이런 목적으로 마지막에 일목요연하게 정리하여 제출된 자료는 결과적으로 학생의 능력을 파악하는 자료였을 뿐, 학생의 생각 흐름과 고민 지점, 성장의 순간을 파악하기에는 부족한 자료였음을 깨닫게 되었다. 프로세스 포트폴리오는 작품이 진행되는 순서에 구애받지 않고 학생들이 직면한 문제와 처한 상황을 유기적인 흐름 안에서 자연스럽게 드러내는 일기장에 가깝다고 생각한다.

03 내부평가 1. 전시회(Exhibition)

전시회(Exhibition) 평가 기준

비주얼 아트 SL 전시회의 평가 기준은 다음 4가지이다.

- Coherent body of works(일관된 작품 체계)
- Technical competence(기술 역량)
- Conceptual qualities(개념적 특성)
- Curatorial practice(큐레이션 실행)

위의 평가 기준은 큐레이터 근거, 제출된 작품, 전시 텍스트 및 전시 사진으로 입증된다.

* evidence: curatorial rationale, the submitted artworks, exhibition text and exhibition photographs

	Part3: 전시회(Exhibition) 40%	Marks
A	• 제출된 작품은 명시된 예술적 의도를 충족하고 개별 작품 전반에 걸쳐 명확한 주제적 또는 양식적 관계를 전달하는 일관된 작품 체계를 전달하고 있는가? • a coherent collection of works which fulfill stated artistic intentions and communicate clear thematic or stylistic relationships across individual pieces?	9
B	제출된 작품은 매체 및 재료의 효과적인 적용과 조작, 형식적 품질의 효과적인 적용과 조작을 보여주는가? • effective application and manipulation of media and materials; • effective application and manipulation of the formal qualities?	9
C	• 제출된 작품은 명시된 의도에 맞는 예술 작품의 기능, 의미 및 목적을 실현하기 위한 이미지, 기호 및 상징의 효과적인 해답을 보여주는가? • effective resolution of imagery, signs and symbols to realize the function, meaning and purpose of the art works, as appropriate to stated intentions?	9
D	• 큐레이터 근거는 지정된 공간 내에서의 예술 작품 그룹의 선택, 배치와 전시를 정당화하는가? • the selection, arrangement and exhibition of a group of artworks within a designated space?	3

PART

04

IB 수업의
실제 사례 나눔

IB 교육프로그램
수업 디자인을
고민하며
우리도 성장했다.

IB 교육프로그램 수업 디자인을 고민하며 우리도 성장했다.

각 과목 코스

아웃 라인(Outline) 설계와 유닛플랜(Unit Plan)

그리고 실제 수업(Class)

IB Core(핵심과정)

지식이론Theory of Knowledge : TOK

 01 코스 아웃라인 설계하기 (Year 1)

	Topic	Contents	Assessment
Year 1	지식과 지식의 인식 주체 Knowledge and the knower	지식이란 무엇인가? -Knowledge Claims -Knowledge Questions TOK 단락 작성하기 연습	비디오 성찰
	지식과 기술 Knowledge and technology	기술이 지식과 인식 주체(knower)에 미치는 영향과 관련된 문제들 기술은 지식 추구를 어떻게 돕는가 또는 방해하는가?	전시 실습 -one object
	지식의 영역: 자연 과학 Aok: Natural Sciences	자연 과학이란 무엇이며, 어떻게 활용되고 있는가? 과학적 방법 포퍼의 반증주의 사이비 과학 패러다임 혁명 / 패러다임 전환	미디어 속 과학에 대한 과제

코스 아웃라인 설계 시 유의해야 할 점

1. Resources 찾기

학생들의 수준과 흥미를 고려하여 수업 자료를 찾고 활동을 구성하는 일은 매우 시간이 오래 걸리고 어려운 일이다. 특히, 내가 가진 관점의 한계를 보여주지만 강의식이 아니라 스스로 깨닫게 하기란 만만치 않은 일이다.

2. 학생이 질문하는 능력 키우기

질문을 생각해내는 작업은 답변을 생각해내는 일보다 훨씬 더 고차원적인 사고 능력과 비판적 시각을 필요로 한다는 점을 감안하면, TOK 수업은 매번 질문에서 출발해야 하고, 수업이 진행될수록 학생들의 질문이 점점 더 지식 질문적인 성격을 띤다면 금상첨화라고 생각한다. 즉, 내가 생산하거나 습득하거나 전달하는 지식에 관해 열린 질문을 하고, 또 논쟁할 여지가 있는 질문을 하는 일은 많은 연습과 다른 관점을 기꺼이 나누는 협업을 통한 성찰을 필요로 한다.

3. 현실적 맥락에서 지식 질문의 추상성을 찾는 비계(scaffolding) 설정하기

학생 개개인의 수준이 다양하고, 적절한 비계의 판단은 결국 교사의 몫이며 어떤 부분이 더 찬찬히 가는 쪽이 좋은지, 깊이와 넓이는 어느 정도여야 하고 얼마나 확장할 수 있는지 교사와 학생의 호흡에 따라 유연하게 계획해야 한다. 구체적인 교과 질문에 익숙한 학생들이 많기 때문에, 거기에서 지식 질문으로 끌어 올리는 추상성의 사다리를 교사가 디자인할 필요가 있고, 예시를 들어 사고의 단계를 가시적으로 시범 보일 필요가 있다.

[예시]

- 역사 교과에서 두 역사학자의 관점이 다른 경우를 공부했다면,

  교과 질문은, 19세기에 대한 에드워드 카와 에릭 홉스봄의 관점은 어떻게 다른가?

  지식 질문은, '우리는 전문가의 서로 다른 판단을 어떻게 결정하는가?'

- 아프리카의 미래 인구를 예측하는 신문 기사를 읽었다면,

  교과 질문은, 향후 아프리카 인구 증가의 가장 큰 원인은 무엇인가?

  지식 질문은, 명백히 틀렸다 할지라도 예측 모델은 얼마나 유용할 수 있는가?

4. TOK 내/외부 평가를 위한 모의 평가 계획하기

  모의 평가는 실제 평가보다 분량을 줄이거나 전시회의 대상을 세 가지에서 한 가지로 줄여 TOK 문단을 쓰는 연습을 한다. 아니면 전시회/에세이의 평가 기준에 꼭 필요한 요소를 인식시키는 보급형 전시회/에세이 틀로 연습할 수 있다. 특히 논리적 글쓰기 연습이 중요하며, 이를 토대로 긴 글도 가능해진다는 점을 강조할 필요가 있다.

수업 사례 (유닛 플랜)

Unit 1 : Knowledge and the Knower		준비	중심 활동
1	Maps from Different Perspectives	PPT	지도의 관점/목적 찾기
2	Assumptions	PPT	내가 무언가를 아는 방법
3	Knowledge Claims	PPT	주장과 근거
4	Knowledge Questions	PPT	질문: 추상화의 사다리
5	KQ 만들기	PPT	TOK 12 개념, Frames
6	KQ 분석하기	PPT	질문 분석 (조별 활동)
7	TOK 문단 쓰기	PPT	PEEL 구조
8	TOK 문단 분석 연습	PPT	문단 분석 (조별 활동)
9	Knowledge and the Knower 성찰	PPT	내가 아는 것을 나는 어떻게 아는가

유닛 플랜에 대한 코멘트

1. CALP(Cognitive Academic Language Proficiency): 학문을 위한 언어 구성하기

수업에서 배우는 언어는 학문적 맥락에서 사용되는 내용을 담고 있어서 교과마다 고유하게 알아야 하는 어휘가 있고 교사는 수업과 피드백에서 이에 대한 주의를 환기하고 수업 내용의 구성에서 이를 제시할 필요가 있다. 이 단원은 TOK 수업에서 사용될 기본적인 개념들과 논리적 사고 표현 방법 등에 관한 학생들의 이해를 돕기 위해 9차시에 걸쳐 각 요소들을 차근차근 수업하고 연습하는 내용으로 구성되어 있다.

2. Interdisciplinary Approach: 핵심 과정이 다른 교과와 연결되어 있다는 특성 반영

우리가 아는 지식이 세계 지도라고 한다면 교과 영역은 지도상의 한 지역이라고 할 수 있고, 그것들이 모여서 전체 지도가 완성되는 것이라는 비유를 통해 TOK의 개념 렌즈를 통해 교과를 바라보고, 또 그 반대로 교과의 렌즈로 내가 아는 지식을 비추는 작업에 대해 학생들과 이야기하는 수업의 흐름을 만들어 간다.

3. 학생들의 수준과 배경 지식에 따라 유연하게 시간 배분 조정하기

TOK는 지식 내용을 가르치는 것이 아니므로 상대적으로 진도에 얽매이지 않는다. 그러므로 비판적 사고를 촉진하고 연습할 시간을 융통성있게 부여하는 것이 필요하다는 교사의 판단에 따라 시간 배분을 조절할 수 있다. DP 1년차 말에 있는 전시회 준비와 2년차에 쓰는 에세이를 위한 일정 정도만 맞춘다고 생각하면, 나머지 내용은 교사의 코스 설계가 열려 있다고 보아야 할 것이다.

4. 지식 이론이라는 과목 수업을 통한 비판적 사고 함양을 목적으로 하기

지식 영역별로 또, 주제별로 지식의 범위, 관점, 도구와 방법, 윤리라는 틀에서 지식 질문을 하면서 내가 아는 것을 어떻게 알게 되었는지 성찰하는 것이 TOK의 목표이며, 이를 통해 학생들이 마주하게 될 새롭고 복잡한 상황에서 세상을 이해하고 효과적으로 헤쳐나가도록 돕는 것, 학생들을 모호함과 불확실성, 여러 가지 답이 가능한 질문에 노출시키는 것, 자신의 관점과 가치, 신념, 가정을 비판적으로 인식하고 성찰하게 하는 것, 다중 관점에 접하고 열린 마음으로 문화간 이해를 개발하는 것, 개념적 이해를 바탕으로 학문 영역 간의 방법적 유사성과 차이를 탐구하는 것, 지식의 생산과 습득, 적용, 소통과 연관된 가치와 책임, 윤리적 우려를 고려하도록 하는 것이 목적이다.

Knowledge Claims
지식 주장

어떤 주장이 있다고 치자.
- 어느 주장을 믿을지 어떻게 결정하는가?
- 주장을 받아들이는데 믿음(신념)은 어떤 역할을 하는가?

논리의 흔한 오류들
- 누가 그렇게 말했는지 아닌 사람을 깎아내린다.
- 권위(의심스러운)에 기대어 호소하기
- 감정에 호소하기
- 다수가 믿는다는 이유로 주장하기
- 자연적인 것이라 말하는 것으로 주장하기: 예) GMO는 나쁘다! 생물하기 수분인가?
- 전통에 기대어 호소하기
- 성급한 결론 내리기: 예) 소크와 생물로 전체 생물을 묘사 판단
- 상관 관계와 인과 관계를 혼동하기
- 단순화하기(복잡한 내용을 지나치게 단순화) 등등

믿음인가? 지식인가?
- 세종대왕이 길렀던 학자들과 함께 한글을 만들었다.
- 인간은 원숭이에서 진화했다.
- 실인은 철못된 것이다.
- 외계인이 과거 어느 순간 지구를 방문했다.
- 인간은 불멸의 영혼을 가지고 있다.

허위 정보가 넘쳐나는 세상에서 살아남는 법 1
1. Falsifiability (반증 가능성)
: 증거로 거짓임을 입증할 수 있는 것들
옳은 것을 입증할 수 없다고 해서 진실인 것은 아니다.

허위 정보가 넘쳐나는 세상에서 살아남는 법 3
3. Objectivity (객관성): 자신을 속이지 말아야 한다.

정당화
- 다음 일반적인 정당화의 이면에 어떤 '아는 방법'이 있는 걸까?
- 누가 나한테 말하는데...
- 내가 확신해...
- 내가 조사해 보니까...
- 느낌이 딱 오는 거야...

허위 정보가 넘쳐나는 세상에서 살아남는 법 2
2. Logic (논리성)

허위 정보가 넘쳐나는 세상에서 살아남는 법 4
4. Evidence (증거): 신뢰도·표물성·충분성

수업 활동 PPT 사례1 : 지식 주장이 믿음이나 개인적 의견과 어떻게 다르며 어떤 방법으로 허위 정보를 구분할 수 있는지에 대한 비판적 사고 연습 수업이다.

• 해당 활동의 목적

주장의 본질과 근거를 통한 정당화에 대해 이해하기

• 유닛 플랜 중 어떤 단계?

'내가 무엇인가를 안다고 할 때 그 근거가 되는 것은 무엇인가?'라는 지식 질문에 대한 생각을 해보는 세 번째 차시

- 활동의 주안점

  주장에 담긴 논리의 오류와 믿음과 지식, 의견의 구분을 통해 지식 주장을 찾기

- 해당 활동을 학생들에게 어떻게 지도했는가?

  우리가 주장하는 말 속에 흔한 오류들을 조별 활동으로 찾아 발표하고. 주장을 뒷받침하는 근거가 될 수 있는 것에 대해 스스로 생각해 내도록 하는 것이 활동의 주안점이다.

수업 활동 PPT 사례2 : TOK 모의전시회

해당 활동의 목적

TOK 내부 평가인 전시회를 소규모로 경험하기 위해 한 가지 대상에 대해 작성해보기

유닛 플랜 중 어떤 단계인가

단원 '지식과 기술'의 마지막 단원 성찰로 모의 전시회를 배치

활동의 주안점

전시회의 요구 사항과 평가 기준을 이해하고, 실제 전시회를 개인별로 구성해 보기

해당 활동을 학생들에게 어떻게 지도했는가

TOK 내부 평가 프롬프트 중 하나를 각자 골라, 대상을 고르고 설명하는 방법을 안내하고 실제 초안을 가지고 피드백하기

해당 답변에 대한 교사 평가

대상의 선정은 구체적인 현실적 맥락이 드러나야 하고, 그런 의미에서 우생학을 근거로 아리안 민족의 우수성을 내세운 연구 결과를 나타내기에는 나치의 깃발이 다소 모호한 선택이라고 볼 수 있다. 주장과 선택한 프롬프트의 연결은 예시를 통해 뒷받침된다.

피드백 과정에 대한 성찰

대상 선정의 구체성이 주장과 논의를 보다 잘 연결시킬 수 있는 효과적 장치라는 점에서 많은 고민과 조사가 필요하다.

학생이 어려워하는 지점

대상의 선정과 구체성의 정도에 대한 인식, 프롬프트와의 연결, 논리적 글쓰기

교사가 반드시 지도해 주어야 했던 지점

구체성에 대한 수준 짚어주기, 프롬프트와 연결 밝히기

학생 샘플 : 모의전시회

Group 1: Language A

IB 언어와 문학ILanguage and literature

 코스 아웃라인 설계하기

	Topic	Contents	Assessment
Year 1	**[탐구영역]** 독자, 작가, 텍스트 - 주제: 현대인의 소외감의 다양한 표출 방식(혼란의 표출로서의 텍스트) * 개념: 정체성, 창의성, 의사소통	**문학 작품:** 한국 현대 단편 소설 **비문학 텍스트:** 광고, 보도 자료, 인포그래픽 뉴스	Paper 1 개별구술평가
	[탐구영역] 시간과 공간 - 주제: 자본주의의 심화, 그로 인한 미디어의 내적 침투(정체성의 혼란) *개념: 재현, 관점	**문학 작품:** 한국 현대 단편시 그래픽노블 비문학 텍스트: 영화, 연재 칼럼, 기획 기사	Paper 1 개별구술평가
Year 2	**[탐구영역]** 상호텍스트성 - 주제: 자기 파멸적 사랑과 재탄생의 역설(정체성의 해체 및 재구성) * 개념: 변형, 문화	**문학 작품:** 고전 소설 고전 희곡 19C 영미소설 **비문학 텍스트:** 영화, 드라마, 사진 및 아트워크 등	HL 에세이 Paper 2

코스 아웃라인을 설계하며 주로 고민했던 부분

1. 평가 요소의 배치

모든 평가 요소(HL 에세이, Paper 1, Paper 2, IO)에서 요구되는 평가 기준의 항목들은 유사하다. 다만, HL 에세이는 스스로 작품을 선택하여 탐구 질문을 만들어야 한다는 점에서 난이도가 한 단계 더 올라간다. 한마디로 자기주도적으로 탐구해야 하기 때문이다. 물론 IO에서도 글로벌 이슈를 스스로 창안해 내야 한다는 점이 HL 에세이와 비슷해보일 수 있다. 그렇지만 개별 구술 평가를 위해 만들어야 하는 글로벌 이슈는 영역이 제한된 탐구 질문이라고 할 수 있기 때문에 더 포괄적인 범위에서 탐구 질문을 만들어야 하는 HL 에세이보다 학생들이 접근하기 쉬울 거라고 판단하였다. 따라서 IO를 Year 1의 후반부에, HL 에세이를 IO 다음 순서로 배치하였다.

Paper 2는 작품에 대한 이해, 해석은 기본이고 작가적 기법을 발견하고 그 의미를 분석하고 평가하는 데에서 더 나아가 두 작품을 비교·대조해야 한다. 이에 따라 가장 고도의 사고 과정을 요구한다고 생각하여 Year 2에 배치하였다.

2. 작품 및 주제 선정

작품을 택할 때 사실 가장 우선적으로 고려한 건 학생들이 처음으로 IB식의 수업을 시작하는 상황에서 접근성이었다. '학생들에게 책을 다 읽게 하려면 어떻게 해야하지?'가 너무나도 숙제였다. 단편 소설은 읽는 데 시간이 많이 걸리지 않고, 파악해야 할 주변 인물이나 상황이 복잡하지 않다. 그런 용이함이 있지만, 내용이 짧기 때문에 오히려 마음에 남는 여운의 순간이 학생들에게 순간적인 몰입의 순간을 선사할 것이라 예상했고 다음 작품에 대한 흥미를 계속 끌어들일 수 있을 것이라고 판단하여 '한국 현대 단편소설'을 IB 시작의 첫 작품으로 선택했다.

3. 7개의 개념으로 스토리 텔링

첫 작품을 한국 현대 단편소설로 정한 후, 매 단원마다 중심 아이디어를 구상했다. 교사의 자율성이 높은 커리큘럼이니만큼 학생들과 해당 유닛을 왜 이렇게 구성했는지 고민과 생각을 공유하고 싶었다.

학생들이 작중 인물의 혼란이나 괴로움에 공감하지 못한 채 '왜 저래?'라며 쉽게 판단하는 것에서 벗어나게 해주고 싶었다. '정체성'이란 사회와의 관계에서 자기를 인식하는 것이다. 따라서 작품/텍스트에서 드러나는 인물의 혼란을 사회와의 관계에서 발생하는 갈등으로 바라볼 수 있게끔 첫 유닛의 중심 개념을 '정체성'으로 정했다.

그 다음 유닛에서는 내적 혼란의 원인에 천착하며 결국 사회 구조의 은밀함을 포착해내는 저자들의 비판적 태도와 그에 따른 사회의 '재현' 방식을 탐구하기를 의도했다.

마지막으로는 사회 구조와의 대결에서 패배하고 좌절하는 것처럼 보이지만 그러한 좌절이 오히려 성장을 야기한다는 역설을 다루고자 하였다. 이때 고전 작품을 활용하여 자아를 실현하고자 하는 처절한 싸움이 시대를 막론한 인간의 보편적 문제임을 실감하게 하고자 했고, 학업에 지친 고3 학생들(DP year 2)에게 희망적인 메시지(부서져도 얻게 되는 것이 있다는)를 주고 싶은 마음도 있었다.

단원의 구성

단원의 주제	자기 파멸적 사랑과 재탄생의 역설(정체성의 해체 및 재구성) * 관련 작품: 운영전		
평가 요소	외부 평가 Paper 2		
대상 학생	Dp Year 2		
학습 목표	내용적 측면 (contents)	- 작품의 창작 맥락 - 고전 소설로서의 운영전의 문학적 특성(몽유록계 소설, 삽입시, 비극적 결말) - 상호텍스트성: 시대와 문화를 넘나드는 비극성의 원리 - Paper 2의 특징과 평가기준	
학습 목표	기술적 측면 (skill)	- 작품의 효과성을 강화하는 문학적 장치의 식별, 분석 및 효과성 평가 (평가기준 A, B 관련) - 비교 분석 에세이 글쓰기 (평가기준 C, D 관련)	
학습 목표	개념적 측면 (concept)	- 문학 작품은 창작된 시대의 문화적 가치와 규범을 반영하며, 동시에 그에 대한 도전을 표현하기도 한다. - 고전 문학 작품의 주제와 인물은 시대와 문화에 따라 다양하게 해석될 수 있다. - 문학 작품에 나타난 보편적 주제는 각 문화권에 따라 다르게 표현되고 이해된다.	

수업의 흐름 및 평가 연계	1	〈운영전〉 작품 이해		전체 읽기 및 내용 정리
				읽기 자료 중심 토론
	2	서사적 특징 서사적 특징	강의	몽유록계 소설의 일반적인 특징
			활동	외부 서사와 내부 서사의 비교
	3	삽입시와 인물 삽입시와 인물	강의	삽입시에 반영된 시대적 맥락
			활동	삽입시의 정서 및 서사적 기능 분석
	4	비극적 결말 비극적 결말	강의	결말의 기능과 효과성
			활동	〈운영전〉 결말의 특징 분석
	5	비극성의 원리 비극성의 원리	강의	비극성의 요소 (아리스토텔레스 〈시학〉)
			활동	〈시학〉으로 운영전 다시보기
	6~10	〈워더링 하이츠〉 학습		
	11	Paper 2 이해		Paper 2 샘플 답안 분석을 통한 효과적인 글쓰기 방식 이해
				Paper 2 질문 분석 및 개요 구성 연습
				문학 장르의 주요 개념을 중심으로 작가적 기법의 구현 양상 비교 및 대조 (예) 〈운영전〉의 '수성궁'과 〈워더링 하이츠〉의 '두 저택' 등

해당 유닛 플랜의 목적

위 유닛 플랜은 Year 2의 1학기 과정이며, Paper 2를 염두에 두고 설계하였다.

앞서 설명하였듯, Paper 2를 Year 2에 배치한 이유는 평가 기준의 위계를 고려한 것이다.

평가 기준

A **(10점)**
지식 이해 해석

답변과 관련된 작품들에 대한 뛰어난 지식과 이해력을 보이는가?

작품의 의미에 관한 설득력 있는 해석을 보이는가?

질문과 관련하여 작품들 간의 유사점 및 차이점에 대한 통찰력 있는 해석을 보이는가?

B **(10점)**
분석 평가

텍스트의 특징 또는 작가의 선택에 관한 통찰력 있고 설득력 있는 분석이 지속적으로 나타나는가

텍스트의 특징 또는 작가의 선택이 의미 형성에 어떤 영향을 미치는지에 대한 평가가 잘 이뤄지는가?

선택한 작품에서 작가의 선택에 관한 매우 좋은 비교 및 대조를 보이는가?

C **(5점)**
초점 구성 전개

명확하고 일관성 있게 과제에 초점을 맞추었는가?

작품을 균형있게 다루었는가?

아이디어가 논리적이고 설득력 있게 전개되는가?

아이디어가 매우 설득력 있게 연결되었는가?

D **(5점)**
언어

언어는 명확하고 효과적이며, 주의 깊고 섬세하게 선택되었는가?

문법, 어휘, 문장 구성이 높은 수준으로 정확도를 보이는가?

사용역과 문체는 주어진 과제에 효과적이고 적합한가?

평가 기준 C, D는 다른 평가 요소에서도 반복된다. 평가 기준 A, B도 마찬가지로 다른 평가 요소에서도 반복되고 있지만, 다른 점이 있다. A에서든 B에서든 '유사점과 차이점' 즉 작품의 해석이나 분석, 평가를 하며 비교·대조해야 한다는 것이다. 다른 평가 요소(Paper 1, IO, HL 에세이)를 접하며 학생들은 평가 기준 A에 어느 정도 익숙해진다. 다만, Paper 2는 이제까지 해왔던 것들에서 더 나아가 두 작품 간의 유사점과 차이점을 발견해야 한다는 점에서 한 단계를 요구한다.

작품 읽기 시간은 수업 시간에 마련하지 않았다. 물리적 시간이 부족하기 때문이다. 그러나 Year 1에서는 함께 읽는 시간 등을 주면서 점전적으로 정독의 경험을 제공하였다.

물리적 시간의 한계도 있지만, 학습자의 정보 수용량에도 한계가 있으므로 배우는 작품의 모든 중요한 것을 다 다룰 수는 없다. 따라서 작품의 중요한 특징이라고 생각한 요소들을 교사 간 협의를 통해 선정하였다. 〈운영전〉의 경우 가장 중요한 특징을 '몽유록 구성, 삽입시, 비극적 결말'로 정하였는데, 이때 중심 개념(이 경우, 문화)과 개념적 학습 목표를 토대로 중요도를 판정하였다.

학습 자료는 작품에 대한 각종 논문과 비평 등 외부 자료를 탐색하여 재구성하는 방식으로 제공하였다. 이 과정도 정말 품이 많이 든다.

평가 요소에 대해 노출하는 시간이 필요하다. 학생들은 Paper 2가 무엇인지 당연히 모른다. 따라서 Paper 2 샘플을 평가해보며 안정적인 글의 구성이 무엇인지, 각 평가 기준의 의미들이 무엇인지 다루는 시간이 필요하다. 이 지점에서 Paper 2 시험에서 좋은 점수를 얻기 위한다는 점에서 입시에 매몰되는 것이 아닌가 하는 우려가 있을 수 있겠다. 물론 입시가 맞다. 그렇지만 평가 기준의 방향성이 옳다고 봤고, 그렇기 때문에 학생들을 독려할 때 '좋은 점수를 받자'가 아닌 '탁월한 분석을 구성해 보자'는 취지의 격려가 가능했다.

03 실제 수업 사례

1. 작품 분석 포트폴리오

작품 분석 포트폴리오는 교사가 제공한 학습 자료들의 모음이 아니다. 작품에 대한 공부를 다 하고, 스스로 총정리하는 개인 학습 노트 그 자체로 활용하고자 했다.

이러한 포트폴리오 방식의 학습 자료를 구축하게 한 것은 Paper 2의 답안을 구성할 때 질문에 초점을 집중시키기 위해서는 문학적 개념들을 중심으로 학생의 이해가 재구성될 필요가 있다고 느꼈기 때문이다.

예로, '권위에 대한 저항'이 어떻게 형상화되었는지 비교, 대조하라는 Paper 2의 샘플 질문이 주어졌을 때 학생은 '그런 게 있긴 했는데~'라는 막연한 느낌은 있을 것이다. 그렇지만 문학적 개념들을 중심으로 스스로 배운 것을 포트폴리오로 구축함으로써 '권위에 대한 저항'이 '공간적 배경'의 상징성 또는 '권위'에 대하여 반동적인 '서술자'의 태도 등 초점을 스스로 구체화 해야할 필요가 있었다.

따라서 아래 〈예시〉와 같이 질문들을 던져버렸고, 정리하는 방식에는 학생들의 자율성을 주었다. 지면상 모두 언급하지는 못했지만, 맥락, 배경, 인물, 서술자 외에도 플롯, 특수한 문학적 장치, 문체상의 특징, 인용구 분석 등을 다루었다.

이 끝없는 질문 폭탄에 학생들은 처음에는 황당했을 것이다. 그렇지만 공유 문서로 작성하며 관찰한 학생들의 모습은 고무적이었다. 스스로 소제목을 만들기도 하고(소제목을 만든다는 것은 배운 내용을 스스로 일반화시켰다는 점에서 아주 유용한 지식을 형성한 것이다), 자신이 밤새 만든 포트폴리오를 친구들에게 '구경'시켜주는 등 자신의 성취를 즐길 줄 알고, 질문에 답하기 위해 작품을 반복해서 들여다보며 자기만의 발견을 이뤄내기도 했다. 한 작품당 자발적으로(수행 평가에 반영하지 않았음) 2-30페이지 내외의 포트폴리오를 구축해 나가는 학생들의 모습은 배움 그 자체였다.

아래에 추가한 학생 활동 사례는 셰익스피어 희곡 〈로미오와 줄리엣〉에 대한 포트폴리오이다. [1]의 경우 '험담과 싸움'이라는 소제목으로 기존 공간의 의미를 재평가했다. 또한 '낮'이라는 시간대와 '밤'이라는 시간대를 구분함으로써 '험담과 싸움'이 이뤄지는 불안정한 공간적 배경과 '낮'이라는 시간대를 연결하고 이를 통해 로미오와 줄리엣의 사랑이 이루어지는 '밤'의 시간대의 의미가 새로이 형성된다.

[1], [2]의 학생 모두 공간적 배경의 변화가 비극성을 심화한 요인이라고 진단하였다. '로미오'라는 주요 인물의 공간이 변화하면서 의사소통의 균열이 생기고, 사랑을 지키고자 하는 두 연인의 선택이 극단적으로 치달을 수 밖에 없음을 연결한 것이다. '통찰'력 있는 분석이란 알고 있는 것들을 연결시키는 사고 과정에서 일어나는데, 수업의 주요 개념이었던 '비극성'과 문학적 개념인 '공간'을 연결한 점에서 나름의 통찰이 보인다.

1. 수업 시간에 배웠던 문학적 개념 간략하게 정리하기

2. 문학 작품의 제목, 저자, 출간 시기

3. 줄거리 요약

4. 가장 핵심적인 주제의식

5. [맥락 분석] 작품을 이해하는 데에 중요하게 작용하는 '맥락'은 무엇인가?
   - 작품이 창작된 혹은 작품 속 시대적 배경은 언제인가?
   - 작품이 창작된 혹은 작품 속 공간적 배경은 어디인가?
   - 작품이 쓰인 혹은 작품 속 "사회·문화적" 특징
   - 작가의 생애에서 작품과 관련된 특이한 점

6. [배경 분석]
   - 사건은 주로 언제, 어디서 발생하는가?
   - 배경은 어떤 식으로 묘사되는가?
   - 작품 속에서 배경이 달라진다면, 왜 바뀌었는가? 그 변화가 의미하는 것은
     무엇인가?
   - '배경'은 인물과 사건 전개에 어떠한 영향을 미치는가? (중요한가?)

7. [인물 형상화]
   - 작품의 주요 인물은 누구인가?
   - 주동 인물과 반동 인물은 누구인가?
   - 주동 인물은 어떻게 묘사되는가?
   - 주동 인물은 이야기 속에서 어떤 발전 혹은 변화를 겪는가?
   - 중요한 역할을 하는 다른 인물은 누구인가? 왜 중요한가?

8. [서술 시점과 방식]
   - 작품은 어떻게 서술되는가? (서술자는 누구인가? 혹은 초점 화자는 누구인가?)
   - 시점의 이동이 있는가? (서술 방식이 변화하는가?)
   - 서술 방식이 변화한다면, 그 변화의 효과는 무엇인가?
   - 서술자는 믿을 만한 서술자인가? 사건을 객관적으로 전달하는가?
   - 어떤 특징을 갖고 있는 서술자인가?

학생 활동 사례

〈로미오와 줄리엣〉 배경 분석 (학생 작성)

[1]　　　**8.** [배경]
　　　a. 사건은 주로 언제, 어디서 발생하는가?
　　　b. 배경은 어떤 식으로 묘사되는가?
　　　c. 작품 속에서 배경이 달라진다면, 왜 바뀌었는가? 그 변화가 의미하는
　　　　　 것은 무엇인가?
　　　d. '배경'은 인물과 사건 전개에 어떠한 영향을 미치는가? (중요한가?)

> ★ **a. 낮과 밤, 그리고 베로나**
> : 작품 속에서 낮에는 주로 몬태규 가문과 캐퓰렛 가문의 갈등으로 인한 사건이,
> 밤에는 로미오와 줄리엣이 서로 사랑하는 사건이 주로 발생함.
> : 작품의 대부분의 사건이 발생하는 공간적 배경은 몬태규 가문과 캐퓰렛 가문이
> 살고 있는 베로나임.
>
> ★ **b. 험담과 싸움**
> : 주요 공간적 배경인 베로나, 베로나에 있는 광장에서는 캐퓰렛 가를 험담하는
> 몬태규 가의 사람과 몬태규 가를 험담하는 캐퓰렛 가의 사람을 어렵지 않게 볼 수
> 있음.
> : 서로를 향한 험담과 조롱은 큰 칼싸움으로 발전되기도 함. → 불안정한 상태
> : 베로나의 광장은 몬태규 가와 캐퓰렛 가의 갈등을 가장 잘 보여주는 공간적
> 배경이기도 함.
>
> ★ **c. 추방된 로미오는 베로나에서 만토바로**
> : 로미오와 줄리엣의 대부분의 사건은 베로나에서 발생함. 하지만 로미오가
> 티볼트를 죽인 후 로미오는 베로나에서 만토바라는 곳으로 추방당하게 됨.
> : 베로나에서 만토바로 추방된 로미오와 베로나에서 떠날 수 없는 줄리엣은
> 로미오가 추방당하기 전보다 더 만나기가 어려워졌고, 두 사람은 서로를 향한
> 사랑을 지키기 위해 서로를 위한 선택을 하게 되는데 이 선택이 두 사람에게
> 비극적인 결말을 가져오게 됨.
>
> ★ **d. 멀어진 거리, 전달되지 못한 계획**
> : 만토바에 있는 로미오는 줄리엣과 로렌스 신부의 계획을 알 수 없기 때문에
> 로렌스 신부의 편지를 통해 계획을 전달하려고 함. 하지만 로미오에게 전달되지
> 못한 편지는 로미오의 죽음을 이끄는 요인으로 작용하기 때문에 작품의 비극성을
> 심화시키는 영향을 줌.

[2]
> a. 로미오와 줄리엣에서의 사건들은 주로 베로나에서 발생한다.
> b. 작품 속 베로나에서는 캐퓰렛과 몬태규 두 가문의 갈등으로 사이가 좋지 않았다.
> 두 가문은 서로를 죽일 만큼 앙숙이었으나 이러한 상대방의 집에 로미오는 단지
> 사랑을 위하여 위험을 감수하고 찾아간다.
> c. 로미오와 줄리엣에서의 배경은 대부분이 베로나로 나오지만 로미오가 티볼트를
> 죽이게 되는 사건으로 인하여 만토바로 추방당하는데 이때 배경이 베로나에서
> 만토바로 바뀌게 된다. 로미오가 추방당하기 전에는 로미오와 줄리엣의 각 가문
> 불화로 인해 쉽게 만나지는 못하였으나 만토바로 추방당한 후에는 둘의 공간적인
> 위치마저 매우 멀어지고 만나기도 매우 어려워져 둘의 사랑에 대한 독자들의
> 불안감을 고조시킨다.
> d. 로미오가 추방당함으로 인해 공간적 배경이 달라져 로렌스 신부와 줄리엣의
> 계획을 로미오가 전달받지 못하게 되었다. 이들의 계획을 인지하지 못해 줄리엣이
> 정말 죽은줄로 안 로미오는 죽음을 선택하며 이를 본 줄리엣 또한 로미오를 따라

2. 글쓰기 연습: Paper 2 유닛

아래 질문지는 서술형 평가를 위한 모의 연습이었다. 복잡하게 말하자면, Paper 2를 연습하기 위해 서술형 지필평가(내신에 반영)를 마련하였는데, 이 서술형 지필평가를 위한 모의 연습도 반복적으로 제공함으로써 학생들의 머릿속을 부유하는 파편화된 정보들을 글로 쓰며 통합하는 기회를 주고자 했다.

Paper 2 질문 샘플을 중심으로 수업 주제(몽유록 구성, 삽입시, 비극적 결말)를 연결하는 새끼 질문들을 만들어 보았고, 이런 류의 문항지를 구성하여 실제 시험처럼 8~90분 동안 답안을 작성하게 하였다. 이러한 방식은 학생들의 오개념이 무엇인지 확인할 수도 있었고 글쓰기 연습의 반복 및 교사 피드백을 통한 평가기준 C, D의 도달을 의도한 것이다.

인물의 성체성은 어떻게 흔들리며 어떠한 변화를 겪게 되는가? 자신이 공부한 작품을 활용하여 논하시오.

1. 〈운영전〉에서 '운영'이 기존에 갖고 있던 정체성을 내포하고 있는 한 단어를 찾아, 이를 중심으로 인물이 어떠한 가치관에 귀속되어 있는 존재인지 논하시오.

2. 〈운영전〉에서 다음 문학적 장치와 관련하여 '운영'이 겪는 정체성의 혼란은 어떠한 변화를 야기하고 있는지 논하시오.
   - '운영'이 겪는 정체성의 혼란은 어디에서 기인된 것인가? 그 원인은 무엇인가? 작품에 대해 전반적으로 알고 있는 내용을 바탕으로 답하시오.
   - '정체성의 혼란'은 작중 다른 인물과의 관계에 어떤 영향을 미치고 있는가? 〈운영전〉에 등장하는 부차적인 인물 유형을 두 가지로 구분하여 비교 및 대조하시오. 이때, 작품에 대해 전반적으로 알고 있는 내용을 활용하시오.

3. 〈운영전〉에서 '꿈'을 꾸는 주체는 어떠한 측면에서 정체성의 혼란을 겪고 있다고 할 수 있는가?
   - 인물이 바라는 이상적 자아의 모습을 구체적인 작중 인물의 모습과 관련하여 논하시오.
   - 이상적 자아와 대비되는 인물의 현실적 모습을 시대적 상황과 관련하여 논하시오.

4. '꿈'을 꾸고 난 이후 인물이 보인 모습을 중심으로 내면에 어떠한 변화가 일어났는지 논하시오.
   - 인물은 왜 '망연자실'의 태도를 보이는가?
   - 인물이 '꿈'을 꾸기 이전의 상황 및 내면세계와 비교하시오.

5. 위의 내용을 종합하여 인물이 겪는 정체성의 혼란과 그 변화를 표현하기 위하여 '꿈'이라는 문학적 장치를 활용하였을 때의 효과를 논하시오.
   - '꿈'의 일반적 특성을 활용하여 답할 것.
   - 작가의 목적, 독자의 수용 측면과 관련하여 답할 것.
     · 작가는 무엇을 말하고자 하는가? 작가의 목적은 '꿈'을 통해 어떻게 강조되는가?
     · 독자에게 강조되는 것은 무엇인가? 독자의 생각이나 깨달음은 '꿈'을 통해 어떻게 형성되는가?

3. 비교 분석 글쓰기

2의 글쓰기 연습(Paper 2 유닛)과 3의 비교 분석 글쓰기 활동은 모두 Paper 2를 위한 것이지만 방식에 변주를 주었다. 2는 주어진 시간 내에 써야 한다는 점, Paper 2의 질문을 쪼갬으로써 출제 의도가 다소 분명하다는 점이 특징이라면 3은 시간 제한 없이(주어진 기간 내에) 하나의 '완전한' 구성의 글을 써야 한다는 점, 내용 구성의 제약이 없이 스스로 질문을 분석하여 답을 구성해야 한다는 점이다.

3의 활동을 구상한 이유는 첫째, Paper 2의 효과적인 '서론-본론-결론'이 무엇인지 학생들이 답을 찾길 바라서이다. 최대한의 고민을 통해 정교하게 구상된, 군더더기 없는 서론을 써보게 하고자 하였으며, 각 단락을 연결하는 담화 표지 등을 활용함으로써 안정적인 구성이 무엇인지 구현해 볼 필요가 있다고 여겼다.

아래 글은 학생이 쓴 글이다.

학생 활동 사례

권위에 대한 저항은 다양한 형태를 띤다. 공부한 두 작품을 참조하여 권위에 대한 저항이 어떻게 드러나는지 논하라.

일부 발췌

〈운영전〉, 〈로미오와 줄리엣〉 두 작품 모두 인물이 저항하는 권위를 상징하는 인물과의 갈등을 통해 권위에 대한 저항을 드러낸다. 두 작품에서 인물이 저항하는 대상은 사회적 규범, 신분, 운명 등의 외적 요소로 인물이 노력해도 변화시킬 수 없다는 점에서 권위를 가진다. 이런 외적 요소는 인물의 대사, 행동에 녹아들어 작품 속에서 드러난다.

운영전에서 '안평대군'은 왕의 아들로, 권위를 가지고 있는 인물인 동시에 운영과 김 진사의 사랑을 방해하는 요소이다. 예를 들어, 외인과의 만남을 금하기 위해 궁 밖으로의 외출을 금하는 안평대군의 모습에서 인물이 바꿀 수 없는 당대 규범, 신분의 차이 등이 표면으로 드러나게 된다. 또한, 그의 명령을 무시하고 김 진사를 만나러 갈 계획을 세우는 운영의 모습에서, 권위에 저항하는 인물의 모습을 확인할 수 있다.

비슷한 방식으로 로미오와 줄리엣에서는 다양한 갈등을 통해 드러난다. 작품 속에서 로미오와 줄리엣이 저항하는 권위는 운명이다. 운명은 절대 변화시킬 수 없는 요소로, 운명 앞에서 인간은 나약해진다. 인간을 나약하게 만들 정도로 강한 권위를 가지는 운명은, 다양한 갈등을 통해 작품 속에서 드러난다. 작품 속 가장 큰 갈등은 로미오의 집안과 캐퓰렛의 집안, 몬태규와 캐퓰렛의 갈등이다. 인물이 서로 원수 집안에서 태어났다는 것에서부터 인간을 절망시킬 정도로 강한 권위를 느낄 수 있다. 집안 간의 갈등이 심각해질수록, 로미오와 줄리엣의 사랑이 더욱 이루어지기 어렵다는 것을 보여준다. 또한, 가부장적인 성격의 인물인 캐퓰렛과 캐퓰렛 부인과 줄리엣 간의 갈등을 통해 인물이 저항하는 권위를 드러낸다. 패리스 백작과 결혼할 것을 통보하자, 캐퓰렛과 캐퓰렛 부인에게 강하게 저항하는 줄리엣의 모습을 통해 거스를 수 없는 운명임에도 벗어나고자 저항하는 인물의 모습이 보인다.

- 권위를 상징하는 인물과의 갈등
: 두 작품의 공통점 (주장)
  - '갈등'을 중심으로 공통적인 특징을 발견함

- 근거 1: 〈운영전〉
- 권위: 안평대군
- 저항: 운영, 김진사
- 근거 1과 근거 2의 분량의 균형이 깨짐. 안평대군이 권위를 상징한다고 볼 수 있는 장면을 추가할 수 있음

- 근거 2: 〈로미오와 줄리엣〉
- 권위: 운명, 몬태규와 캐퓰렛
- 저항: 로미오와 줄리엣

두 작품 모두 인물이 저항하는 외적 요소를 작품 속에서 반동 인물을 통해 표면에 드러내고, 이 인물과의 갈등을 통해 권위에 저항하는 인물을 드러낸다.

그러나, 반동인물의 성격을 다르게 설정함으로써 주제 의식을 다르게 강조한다. 운영전에서 권위를 상징하는 인물, 안평대군은 단순히 강력한 군주로서의 절대 권력자와 같은 모습을 보이지 않는다. 사랑의 자유를 억압하면서도 학문의 자유를 주고, 명령을 어기면 죽을 것이라 경고하였으나, 자신의 명령을 어긴 궁녀들의 해명을 듣고 처벌 없이 넘어가는 등의 모순적인 특징을 지닌 인물이다. 즉, 권위를 나타내는 인물 자체도 권위와 어울리지 않는 모순적이고 입체적인 인물로 설정함으로써 권위에 대한 인물의 저항에 타당성을 부여한다. 권위적인 인물이 모순된 태도를 보이는 것은 인물이 권위와 완전히 동화되지 못했음을 의미하며, 이는 인물이 저항하고 있는 권위의 한계를 보여줌으로써 작가의 주제의식이 효과적으로 전달된다.

반면, 로미오와 줄리엣에서는 권위를 상징하는 인물들이 권위주의의 전형을 보인다. 작품에서 주동 인물과 갈등이 발생하는 인물 중, 캐풀럿과 그 부인은 가부장적인 특징을 지닌 인물로, 줄리엣의 운명을 비극적으로 이끈다. 줄리엣의 말을 듣지 않고, 본인들끼리 결정한 후 일방적으로 결혼 사실을 통보하는 등 완고하고 억압적인 모습을 보인다. 이러한 전형적인 권위주의적 성격은 주동 인물이 목소리를 내지 못한 채 억압되고 고통받는 모습을 강조함으로써 권위의 폐해를 더욱 극명하게 드러내며, 그들의 저항을 필연적이고 정당한 것으로 만든다.

- 대조 : 반동 인물의 성격이 다름
→ 갈등의 양상이 달라짐

- 근거 1: 〈운영전〉
- 권위를 상징하는 안평 대군 자체의 모순성이 저항을 타당하게 하는 요소로 작용함 & 권위의 한계를 보여줌

- 근거 2: 〈로미오와 줄리엣〉
- 권위주의적 성격의 전형인 캐풀럿과 그 부인. 줄리엣의 고통과 억압을 〈운영전〉보다 강조하는 방식이므로 그들의 저항을 타당한 것으로 만듦

IB 영어 English B

 코스 아웃라인 설계하기

	Topic	Contents	Assessment
Year 1	**[탐구영역]** 언어와 사고 -주제: 정체성, 경험, 인간의 독창성 * 개념: 청중, 의미, 목적	**문학 작품** Three Questions, Holes **비문학 텍스트** 편지, 묘사글, 신문 기사, 뉴스 보도	Paper 1 Paper 2
	[탐구영역] 삶의 경험과 정체성 - 주제: 사회조직, 지구촌 공유하기 * 개념: 맥락, 변이	**문학 작품** Charles **비문학 텍스트** 광고, 리포트, 가이드라인, 블로그	Paper1 내부평가 (개별구술평가)
Year 2	**[탐구영역]** 사회적 관계 - 주제: 정체성, 경험, 인간의 독창성, 사 회조직, 지구촌공유하기 * 개념: 관점, 변형	**문학 작품** Penny in the Dust **비문학 텍스트** 연설문, 인터뷰, 컬럼, 리플렛등	Paper 1 Paper 2
	최종 시험 준비	–	Mock test

코스 아웃라인 설계 시 유의해야 할 점

1. English B의 기본 개념을 귀납적인 방법으로 익히게 하고 학생 스스로 지식의 구조를 파악하여 적용시키는 활동으로 연결시키는 수업방법을 모색하는 일에 가장 많은 협의 시간을 할애하였다. 또한 IB Paper 1 평가요소인 영어로, 250-400 단어 분량의 영어 텍스트를 작성하기 위해 다양한 종류의 텍스트의 기본 형식과 문단 구성을 파악할 수 있는 수업 활동을 설계하고 영작 경험이 상대적으로 적은 학생들에겐 해당 과제 수행을 위한 적절한 비계 설정을 어떻게 해야 하는지에 대한 텍스트 수준의 위계 설정이 중요했다. 당시 동료 교과 선생님과 수 많은 협의회 끝에 내린 결론은 학생들이 접근하기 가장 쉽고 친숙한 형식의 Personal texts(Blog, Diary, SNS Posting 등)로 시작하여 Professional texts(Essay, Public speech, Report, Blog 등), Main idea texts(News report, Speech, Review, Literature 등) 순으로 단계를 설정하였고, English B의 주제 중 Personal Writing과 가장 연관성이 높은 Identity와 Experience를 주제로 하는 텍스트들을 우선으로 코스 아웃라인과 수업 지도안을 구성하였다.

2. 학생들 수준에 맞고, 내부평가를 대비하기에 적절한 영미 단편 문학작품 선정에 많은 시간과 고민을 할애하였다. 선택할 수 있는 작품의 조건들을 토론한 결과, 한 차시 수업 안에 다룰 수 있는 챕터북일 것, 한글 번역판이 있을 것, 10대가 공감할 수 있는 주제일 것, 영화 버전의 작품이 있으면 더 좋겠다는 결론을 내렸다. 첫 문학작품은 가장 유명하고 잘 알려진 "Holes(Louis Sachar)"를 선택하였다. 챕터 북이라는 조건을 갖춘 데에다 주인공이 10대 고등학생 인점, 한글 번역판도 있고, 심지어 영화 버전도 있어서 학생들의 첫 도전으로는 적정했다. 또한 English B의 주제인 Identity, Experience, Social Organization을 잘 내포하고 있어서 내부평가 대비에도 가장 적합한 작품이었다.

수업 사례 (유닛 플래너)

단원의 주제	**Human Ingenuity** * 관련 작품: Three Questions, Charles, Holes
평가 요소	내부평가 Paper1
대상 학생	DP Year 1

학습 목표	내용적 측면 (contents)	텍스트의 생산자들이 원하는 효과를 만들기 위해 문자적 언어와 비유적(비문자적) 언어를 어떻게 사용하는가?-텍스트의 생산자와 수신자(또는 대화의 상호작용자) 간의 관계가 언어 사용에 어떻게 반영되는가?
	기술적 측면 (skills)	어떻게 명령문을 활용하여 목적에 맞는 설득하는 메시지의 광고문을 작성하는가?-동일한 메시지를 다른 target audience에게 전달할 때 관용적 표현을 어떻게 변화시켜야 하는가?
	개념적 측면 (concepts)	상황이나 환경 설정이 텍스트의 생산이나 수용에 어떤 영향을 미치는가?-미디어가 어떻게 사람들 사이의 관계 방식을 변화시키는가?

수업의 흐름 및 평가 연계	1주	작품 이해	전체 읽기
			내용 정리
			작품 관련 정보 읽기
	2주	작품 탐구	그룹 활동
			캐릭터 분석하기(quotes분석)
			주제, 배경 분석하기 활동 등장인물의 내적갈등, 외적갈등 분석하기
	3주	IB EnglishB의 기본개념 활용하기	기본 개념 정의 정리하기
			다양한 텍스트에 표현된 개념 분석하기 (광고문을 활용한 개념 분석)
			기본 개념을 활용한 문학작품 분석하기 활동
	4주	내부평가의 이해	문학작품 비평하기 활동
	5주	독후활동	Paper1 과 연계한 작품 Review쓰기 활동

도입 : IB의 기본 개념 5가지를 활용한 안전운전 슬로건 분석하기

전개 : 그룹별 과제였던 "Book Trailer"를 함께 감상하고 피드백 공유하기

정리: 목표 청중(Target Audience)에 따라 메시지와, 언어 표현이 어떻게 달라지는 지 성찰하기 .

• 해당 활동의 목적

 위 활동은 문학작품을 다 강독한 뒤 특별 활동이다. 수업 시간에 다뤘던 문학작품들의 줄거리를 요약하고 해당 작품에 대한 광고문 작성 및 북 트레일러(Book-Trailer) 영상을 제작하였다. 그룹마다 작품을 정하고 목표 청중(Target audience)을 설정하여 영어의 기본 개념 5가지를 활용하여 목표로 하는 대상마다 개념들을 달리 설정하여 다른 언어 표현으로 광고문을 작성하게 하는 활동이다.

• 활동의 주안점

 학생들이 과연 5가지 개념을 잘 익히고 있으며 문학작품의 내용을 효과적으로 광고문으로 만들어 낼 수 있을지가 가장 큰 주안점이었다. 청중과 상황에 따라 전달하고자 하는 메시지를 가장 잘 전달할 수 있는 언어적 또는 비언어적 표현들에는 무엇이 있을지 탐구할 수 있는 기회를 주는 것이 목적이었다.

• 해당 활동을 학생들에게 어떻게 지도했는가?

 Step by step으로 진행하였다. 읽었던 책들 중 하나를 골라 Book-trailer를 기본 개념을 활용하여 해당 책을 광고하는 광고문 만들기 활동을 하자고 하면 토론만 하다가 한 학기가 다 지나가 버릴 것 같아서 개념의 정의를 정확하게 인지하게 하고 활용하게 하는 연습을 충분히 시킨 뒤 본 활동에 돌입하였다.

1. 첫 단계는 실제 영문 광고문을 활용하여 기본 5가지 개념을 구분하는 연습과 활동을 반복적으로 운영하였고
2. 그 뒤 다양한 텍스트들을 통해 5가지 기본개념(audience, purpose, context, meaning, variation)을 밝히는 활동을 연이어 진행하였다.
3. 마지막으로 그룹별로 지금까지 읽었던 문학작품을 하나 선택하여 주제와 핵심 내용을 요약하게 하고 5가지 개념에 맞추어 각기 다른 광고문을 작성하고 작성한 글을 활용하여 영상 제작 활동으로 연결시켰다.

03 수업의 실제 사례

1.개념 중심으로 다양한 텍스트 유형 분석하기

수업 도입부분에 Jam board를 활용한 안전운전 슬로건 분석하기 그룹활동

Concepts in English B of IB

Audience : to the drivers of cars on the road

Purpose : to ask to drive carefully

Meaning : plz drive safe around me! I have a baby in my car, so I might drive slowly.

Context : On the road, When you are in a hurry, you pass ahead of me.

Variation

https://jamboard.google.com/d/1ljP6IvpLUC258CH8TbjjOBaisk5IOF-bahl7IrvWXig/edit?usp=sharing

English

Audience : to drivers
Purpose : to ask drive carefully
Context : on the road
Meaning : adults' lives matter

Korean

Audience : 운전을 하는 사람/ 폭주
질주족
Purpose : 안전운전해라
Context : 도로위에서 운전 중
Meaning : Baby on Board 패러디 버
어린이 뿐만이 아니라 어른도 안전
있으니 부디 운전 조심하기

학생 활동에 대한 교사 코멘터리

Q. 학생이 어려워하는 지점은 무엇이었는가?

개념을 활용하여 각 그룹마다 다른 광고문을 작성하는 것을 가장 어려워했다. 예를 들어 audience(목표 청중)이 어린 학생들이거나, 어른일 경우 그들 수준에 맞는 언어적 표현과 상황, 그리고 사회적 맥락엔 무엇을 고려해야 하는지에 대해 많은 시간을 쓰며 토론하였다. 특히 은유적 표현이나 관용적 표현을 활용하고 싶어 했지만 이것이 적절한지 해당 목표 청중에 맞는 표현인지를 판단하는 것을 어려워했다.

Q. 교사가 반드시 지도 해줘야 했던 지점은 어디인가?

기본 개념에 대한 정의와 대상에 따라 달라져야만 하는 언어적 표현들을 지적하거나, 관용적 표현 또는 은유적 표현에 오류가 있는지를 같이 판단했다. 또한 광고문은 다른 글과 다른 특성을 가지고 있기 때문에 광고문의 구성요소, 글의 논리적 구조들을 익히도록 사전에 광고문에 관한 수업을 진행했어야 했다.

2.북 트레일러 제작

peer assessment / feedbacks from the guests

hook (25)	plot (25)	Images and music	unanswered questions/mystery
hook가 영상 내내 사용되어 책에 대한 흥미를 고취 시킴 (25)	주제에 대한 주요 장면이 창의적으로 표현되었고 독자들이 명확하게 이해하게 함. (25)	책의 줄거리와 상응하는 이미지와 음악을 사용하여 독자의 기억에 남을만한 분위기를 형성함. (25)	독자들은 책에대한 흥미로운 궁금증과 의문들을 품고, 그뒤 무슨일이 일어나는지 알아보고 싶게 만듬. (25)
독자의 관심을 유발할 만한 hook를 포함. (20)	주요 장면이 하나 있어서독자들이 책에 대한 전반적인 내용을 파악 할 수 있음 (20)	책의 분위기와 유사한 음악과 그림을 사용함. (20)	독자들은 책에 대한 궁금증과 의문을 갖게 됨. (20)
hook가 없음 (10)	책의 내용을 전달하려는 시도를 함 (10)	책의 분위기와 상관이 없는 그림과 음악이 사용됨 (10)	책에 대한 의문이나 궁금증을 갖을 수 없음. (10)

Pick one book you want to purchase!

Group 1	Group 2	Group 3	Group 4
Charles	HOles	Three questions	To All the Boys...

Why did you choose this book?(Your feedback matters to them♥!)
⇨

237

해당 활동과 평가와의 연계성

내부평가: 북 트레일러 제작 활동을 준비하면서 학생들은 읽었던 문학작품을 그룹이 선정한 가장 중요한 기준에 맞게 분석하는 연습을 할 수 있었다. 그 활동 과정에서 친구들과의 토론을 통해 자신이 생각하지 못했던 새로운 관점을 얻기도 하고 줄거리를 다시 요약하며 인물들 간의 갈등, 관계 그리고 문학적 기법들이 해당 작품의 주제를 어떻게 독자들에게 효과적으로 전달되는지를 유심히 살펴 영상으로 제작하였다. 위 활동을 통해 학생들은 다시 한번 심도 있게 문학작품을 분석하고 평가하고 영어로 표현하는 기회를 갖게 되었고 후에 내부 평가와 똑같은 방식의 수행평가를 준비할 수 있었다.

외부평가: 북 트레일러 제작 활동에서 가장 중요한 요소 중 하나는 기본 5개념 (audience, purpose, context, meaning, variation)을 충실히 반영한 광고문을 작성하는 것이었다. 이는 외부 평가 Paper1 의 유형과 매우 유사하다. 텍스트의 특징을 기반으로 청중과 목적, 그리고 context에 따라 사용한 어휘나 표현의 의미가 다르게 전달되는지 등을 스스로 익혀야 후에 외부 평가에서 어떤 과제가 나오든지 요구하는 기준에 맞게 영작할 수 있다. 학생들은 그룹마다 임의로 정한 target audience에 따라 선정한 도서의 광고문의 목적, 맥락, 의미 등을 반영한 글을 작성하였다.

왜 5가지 기본 개념이 영어 학습에 중요한가?

개념 기반의 수업 후 느낀 점

    IB 연수를 받으며 가장 염려스러웠던 점 중 하나가 외국어 습득에서 어떻게 개념을 가르칠 것인가에 대한 점이었다. 타 과목과는 달리 전문지식이 아닌 언어 구사 기술을 가르치고 익히게 하는 영어에서 가르쳐야 할 기본 개념이 무엇이고 어떤 방식으로 학생들에게 가르쳐야 하는가에 대해 해당 수업을 준비하며 막연하게나마 깨닫게 되었다. 외국어를 배우는 데에 있어서 가장 기본적이고 그 어떤 텍스트에도 적용될 수 있는 5가지 기본 개념을 IB가 선정해 두었고 해당 개념을 자연스럽게 체득할 수 있을 때까지 반복적으로 연습시키고 개념의 중요성과 역할을 스스로 깨우쳐야지만 IB 평가를 치를 수 있다. 이는 바꾸어 말하면 외국어를 학습하는 이유를 학생들에게 가르친다는 의미로 해석될 수 있다.

    일반 고등학교 영어 수업시간에 가르치는 수능 문제 유형의 지문들을 통해 어려운 어휘를 많이 알고, 장문을 빠르게 해석하여 요구하는 답을 찾고, 배경 지식 없이는 해석하기 어려운 주제의 글을 독해하는 것도 중요한 능력이지만, IB 수업시간에 배우는 영어 표현들은 결국 나중에 실제 상황에서 사용하기 위함이라는 것을 기본 개념을 통해 학생들은 알 수 있다. 내가 대화하고 있는 상대가 누구인지, 내가 말하려고 하는 목적은 무엇인지, 무슨 상황인지, 해당 표현이 해당 문화권에선 무슨 의미를 갖고 있는지를 IB 개념을 익히며 배우게 된다. 영어를 배우는 목적이 명확하기 때문에 학생들은 다소 애매하고 어려운 기본 개념에 대해 주저하지 않고 활용하려고 도전하였고 반복적인 사례들과 연습을 통해 본인들만의 개념에 대한 정의를 내리게 된다. 이것이 또한 학생들에겐 학습에 대한 동기를 부여하게 되어 개념 기반의 수업을 통해 자신의 지식을 확장시키도록 도전하게 만든다는 것을 느꼈다.

    아래 이미지에는 '왜 5가지 기본개념을 익히고 잘 활용해야 하는가?'라는 질문을 중심으로 학생들의 성찰이 담겨있다.

Why do we have to consider audience, purpose, context, meaning, tone, register and variation when we speak or write?

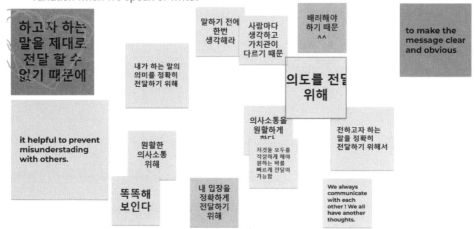

하고자 하는
말을 제대로
전달 할 수
없기 때문에

내가 하는 말의
의미를 정확히
전달하기 위해

말하기 전에
한번
생각해라

사람마다
생각하고
가치관이
다르기 때문

배려해야
하기 때문
^^

to make the
message clear
and obvious

의도를 전달
위해

it helpful to prevent
misunderstading
with others.

원활한
의사소통
위해

의사소통을
원활하게
하다

저것들 모두를
적절하게 해야
원하는 바를
빠르게 전달이
가능함

전하고자 하는
말을 정확히
전달하기 위해서

똑똑해
보인다

내 입장을
정확하게
전달하기
위해

We always
communicate
with each
other ! We all
have another
thoughts.

240

IB 역사|History

01 코스 아웃라인 설계하기

	2학년 1학기	2학년 2학기	3학년
SL	- 지정주제3: 세계대전 발발의 움직임 [사례1] 동아시아에서 일본의 팽창(1931-41) [사례2] 독일과 이탈리아의 팽창(1933-1940)	- 세계사 주제 10 : 권위주의 국가 (20세기) [사례1] 히틀러 [사례2] 마오	- 세계사 주제 12 : 20세기 전쟁의 원인과 결과 [사례1] 2차 세계대전 [사례2] 국공내전 [사례3] 스페인 내전 [사례4] 러일전쟁
HL 옵션	[섹션9] 동아시아 초기 근대화와 제국의 쇠퇴 (1860-1912)	[섹션14] 중화인민공화국 (1949-2005)	[섹션12] 중국과 한국 (1910-1950)

1. 코스 아웃라인 설계 시 유의해야 할 점

주제 선정 및 배치

역사 교과의 경우 지정주제 5개 중 택1, 세계사 주제 12개중 택2, HL옵션에 18개 중 택3을 해야한다. 이 주제를 선정할 때 가장 신경 썼던 부분은 학생들에게 그나마 친숙한 주제로 구성을 했다. 주제 중에는 역사적으로, 교육적으로도 의미가 있는 주제도 있었지만 학생들에게 다소 생소하거나 이름만 들어본 주제들이 많았다. 예를 들면 권위주의 국가에서는 영국 리처드 1세, 무솔리니나 알제리 내전, 아파르트헤이트 등 전세계에서 통용이 되는 교육과정이기에 저희 2015개정 교육과정과는 주제나 관점 등의 차이가 있었다. 따라서 학생들이 2015개정 교육과정에서 나온 주제들을 가지고 교육과정을 구성했다.

그리고 또 고려한 사항은 교사의 입장에서 수업 자료를 제작할 수 있는 소스들이 많이 있는가였다. 교사들도 처음 접하는 교육과정이었기에 새롭게 배우며 시작하는 입장에서 자료의 접근도는 매우 중요한 고려 대상이었다.

마지막으로 고려한 사항은 지정주제, 세계사 주제, HL옵션 간 중복이 되는가였다. 주제 간 중복이 되면 학생들에 공부하기에도 수월하고 정해진 시간 내에 진도를 나갈 수도 있기에 기존 IB 교육프로그램내에서도 내용요소가 중복될 수 있도록 구성하는 것을 권장했다. 이렇게 고민한 결과 한국 교육과정에서 가장 이상적인 주제는 2차대전, 냉전, 중국 근현대사였다. 이 중에서 냉전은 HL 옵션 내용 중에 동남아시아 파트가 상당 부분이 들어가 배제하였고, 결국 2차대전과 중국 근현대사 중심으로 구성하였다.

2. 세계사 주제 사례 선정시 유의점

지정주제나 HL옵션의 경우 명확한 내용 요소가 정해지기 때문에 상관없지만 세계사 주제의 경우에는 큰 주제가 주어지고 그 주제에 맞는 사례를 각 학교별로 정하게 된다.

따라서 세계사 주제를 선정할 때 많은 고민과 많은 논의 끝에 사례들을 선택할 수 있었다. 일단 권위주의 국가의 경우 마오쩌둥, 히틀러, 무솔리니, 스탈린 4명의 후보 중 히틀러와 무솔리니, 스탈린의 경우에는 지정주제 '세계대전 발발의 움직임'과 '20세기 전쟁의 원인과 결과' 사례에서 교집합이 있었으며, 마오쩌둥의 경우 HL 옵션 중국근현대사 파트에서 많은 내용 요소와 교집합을 가지고 있었다. 하지만 무솔리니의 경우 이탈리아 자료를 접근하는 데 상당히 어려웠으며, 스탈린의 경우는 겹치는 부분이 히틀러나 마오쩌둥에 비해 적었다. 그래서 많은 부분에서 교집합을 가지고 있는 마오쩌둥과 히틀러를 권위주의 국가의 사례로 정하였다.

20세기 전쟁의 원인과 결과에서는 지정주제 및 히틀러와 겹치는 2차 세계대전을 가장 먼저 선정하였으며, 그다음엔 HL옵션 및 권위주의 국가 마오쩌둥에서도 겹치는 국공내전을 선정하게 되었다. 하지만 그 두 개의 전쟁을 정한 뒤에 엄청난 고민에 빠지게 되었다.

왜냐하면 20세기 전쟁의 원인과 결과는 전쟁의 종류 즉, 국가 간 전쟁, 내전, 게릴라전에 대한 각각의 사례를 2가지씩 배워야 한다. 또한 권위주의 국가도 마찬가지이지만 IB 시험에는 가끔 서로 다른 지역의 사례를 언급해야하는 경우가 있다. 이때의 지역의 기준은 나라가 아니라 유럽, 아프리카, 아시아, 아메리카이다. 예를 들어 내전을 주제로 한 문제에서 서로 다른 지역이라는 조건이 있으면 국공내전을 선택한 경우에는 스페인 내전이 다른 사례로 인정되지만 한국 전쟁은 인정되지 않다. 따라서 국공내전의 다른 지역 사례를 찾기 위해 열심히 고민한 결과 2차대전과 히틀러와도 연계가 되는 스페인 내전을 고르게 되었고, 국가 간의 전쟁으로 2차 대전의 다른 지역 사례로 지정 주제 및 HL옵션에 등장하는 러일 전쟁을 매칭하였다. 그래서 20세기 전쟁의 원인과 결과는 2차대전, 스페인 내전, 국공내전, 러일전쟁을 최종적으로 선정하게 되었다.

여기서 아쉬웠던 점은 게릴라전에 해당되는 사례로 처음엔 스페인 내전과 국공내전을 염두하고 있었는데 스페인 내전의 경우 게릴라전을 이후에 진행하였고, 이러한 사례를 담은 자료들이 찾기가 어려워 저희 학생들의 경우에는 게릴라전은 국공내전만을 중심으로 배우게 되었다. 다행히도 Paper 2 시험의 경우 각 주제별 2개의 문제 중 하나를 선택하기 때문에 게릴라전 하나가 약하더라도 어느 정도 만회할 수 있었다.

단원의 구성

단원의 주제	권위주의 국가의 등장 '독일-히틀러'
평가 요소	외부평가 〉 Paper 2
대상 학생	Dp Year 2 HL : 2학기 권위주의 국가 '중국-마오쩌둥' 수업 후 ' 독일 - 히틀러'를 배우는 상황
학습 목표	권위주의 국가의 등장 조건 및 사용 수단을 중국과 독일 사례를 통해 비교 및 대조할 수 있다. 권위주의 국가의 지도자가 권력의 통합과 유지를 위해 사용한 방법을 중국과 독일 사례를 활용해 설명할 수 있다. 마오쩌둥과 히틀러의 정책과 결과를 바탕으로 권위주의적 통제가 어느 정도까지 달성될 수 있었는지에 대해 평가할 수 있다.

1주	수업 주제	전체 읽기
		내용 정리
		작품 관련 정보 읽기
2주	수업 주제	권위주의 국가가 등장한 조건
	작품 탐구	모둠 발표 수업 + 강의식 수업
		지정 내용에 맞는 구조도 정리하기
3주	수업 주제	권위주의 국가를 수립하기 위해 사용한 수단
	수업 진행 과정	모둠 발표 수업 + 강의식 수업
		지정 내용에 맞는 구조도 정리하
4주	수업 주제	권력의 통합과 유지
	수업 진행 과정	모둠 발표 수업 + 강의식 수업
		지정 내용에 맞는 구조도 정리하기
5주	수업 주제	정책의 목적과 결과
	수업 진행 과정	모둠 발표 수업 + 강의식 수업
		지정 내용에 맞는 구조도 정리하기
6주	수업 주제	"마오쩌둥과 히틀러는 권위주의적 통제를 어느 정도까지 달성하였는가?"를 주제로 3문단 쓰기
	글쓰기 수업	PEEL 구조 재안내
		3문단 개요도 쓰기
		3문단 글쓰기

수업의 흐름 및 평가 연계

03 실제 수업 사례

1. 수업 방법 및 평가의 전체적 흐름

수업 첫 시작에는 학생들은 학습지를 읽으며 모둠별로 자신이 맡은 부분에 대해 요약하고 설명할 수 있는 발표 자료를 제작한다. 모둠별 맡은 주제에 대한 발표가 끝나면 각 주제에 대한 강의식 수업을 진행했다. 그리고 단원이 끝나면 학생들에게 역가 가이드에서 제시된 지정 내용 요소에 대한 구조도를 작성해 학습 내용을 복습하고 자신만의 구조를 활용해 내용을 정리할 수 있도록 하였다. 그리고 독일의 히틀러 사례가 끝났을 때 그 이전에 배웠던 중국의 마오쩌둥 사례와 종합하여 글을 써보는 글쓰기 수업을 진행했다. 수행평가로 모둠 주제 발표에 대한 참여 점수와 구조도 작성에 대한 평가를 진행했고(이외에 개인별 주제에 대한 프레젠테이션도 진행함) 글쓰기 수업의 주제들을 변형하여 지필형 서술평가에 출제했다.

2. 학습지 및 수업 활동 자료 설명

① 권위주의 국가 '독일-히틀러' 학습지 샘플

IB DP HISTORY PAPER 2 세계사 주제10. 권위주의 국가 [2] 독일 - 히틀러

학습지 표선고등학교 2학년 　반　　번 이름:

단원	세계사 주제 10. 권위주의 국가	[2] 독일-히틀러	[2-1] 히틀러의 등장 및 집권

핵심 요소	1. 권위주의 국가의 등장 • 권위주의 국가가 등장한 상황/조건 : 경제적 요인, 사회 분열, 전쟁의 영향, 정치 체제의 약점 • 권위주의 국가를 수립하기 위해 사용한 수단 : 설득과 강압, 지도자의 역할, 이데올로기, 무력 사용, 정치적 선전
핵심 질문	• 히틀러가 권력을 잡게 되는데 어떠한 상황과 조건들이 도움이 되었는가? • 히틀러와 나치당은 어떻게 권력을 잡았는가? • 1918년 독일에서 민주주의가 절실히 요구되었는가, 아니면 독일의 항복 후 징벌적 합의를 피하기 위한 독일의 전시 지도자들(힌덴부르크와 루덴도르프) 계획의 일부였는가? • 1919년 제정된 헌법이 성공적인 민주주의 관행에 방해가 되었는가? • 독일의 정치 생활을 양극화하고 잔혹하게 만드는 데 경제적 고통이 어떤 역할을 했는가? "대공황만이 국가 사회주의의 돛에 바람을 넣었다."는 AJP 테일러의 견해는 얼마나 타당한가? • 1918년 이후 독일에서 새로운 시스템에 대해 적극적으로 적대적이거나 단순히 무관심했던 요소는 무엇인가? • 전체주의 체제를 표방한 정당은 국가 사회주의로 필연적으로 갈 수 밖에 없는 것인가?

국제적 상황

권위주의 국가(집권 정권이 국민에 대해 책임을 지지 않고 정치적 다원주의와 시민권이 제한되거나 단순히 폐지되는 국가)에는 다양한 형태가 있다. 독일의 경우 전체주의 국가였는데, 이념에 의해 움직이는 하나의 정당이 자국민의 삶의 모든 측면을 통제하려고 하고 권력의 독점권을 행사하는 것이다. 이념 주도 전체주의 운동의 형태로 권위주의 국가가 등장한 것은 독일만의 일이 아니었다. 1차 세계 대전은 승자 편이든 패자 편이든 참여한 모든 국가에 변화의 촉매제로 작용했다. 20세기 전반의 새로운 권위주의 정권(러시아·이탈리아·독일)은 평화조약에 따른 갈등과 환멸로 인한 대규모 경제·사회·정치적 혼란 때문에 기회가 주어졌다. 낡은 국가체제의 파괴는 역압적인 조치를 통해 한 국가가 삶의 모든 측면을 완전히 통제하려고 시도하는 정권들의 출현으로 이어졌다. 이탈리아의 파시즘은 히틀러의 운동 초기에 본보기가 되었다. 이탈리아의 파시즘의 대두(1919~1925)를 설명하는 요소들은 독일의 국가사회주의 성장을 촉진하는데 도움이 된 요소들과 유사성을 보여준다. 독일의 사례(1919~1934)는 1차 세계대전의 결과 민주 정부가 수립된 이후 어떻게 전체주의 정권이 출현했는지 보여준다.

TEXT 1 독일 개요(1918-1934)

1871년까지 독일은 하나의 통일된 국가를 수립하지 못했다. 1866년까지 39개의 개별 국가가 있었다. 이들 국가 중 가장 큰 국가 중 하나인 프로이센은 오스트리아와 프랑스와의 전쟁을 통해 다른 국가들을 흡수했다. 그 결과, 1871년 통일된 독일 제국이 선포되었다. 새로운 독일은 선출된 독일 의회를 가지고 있음에도 불구하고 주로 황제가 권력을 독점한 권위주의적인 정부 체제를 가지고 있었다. 빌헬름 2세가 지휘하는 독일은 급속한 산업화를 거치며 영국을 제치고 유럽의 주요 공업국이 되었으며 유럽에서 가장 강력한 군대를 발전시켰다.
빌헬름 2세는 공격적인 외교 정책을 추구하였다. 1914년 1차 세계대전을 촉발할 긴장을 조성하는

> 단원의 첫 번째 쪽으로 단원 설명 및 핵심 요소, 학습 목표와 같은 핵심 질문을 기재했다.

> 국제적 상황은 히틀러를 배우기 전 기초 지식으로 당시 상황을 간략하게 설명해주는 도입이었다.

> TEXT 1부터 본문 내용으로 히틀러가 등장한 상황과 조건들을 시기 순서대로 나눠 제시하였다.

본문 내용으로 학생들은 모둠별로 본문 전체를 읽으며, 자신들에게 주어진 주제에 해당하는 내용들을 찾아 발표 자료를 만들었다. 이때 학생들에게 주어진 주제는 가이드에 제시된 지정 내용으로 모둠마다 경제적 요인, 사회 분열, 전쟁의 영향, 정치 체제의 약점으로 나눠 활동을 했다.

② 학생들이 제작한 발표 자료

학생들이 본문내용을 참고해 제작한 모둠 발표 자료의 일부이다.

③ 글쓰기 학습지

④ 글쓰기 - 학생 샘플

전체 주장	마오쩌둥은 권위주의적 통제를 전반적으로 달성하였다.
핵심주장 1	정치적 다원성 제약 – 독재 정권 마련
증거 1	<u>중화인문공화국</u>의 정치구조 – 입법, 군사, 행정 모두 중국공산당 지배 - 1954년 헌법
증거 2	단위제제 / 사법 시스템 / 언론검열 등
핵심주장 2	반대세력 숙정
증거 1	쌍백운동 – 반우파투쟁
증거 2	라오가이
핵심주장 1	통제와 집권의 실패
증거 1	티베트
증거 2	류사오치 – 대약진 이후 / 홍위병

위의 주제와 거의 비슷하지만 다른 사례인 '마오쩌둥은 권위주의적 통제를 어느정도 까지 달성하였는가?'를 주제로 한 글쓰기 활동에서 학생이 작성한 개요도 샘플이다. 이때 학생이 개요도를 작성할 때 문단마다 핵심 주장을 뒷받침하기 위해 2개 이상의 근거를 찾는 과정이 가장 시간이 많이 걸렸었다.

세계사 SL 글쓰기

　　마오쩌둥은 권의주의적 통제를 전반적으로 달성했습니다. 그 이유는 첫 번로, 그는 정치적 다원성 제약을 확립하여 독재 정권을 제약했기 때문입니다. 이는 중화인민공화국의 정치적 구조와 그가 실시한 강압적인 정책들을 보면 쉽게 알 수 있습니다. 이를 보자면, 우선 중화인민공화국은 그 수립부터, 공산주의로 나아가기 위한 과도기의 정부, 즉평등을 형성하기 위해 집권한 정부였습니다. 하지만, 1950년 수립된 중화인민국의 정치 체제는 당의 고위간부들인 중국 정치국들의 구성원들에게 집중되어 있었습니다. 또한 이 중에서도 마오쩌둥의 권력은 가장 강하였다. 이 뿐만 아니라, 1954년 전까지 그나마 보장되었던 당의 설립, 다른 계급에 대한 포섭 또한 1954년 헌법이 등장과 함께 중화인민공화국이 사회주의 국가도 들어서며 모든 행정, 군사, 입법은 공산당의 지배아래 있었습니다. 이의 결과로 이루어진 마오쩌둥의 공산당을 위한 재판에는, 재판받을 권리, 공개재판을 받을 권리 등이 법에 명시되어 있었음에도 시행되지 않았고, 중국 인민들을 단위로 묶어 통제하는 단웨이 체제, 공산당을 위한 언론 검열등은 마오쩌둥의 공산당이 정치적 다원성 제약을 확립해 독재 국가로서의 정권을 마련하였다는 증거가 된다.

　　또 그 시행한 여러 반대세력 숙청 정책은 그의 권위주의적 통제를 보여줍니다. 그 대표적인 예로 쌍백운동 후 바로 이어진 반우파 투쟁이 있고, 그의 집권기간동안 그의 반대파를 탄압하고 처형하기 위해 행해진 라오가이가 그 예시입니다. 우선 마오쩌둥은 1958년 사회주의의 지지를 얻기 위해 쌍백운동을 시행하지만, 지식인들의 강력한 비판으로 자신들의 권위가 흔들릴 위기에 처하자 쌍백운동을 중단합니다. 그 후 바로 반우파 투쟁을 이어나가며 반대 세력을 축출하고 탄압하기 시작합니다. 이 과정에서는 당시 무고한 혐의로 탄압받은 여러 지식인들과 학생들이 희생되었습니다. 또 라오가이는 그의 권위주의적 체제를 보여줍니다. 마오쩌둥은 1950년 국민당의 잔재 세력을 탄압하고자, 반혁명 진압 운동을 펼칩니다. 이 과정에서 공산당과 다른 견해를 갖고있는 수많은 지식인들이 정치범의 수용소인 '라오가이'로 보내져 극한의 환경에서 사상개조를 당하게 됩니다. 이 라오가이는 마오쩌둥의 오랜 집권기간동안 이어지며, 공식적으로 2500만의 사상자를 남겼기에 이러한 정치적 도구를 이용해 마오쩌둥은 권위주의적 통제를 이루었다고 할 수 있습니다.

　　하지만 마오쩌둥의 권위주의적 통제 확립에는 여러 한계가 존재합니다. 예를 들어 마오쩌둥의 티베트 수복과 대약진 이후 류사오치에 대한 통제, 그리고 문화대혁명 기간의 홍위병 통제가 그 예시입니다. 우선 마오쩌둥은 1916 - 28년 기간동안의 군벌시대동안 중국의 통제에서 벗어난 티베트 영토 수복에 실패합니다. 티베트 수복은 '하나된 중국'을 위한 그의 과제였고, 옛 중국의 명예를 회복시키기 위해서 필요한 요소였습니다. 하지만 마오쩌둥은 결국 그의 집권기간동안 티베트 영토를 완전히 수복시키지 못했고 이는 그의 권위주의적 통제의 한계로 남았습니다. 또한 그의 대약진 실패 이후 중화인민공화국의 정치적 권력을 잡은 류사오치에 대한 마오쩌둥의 대한 통제는 그의 권위적인 독재를 약하게 만들었습니다. 때문에 마오쩌둥은 그의 권위주의적 통제를 제수복하기 위해 홍위병이라는 민중동원 정책을 행하게 됩니다. 하지만 이 과정에서도 마오쩌둥은 드센 홍위병들을 완벽히 통제하지 못하였고, 결국 상산하향 운동을 전개하며 인민해방군으로 그들의 역할을 우회시킬수밖에 없었습니다. 이는 그의 권위주의적 통제가 완벽하지 않았다는 사실을 보여주는 예시입니다.

위의 에세이는 SL 수업에서 '마오쩌둥의 권위주의적 통제는 어느 정도까지 달성하였는가?'를 주제로 학생이 작성한 샘플이다. 학생은 에세이를 작성할 때 각 문단별 핵심 주장에 해당하는 구체적 사례를 찾는 데 가장 많은 고민을 하였으며, 그 이후엔 자신이 찾은 구체적 사례를 핵심 주장과 연결시키며 서술할 수 있을까에 중점을 두며 에세이를 작성하였다. 학생이 에세이를 작성한 후 피드백을 요청했을 때 저는 먼저 에세이의 조건을 충족했는지를 점검하였다. 특히 '어느 정도까지'라는 지시어를 사용했기에 자신의 주장뿐만 아니라 다른 측면까지도 고려하고 있는지를 확인했다. 그 다음으론 각 문단에 제시된 핵심 주장과 핵심 주장을 설명하기 위해 제시된 사례가 적절한가, 그리고 역사적 오류는 없는가를 점검했었다. 이 때 학생은 개요도를 먼저 피드백을 받고 에세이 작성을 진행했기에 큰 오류는 없었고 구체적 사례 및 증거를 핵심 주장과 연결이 미약한 부분을 보완하였다.

⑤ 지필평가 문제

【서·논술형 9】'마오쩌둥과 히틀러는 권위주의적 통제를 어느 정도까지 달성하였는가?'라는 질문에 대해 '마오쩌둥과 히틀러는 권위주의적 통제의 기준을 대부분 달성하였다.'를 전체 주장으로 에세이를 쓰시오. [20점]

[조건]
1. 2문단으로 구성할 것.
2. 문단마다 PEEL 구조를 활용할 것.
3. 권위주의적 통제를 달성하였다는 내용으로만 서술할 것.
4. 전체 주장은 '마오쩌둥과 히틀러는 권위주의적 통제의 기준을 대부분 달성하였다.'이기에 핵심 주장은 전체 주장과 구분하여 서술할 것.
5. 핵심 주장(P)에 대한 증거(E)와 증거에 대한 설명(E)은 2가지 이상 제시할 것.
6. 마지막 링크(L)는 핵심 주장과 전체 주장을 연결할 것.

수업 시간에 활동한 내용을 변형하여 지필평가로 출제했다. 이때 시간 부족 문제로 인해 3문단이 아닌 2문단을 서술하도록 했다. 학생들은 에세이를 연습할 때는 '전반적으로 달성했다.'라는 주장과 '전반적으로 달성하지 못했다.'라는 두 가지의 주장에 모두 글을 쓸 수 있도록 지도했다. 마지막으로 마오쩌둥과 히틀러를 각각 배우고, 글도 따로 써보고 마지막에 종합하는 형식으로 Paper 2를 대비할 수 있도록 하였다.

단원 구성은 가이드의 지정 내용을 바탕으로 구성할 것

IB DP 역사 가이드는 친절하지 않다. 또한 2015 개정 교육과정처럼 좀 더 구체적인 성취기준이 나와 있지도 않다. 또한 IB 교재도 친절하지 않다. 분명 다양한 출판사에서 교재가 나오지만 IB 교재의 내용은 가이드에 지정된 내용을 다 다루지 않고 내용 서술도 부족한 측면이 많다. 그래서 교재만 믿을 수 없다.

따라서 일단 단원 구성은 교재도 참고하긴 하지만 가이드의 지정 내용을 바탕으로 해야한다. 예를 들면 첫 번째 대단원이 권위주의 국가의 등장이면 중단원으로는 권위주의 국가가 등장한 조건, 소단원으로는 경제적 요인, 사회적 분열, 전쟁의 영향, 정치체제의 약점으로 구성해야한다. 이 가이드의 지정 내용으로 단원을 구성하지 않고 단순히 교재만 본다면 분명 놓치는 내용이 생기기에 반드시 가이드 내용을 바탕으로 단원 구성을 하는 것을 추천한다.

유닛플랜 구성할 때 주안점

유닛 플랜을 구성할 때 외부평가를 반드시 염두에 두며 구성해야 한다. Paper1에서 요구하는 핵심은 사료 분석 및 활용, 글쓰기 역량이다. 따라서 지정 주제를 가르칠 때는 사료를 어떻게 분석해야하는지를 가르쳐야 한다. 따라서 사료를 분석하고 가치와 한계, 비교 및 대조를 연습해야하는 수업을 진행해야 한다.

또한 Paper2-3는 에세이를 쓰는 평가이기에 배운 주제를 바탕으로 자신의 생각을 서술할 수 있어야 한다. 따라서 글쓰기 수업을 반드시 진행해야 한다. 단순히 내용 이해만 하고 학생들 혼자 해결할 수 없는 부분이기에 유닛플랜을 구성할 때 이러한 평가에서 요구되는 역량을 반드시 확인하며 넣을 수 있도록 해야한다.

IB 생물학Biology

01 코스 아웃라인 설계하기

	Topic	Contents	Assessment
Year 1	1. 세포생물학 2. 분자생물학 8. 물질대사, 세포호흡, 광합성	1.1 세포에 관한 개론 1.2 세포의 초미세구조 1.3 세포막의 구조 1.4 세포막 수송 1.5 세포의 기원 2.1 분자에서 물질대사로 2.2 물 2.3 탄수화물과 지질 2.4 단백질 2.5 효소 8.1 물질대사 2.8 세포 호흡 8.2 세포호흡 2.9 광합성 8.3 광합성	- 형성평가(Formative assessment): 카훗 그리고 화이트보드(whiteboard) 활동, 퀴즐렛, 토론 등 - 총괄평가(Summative assessment): · 실험 연구 · 수학적 추론 및/또는 그래프를 활용한 자유 답변형 질문 · 서답형 지필 평가 - 탐구 및 실습 활동: 1.1, 1.4, 2.1, 2.5, 2.8, 2.9, 3.5, 4.1, 5.2, 6.4 and 9.1 실험 및 실습
	2. 분자생물학 7. 핵산 6. 인체생리학 D. 동물생리학 11. 동물생리학	2.6 DNA와 RNA 구조 2.7 DNA 복제, 전사, 번역 7.1 DNA 구조와 복제 7.2 전사 및 유전자 발현 7.3 번역 6.1 소화와 흡수 D.1 인체 영양 D.2 소화 D.3 간의 기능 6.2 혈액계 D.4 심장 6.3 감염병에 대한 방어 11.1 항체 생산 및 백신 접종	

	Topic	Contents	Assessment
Year 2	(중략)	(중략)	내부평가(IA) (중략)
	최종 시험 준비	-	Mock test

주제 배치 시 고려사항

1. 기초가 되는 것부터 학습하기!

학생들이 지속해서 다음 단계의 학습으로 나아가기 위해서는 기초 지식에 대한 충분한 이해가 선행되어야 한다고 생각했다. 이는 새로운 학습 주제에 대한 깊은 이해와 탐구를 돕는 도구로 사용될 수 있기 때문이다.

예를 들어, 생물학에서 생명의 기본단위인 '세포'에 대한 이해 없이는 생명체의 다양한 상호작용과 그 메커니즘을 깊이 있게 이해하기 어렵다. 세포가 생명체를 구성하는 가장 작은 단위로서 어떤 기능을 하며, 그 안에서 이루어지는 화학적, 물리적 과정들이 생명 현상을 어떻게 유지하는지를 파악한다면 이를 확장하여 생명 시스템 내의 복잡한 상호작용을 탐구하기 수월하다. 더불어 단백질, 탄수화물, 지질, 핵산과 같은 생명체를 구성하는 '기본 물질'에 대한 탄탄한 지식은 생명 과정의 메커니즘을 더 깊이 탐구하고 분석하는데 유리한 기반을 제공한다.

2. 순서대로 학습하기보다는, 주제 중심으로 묶어서 심도 있게 접근하기!

IB 교육에서 주제 중심의 학습은 학습의 효율성을 높이는 중요한 전략 중 하나이다. 예를 들어, '2. 분자생물학'에서 다뤘던 세포호흡과 광합성에 대해 시간이 흐른 뒤 '8. 물질대사, 세포호흡, 광합성'에서 다시 심화 학습을 진행하게 된다면, 학생들은 이전 학습 내용을 상기하는 데 시간이 소요될 수 있다. 물론, 학습했던 내용을 시간이 지나 더 깊이 있게 배우는 것도 학습 효과를 높이는 데 매우 긍정적이다. 하지만, 이 과정에서 학습의 시간적 효율성이 떨어질 수 있다는 점 또한 고려해야 할 부분이다.

이러한 측면에서 수업을 블록타임(block time)으로 운영하는 것처럼, 관련된 주제를 연속적으로 다루는 방식은 더욱 효율적일 수 있다. 50분씩 나누어진 수업보다는, 블록타임 수업을 통해 도입과 마무리 시간에 소모되는 시간을 줄일 수 있고, 그 시간을 학생들이 주제에 대해 깊이 있게 생각하고 고민하는 데 사용할 수 있다. 따라서 처음부터 심도 있는 탐구에 충분한 시간을 투자할 수 있도록, '주제 중심'으로 코스 아웃라인을 구성하는 것이 보다 효과적이라고 판단했다. 이는 학생들이 학습의 연속성을 유지하면서, 주제에 대한 심층적인 이해를 빠르게 확장해 나가는 데 매우 유리한 방식이라고 생각한다.

3. 내부평가(IA) 고려하기!

학습 주제의 배치는 학생들이 내부평가(IA)를 준비하는 데 매우 중요한 영향을 미친다. 특히, IB에서 필수적으로 진행해야 하는 실험과 더불어, 연구 질문을 쉽게 생성할 수 있는 단원을 코스 아웃라인의 앞부분에 배치하면 학생들이 보다 여유롭게 고민하고 탐구할 수 있는 시간을 가질 수 있다. 이는 시행착오를 중요한 학습 경험으로 전환하는 데 도움이 될 뿐만 아니라, 내부평가의 결과물에도 긍정적인 영향을 미칠 것이다.

학생들이 과제를 진행하는 방식은 각자의 관심사와 개별적 중요성에 따라 달라질 수 있다. 그럼에도 불구하고, 학생들은 종종 교사가 안내한 학습 범위를 벗어나 실험 주제를 선정하는 데 어려움을 겪는다. 특히 데이터 획득과 분석 방식에서 많은 도전에 직면하기도 한다. 이러한 상황에서, 학생들이 조금 더 쉽게 데이터를 획득하고 분석할 수 있도록 관련 주제와 활동들을 앞부분에 배치하는 것이 효과적일 수 있다. 이와 같은 주제 배치는 학생들이 실험 주제를 선정하고 탐구하는 과정에 좀 더 수월하게 접근할 수 있도록 돕고, IB 내부평가를 성공적으로 마칠 수 있는 기반을 마련해 줄 것이다.

평가 요소의 배치

교사마다 코스 아웃라인에 포함되는 평가 요소에 대해 다양한 시각을 가지고 있다. 여기에서 필자가 중요하게 고려한 점은, 한국 교육 시스템에서의 평가 체계와 IB 평가 체계가 다르다는 사실, 그리고 코스 아웃라인이 IB에서 요구하는 형식이라는 점이다.

IB 관련 워크숍에 참여하고, 짧은 시간이지만 IB 교육프로그램을 운영하는 국제학교에서 파견 근무를 하며 얻은 정보에 따르면, 형성평가(formative assessment)는 학교 내신 점수에 반영되지 않지만, 총괄평가(summative assessment)는 내신 점수에 반영된다고 한다. 물론 최근에는 두 평가 간의 경계가 모호해지고 있다는 이야기를 들었지만, 이 글의 목적과는 관련이 없으므로 여기서는 다루지 않겠다.

한국 교육과정과 비교해 보면, 수행평가와 정기고사는 모두 정량화되어 내신 점수로 반영되기 때문에 IB 국제학교에서 운영하는 '총괄평가'에 해당한다고 볼 수 있다. 따라서 코스 아웃라인에 수행평가와 서술형·논술형 지필평가를 '총괄평가'로 배치했다. 반면 정량적 내신 점수에 반영되지 않으며, 학생들에게 동기를 부여하고 학습의 이해도를 점검할 수 있는 다양한 프로그램을 '형성평가'로 배치했다.

이러한 틀 속에서 세부적인 내용은 각 교사가 어떻게 형성평가와 수행평가, 그리고 정기고사를 구성하느냐에 따라 달라질 수 있다.

단원의 구성(2025 시험 이전 가이드북 기준)

단원의 주제		세포생물학 1.2 세포의 초미세구조
평가 요소		- 외부평가 - 필수실험 1: 광학현미경을 사용하여 세포와 조직의 구조를 관찰하고 그림이나 사진에 제시된 세포와 초미세구조의 실제 크기를 계산하기
대상 학생		DP Year 1
학습 목표	내용적 측면	• 원핵세포와 진핵세포의 차이점을 비교할 수 있다. • 전자현미경과 광학현미경의 차이를 설명할 수 있다.
	기술적 측면	• 현미경을 이용해 세포와 조직의 구조를 관찰할 수 있다. • 스케일바를 이용하여 전자현미경 사진에 제시된 세포 및 세포소기관의 실제 크기를 계산할 수 있다.
	개념적 측면	• 세포를 초미세구조 간 상호작용에 의해 조절되는 하나의 시스템으로 이해할 수 있다. • 전자현미경 사진을 해석하여 세포소기관을 식별하고, 분화된 세포의 기능을 추론할 수 있다.

수업의 흐름 및 평가 연계	1차시	광학현미경과 전자현미경의 원리 및 장단점 조사 - 해상도에 대한 개념 포함 - 모둠별 조사 및 발표와 피드백 활동
	2차시	원핵세포와 진핵세포(동물 및 식물세포) 그리기 및 전시 - 각 세포의 공통점과 차이점에 기반해 세포에 대한 이해도를 높일 수 있도록 구성
	3차시	미지의 세포에 대한 전자현미경 사진을 보고 세포의 구조와 기능 추 론하기 - 엽육세포와 췌장(이자)세포의 전자현미경 사진 - 세포소기관 및 구조물에 기반해 세포의 종류와 기능 추론
	4차시	[필수실험 1] 광한현미경을 이용한 세포 관찰 및 세포 크기 측정 - 수행평가와 연계 - 배율별 양파 표피세포 관찰 - 접안 및 대물 마이크로미터를 이용한 세포 크기 측정

	5차시	개별 탐구 확장
		 - 자신만의 흥미로운 전자현미경 사진을 선택하고, 스케일바를 이
		   용해 실제 크기 계산하기
		 - 자신만의 흥미로운 프레파라트를 선택하고, 광학현미경과 접안 및
		   대물 마이크로미터를 이용하여 세포 및 그 구조물의 크기 측정하
		   기

★ 수행평가 연계 : '필수실험 1'을 수행평가와 연계
★ 외부평가 연계 : 2차시 및 3차시 활동에 외부평가 기출문제를 차용하였으며,
    이후 정기고사에 관련 문제를 출제

유닛플랜에 대한 코멘트

교과 전반의 과정을 백워드식 설계에 기반하여 진행하기 때문에, 코스 아웃라인뿐만 아니라 유닛 플랜 작성 시에도 IB DP의 내부평가와 외부평가를 고려할 수밖에 없었다. 따라서 가이드북에서 제시하는 학습 내용의 흐름을 유지하면서, 평가 기준에 충분히 도달할 수 있도록 수업을 구성하는 데 중점을 두었다.

특히, 개정 이전 IB 생물학 외부평가 기출문제를 살펴보면, 현미경 사진에서 세포소기관을 식별하거나 특정 세포소기관의 기능을 묻는 문제가 자주 출제되었다. 더불어 세포를 직접 그리거나 스케일바를 이용해 세포소기관의 크기를 계산하는 문제, 전자현미경 사진을 바탕으로 세포의 종류와 기능을 유추하는 문제 등도 다양하게 출제되었다. 이러한 평가 요건을 충분히 다룰 수 있도록 수업을 구성하고자 노력했다.

또한, 학생들이 내부평가를 준비하기 위해서는 적절한 데이터 획득 기술을 습득해야한다. 이에 따라 현미경 조작과 이를 활용한 데이터 획득 방법을 학생들이 충분히 익힐 수 있도록 4~5차시를 구성했다. 이는 학생들이 자신의 관심사에 맞추어 새로운 주제로 심화 학습하고 확장하는 데 도움을 줄 것이라고 생각했다. 단순한 예를 들면, 특정 생물의 조직별 세포 크기 비교, 또는 특정 환경에 따른 세포 크기 차이를 비교하는 연구 주제 등으로 확장할 수 있을 것이다.

더불어 가이드북에서 제시하는 필수 실험은 그 중요성을 강조하기 위해 수행평가와 연계하였으며, 학습한 내용을 외부평가 형식과 유사하게 정기고사에 출제하여 평가의 타당성을 확보하고자 하였다.

지금와서 생각해보면, '관계', '상호작용', '시스템'이라는 핵심개념에 기반해 수업을 설계하고 운영했다면 더 흥미로운 수업이 되었을 것 같다. 예를 들어 "만약 세포소기관 A에 문제가 생긴다면 어떤 일이 일어날까?"라는 질문을 통해 세포라는 생명 시스템을 이해하고, 더 나아가 실제 세포소기관의 이상으로 인해 발생하는 질병과 연결했다면 어땠을까?

〈1차시〉 활동 사례 : 광학현미경과 전자현미경의 특징 조사 및 발표 사례(모둠활동)

광학현미경

- 가시광선을 이용한다.
- 초점거리가 짧은 대물렌즈를 물체 가까이 둠으로 얻어진 1차 확대된 실상을 접안렌즈로 다시 확대하는 원리

[IB 생물학 HL 홍OO, 안OO, 정OO 학생 제출본]

광학현미경

-장점
- 저렴하다.
- 휴대용으로 간편하다.
- 사용하기 쉽다.

-단점
- 2000배까지만 확대가 된다.
- 해상도가 낮다
- 어둠 속에서는 작동할 수 없다.

[IB 생물학 HL 홍OO, 안OO, 정OO 학생 제출본]

투과전자현미경(TEM)

ㅣ.전자선을 사용하여 시료를 투과시킨 전자선을 전자렌즈로 확대하여 관찰하는 전자현미경. (얇은 표본을 관찰할때 사용 ex. 분자, 조직의 단면)

구조
- 전자총 (전자빔을 쏜다)
- 집광렌즈 (전자빔을 모은다)
- 대물렌즈 (첫번째 상을 맺게 하는 렌즈)
- 검출기 (대물렌즈에서 맺힌 상을 확대한 상을 맺힐 수 있도록 하는 렌즈와 이를 기록)

[IB 생물학 HL 홍OO, 안OO, 정OO 학생 제출본]

투과전자현미경(TEM)

장점
- 광학현미경보다 약 40~1000배 확대 가능 -> 미생물 형태나 분자구조까지 관찰 가능

단점
- 전자빔 요구 ->진공이 필수적 -> 살아있는 세포는 관찰 불가능
- 장비 운용 및 유지보수가 어렵다.

[IB 생물학 HL 홍OO, 안OO, 정OO 학생 제출본]

주사전자현미경(SEM)

ㅣ.광학현미경에서 사용하는 가시광선 대신 전자선을, 유리렌즈 대신 전자렌즈를 사용하여 물체의 확대상을 만드는 장치.

원리
- 광선 대신 전자 빔 사용 -> 현미경 내부는 진공상태 (진공은 공기와 충돌하여 에너지가 소실/굴절 등 제어하기 어렵다)
- 표본과 대물렌즈와 렌즈 사이의 거리는 일정 but. 중간렌즈와 투영렌즈의 코일에 흐르는 전류의 세기에 의해 배율이 결정, 상의 초점은 대물렌즈의 코일에 흐르는 전류에 의해 조절.

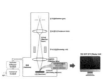

[IB 생물학 HL 홍OO, 안OO, 정OO 학생 제출본]

주사전자현미경(SEM)

장점
- 분해능이 높다 ->고배율로 물체 관찰 가능
- 디지털 영상 제공 가능
- 피사계 심도가 깊음

단점
- 고전압 사용 -> 가속전자 발생 ->복잡한 장치 요구
- 전자빔 요구 ->진공이 필수적

(고전압과 진공기술로 인해 크고 복잡하며 비싸다)

피사계 = 관찰 대상물의 확대영상에서 초점이 맞는 길이 범위

[IB 생물학 HL 홍OO, 안OO, 정OO 학생 제출본]

⟨2차시⟩ 활동 사례 : 원핵세포와 진핵세포의 초미세구조 그리기(개별활동)

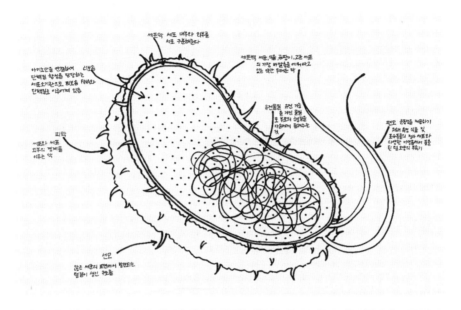

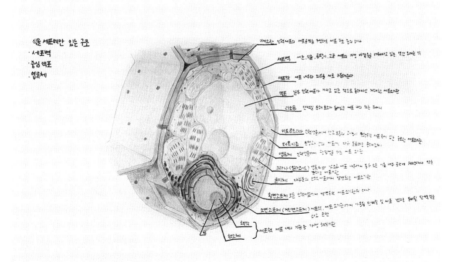

현미경을 이용한 세포관찰 및 세포 크기 측정
(2022학년도 IB 생명과학 1학기 수행평가)

평가 요소		채점 기준 및 배점 / 평가기준
실험 준비	20	제시된 평가 기준 **모두**를 만족한 경우
	10	관찰 가능한 프레파라트를 만들었으나, 적절한 실험 절차를 따르지 않은 경우
	5	관찰 가능한 프레파라트를 만들지 못한 경우
		[평가기준] ① 실험기구를 알맞은 방식으로 사용하는 등 <u>사전에 탐구한 실험 절차를 적절히 따른다.</u> ② 관찰 가능한 프레파라트를 만든다.
현미경 관찰	30	①을 포함해 3가지 이상을 만족한 경우
	20	①, ②를 만족한 경우
	15	위 기준을 만족하지 못하는 경우
		[평가기준] ① 현미경을 사용하여 선명한 상을 얻는다. ② 2가지 이상 배율의 상을 얻는다. ③ 세포의 구조가 명확히 드러난다(다른 세포들과의 겹쳐짐 없음). ④ 시료를 현미경의 상 가운데에 배치한다.
세포 그리기	20	①, ②를 만족하며 관찰된 세포를 적절히 그린 경우
	10	①은 만족하였으나, ②를 만족하지 못한 경우
	5	세포를 그렸으나 형체를 알아보기 어려움
		[평가기준] : 관찰된 최고 배율의 세포를 적절히 그린다. ① 핵, 세포벽 등 세포의 구조물을 그린다. ② 선이 교차 되거나 끊김이 없이 명확하게 그린다.
세포의 크기 측정하기	30	모두를 만족한 경우
	25	②만 만족한 경우
	20	①만 만족한 경우
	15	모두 만족하지 못한 경우
		[평가기준] : 전자현미경 관찰 사진 등에 제시된 시료의 크기를 근거와 함께 적절히 제시한다. ① 시료의 실제 크기를 적절히 제시한다. ② 실제 크기를 추정한 근거를 알맞게 제시한다.

'실험 준비'부터 '세포 그리기'까지 4차시에 진행되었으며, '세포의 크기 측정하기'는 5차시에 진행되었다. 더불어 실물 활동지를 중심으로 활동을 운영했으며, 관찰 사진과 개별적인 확장 심화활동은 온라인으로 공유할 수 있도록 구성했다.

2022학년도 1학기 IB생명과학 수행평가
- 세포의 크기 측정 -

2학년 (   )반 (   )번   이름(   )

1. **탐구 주제**   세포 및 초미세구조 크기 측정
2. **탐구 목표**   현미경 사진에 나타난 세포 및 초미세구조의 크기를 측정할 수 있다.
3. **세포 크기 측정하기**

제시된 세포 및 초미세구조 중 하나를 선택하여 실제 크기를 계산 해보자.

	평가 기준	점수
세포의 크기 측정하기	모두를 만족한 경우	30
	②만 만족한 경우	25
	①만 만족한 경우	20
	모두 만족하지 못한 경우	15
	[평가기준] : 전자현미경 관찰 사진 등에 제시된 시료의 크기를 근거와 함께 적절히 제시한다. ① 시료의 실제 크기를 적절히 제시한다. ② 실제 크기를 추정한 근거를 알맞게 제시한다.	

1) 선택한 세포 혹은 초미세구조를 기호와 함께 작성하시오.

　① 기호 및 이름 :

　② 해당 세포 및 초미세구조를 선택한 이유는?

2) 선택한 세포 혹은 초미세구조의 실제 크기와 그 근거를 제시하시오.

> [참고]
> - 단위는 μm(마이크로미터)를 사용할 것!
> - 스마트폰 계산기를 활용해도 좋으며, 소수점 둘째 자리까지만 나타낼 것(반올림)

　① 실제 크기 :　　　　　μm

　② 추정 근거?
　　(비례식 등 풀이 과정를 명확히 제시해주세요!)

생물학에 자주 다뤄지는 전자현미경 사진 샘플 12개를 정리해 학생들에게 제공하였고, 학생들은 이 전자현미경 사진과 스케일바를 이용해 실제 크기를 계산하였다. 이 평가를 설계할 때 특히 중요하게 고민한 부분은 계산 결과에 대한 인정 범위(오차범위)의 설정이었다. 따라서 각 샘플에서 나타나는 경계의 모호함과 측정 도구의 한계에 대해 동료 교과교사와 협의하며 적절한 인정 범위를 구하였고, 그에 기반해 채점하였다.

〈4, 5차시〉 활동 사례 : 현미경을 이용한 양파 표피세포 관찰 및 세포 크기 측정(개별활동)

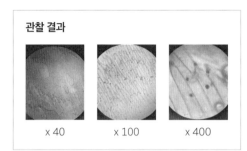

관찰 결과

x 40   x 100   x 400

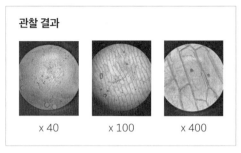

관찰 결과

x 40   x 100   x 400

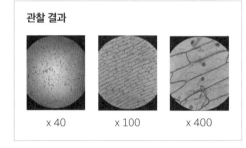

관찰 결과

x 40   x 100   x 400

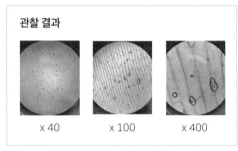

관찰 결과

x 40   x 100   x 400

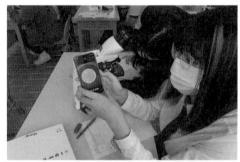

〈5차시〉활동 사례: 현미경 관찰 개별 심화 활동 사례

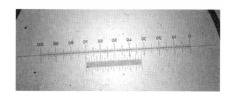

※ 대물마이크로미터 한 눈금의 크기
= 0.1mm = 10㎛

[40배]
대물마이크로미터 40칸에 접안마이크로미터가
15칸이 들어맞으므로 접안마이크로미터의 크기
는 40/15×10=26.666…㎛이다. 편의상 27㎛이
라 하겠다.

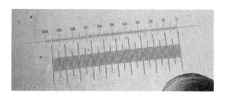

[100배]
- 대물렌즈가 40배에서 100배로 2.5배 증가했
으므로, 40배에서 접안마이크로 한 눈금 길이에
2.5를 나눠 계산이 가능하다. 27/2.5=10.8㎛

- 실제 측정 시 대물마이크로미터 50칸에 접안마
이크로미터가 48칸이 들어맞으므로 접안마이크
로미터의 크기는 50/48×10=10.45㎛

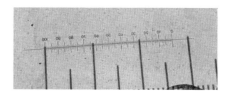

[400배]
- 대물렌즈가 100배에서 400배로 4배 증가했으
므로, 100배에서 접안마이크로 한 눈금 크기에
4를 나눠주면 된다. 따라서 10.8/4=2.7㎛

- 실제 측정 시 대물마이크로미터 10칸에 접안마
이크로미터가 37칸이 들어맞으므로 접안마이크
로미터의 크기는 10/37×10=2.70㎛

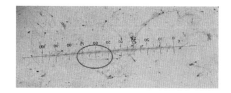

[결과]
이 표본은 400배에서 측정한 것이다. 따라서 접안
마이크로미터의 한 눈금 크기는 2.7㎛이다. 위 사
진에서 동그라미로 표시한 부분이 내가 측정할 정
자이다. 이 정자는 접안마이크로미터 20칸을 차
지하고 있으므로 20×2.7=54μm이다. 심지어 반
올림을 했으므로 54 ㎛보다 살짝 더 작을 것이
다. 실제 정자의 크기는 Sciencetimes에 따르면 약
50㎛라고 한다. 따라서 내가 측정한 것은 이와
비슷하다고 볼 수 있다.

[고찰]
나는 정자 표본을 선택했다. 왜냐하면 '유전'하면 빼놓을 수 없는 감수분열에서 중요한 부분을 차지하고 있는 정자
의 크기가 궁금해졌기 때문이다. 먼저 현미경과 대물마이크로미터 그리고 접안마이크로미터를 준비하고, 대물마이
크로미터 눈금 안에 접안마이크로미터 눈금이 몇 개 들어가 있는지 계산하여 접안마이크로미터의 눈금 크기를 구한
다. 이후, 최대한 일직선으로 펼쳐져 있는 정자의 머리와 꼬리 끝부분을 접안마이크로미터로 크기를 재서 계산하였
다. 내가 계산한 정자의 크기는 약 54 ㎛였는데, 계산하던 중 반올림했던 것을 고려하면 조금 더 작을 것 같다. 실제
로 Sciencetimes에 따르면 정자의 크기는 약 50㎛라고 한다. 따라서 내가 측정한 정자의 크기와 비슷하다고 볼 수
있다.

【서·논술형 3】 다음은 어떤 세포 A의 전자현미경 사진이다. 사진을 바탕으로 세포 A의 기능을 추론하시오. [총 13점]
(단, 전자현미경 사진에 제시된 세포의 구조만 고려하시오.)

< 조 건 >

▫ 진핵세포로 판단할 수 있는 근거 1가지를 제시할 것 (2점)

▫ 동물세포인지 식물세포인지(1점) 근거와 함께 제시할 것 (2점)

▫ 추론한 세포 A의 기능을 제시할 것(2점)

▫ 추론 근거를 세포소기관의 역할을 바탕으로 3가지 제시할 것(각 2점)

▫ 완성형 문장으로 작성하지 않을 경우 1점 감점

(저작권 문제로 사진 생략)

3	13	핵이 존재한다.	2	막성 세포소기관이 존재한다.	
		<u>동물세포</u>이다(1점). <u>세포벽이 존재하지 않기</u> 때문이다(2점).	3	· 중심액포과 관찰되지 않기 때문이다(2점). · 엽록체가 관찰되지 않기 때문이다(2점).	· 동물세포에 1점 부여 · 그 근거에 2점 부여
		효소나 호르몬을 분비하는 세포일 것이다.	2	단백질을 분비하는 세포일 것이다.	단백질 관련 물질의 분비에 대한 서술이면 2점 부여
		외부로 분비하는 <u>단백질 합성에 관여하는 (거친면)소포체</u>(2점), 단백질 합성에 필요한 <u>에너지를 제공할 수 있는 미토콘드리아</u>(2점), <u>외부로 분비할 단백질이 포함된 분비과립 소낭</u>(2점)이 두드러지기 때문이다.	6		· 소포체, 미토콘드리아, 소포에 각 1점 부여 · 각 세포소기관이 간단한 기능에 각 1점 부여
		완성형 문장으로 작성할 것			완성형 문장으로 작성하지 않을 경우 1점 감점

IB DP 과정을 시작하는 2학년의 첫 지필평가에서, 학생들이 서·논술형 평가의 형식에 익숙해질 수 있도록 〈조건〉을 제시했다. 이는 학생들에게 새로운 평가 형식에 대한 비계(scaffolding) 역할을 했다고 생각한다. 처음에는 학생들이 평가의 형식과 요구 사항을 이해하고 적응할 수 있도록 도움을 주었고, 이후에는 지필평가를 진행할 때마다 이 비계를 점차적으로 제거하여 DP 외부평가 형식에 유사하도록 구성하였다. 이러한 방식은 학생들이 서·논술형 평가에서 점차 독립적으로 사고하고 답변을 구성할 수 있게 함으로써, 최종적으로는 IB DP 외부평가에서 요구하는 역량을 자연스럽게 함양할 수 있도록 돕는 효과적인 과정이라고 판단했다.

더불어 평가 이후에 정말 중요한 시간이 있다. 바로 정기고사 이후 최대한 빠른 시간 내에 이뤄지는 개별 피드백 시간이다. 가능한 빨리 1차 채점을 마친 뒤, 학생들에게 개별적으로 각 답안에서 잘한 점과 개선 필요 사항 등에 대한 세밀한 피드백을 제공했다. 이러한 피드백 과정에서 학생들의 성장을 목격할 수 있었으며, 평가 후에도 이뤄지는 중요한 교육이었다.

자아 성찰이지만, IB 교육프로그램을 경험하기 전과 후로 평가에 대한 관점이 많이 바뀌었다. 평가란 학생의 현재 상태를 파악하여 성적을 매기는 것뿐만 아니라, 평가 그 자체가 학습 경험으로써 학생들을 성장시키는 중요한 과정임을 더욱 실감하게 되었다.

Group 5 : Mathematics

IB 수학 분석과 접근Mathematics: Analysis and approaches

 01 코스 아웃라인 설계하기

IB 수학 분석과 집중 HL 코스 아웃라인 (일부)

	대상/소단원	내용	평가와의 연계
DP year 1	**수와 대수**	수열과 급수 등차수열과 등비수열 등비급수와 등차급수 등차수열과 등비수열의 활용 이항정리 이항정리의 확장 증명	(IA 연계) 수열을 활용한 현실 상황 모델링 활동 (EA 연계) 증명 과정의 논리적 흐름 정리하기
	함수	함수의 개념 함수의 그래프 함수의 정의역과 치역 합성함수 이차함수 유리함수 함수의 변환 다항함수 우함수와 기함수 절댓값 함수 이차방정식과 부등식 여러가지 부등식(함수관련)	(IA 연계) 공학적 도구(지오지브라, GDC 등)를 활용한 현실 상황 모델링 구현 및 해석 (EA 연계) GDC를 활용한 함수의 그래프 탐구 및 해석
	미분	극한과 연속 미분계수와 도함수 미분법 미분의 활용 음함수 미분	(IA 연계) 변화를 모델링 할 수 있는 도구임을 인식시키고, 실생활에서 확인할 수 있는 변화 상황 설명하기
DP year 2	**미분**	수치적 방법을 이용한 미분 미분방정식 로피탈 법칙 맥클로린 다항식과 급수	(IA 연계) 변화 현상을 모델링하는 수단으로의 미분방정식 탐구하기

268

코스 아웃라인 설계 시 유의해야 할 점

1. IB 평가를 고려한 내용의 배치

코스 아웃라인은 IB 수학 가이드에 제시된 내용 요소를 DP year 1(2학년)와 DP year 2(3학년)에 어떤 순서로 가르칠 것인지, 평가와의 연계는 어떻게 할 것인지 등에 대한 내용을 담고 있다. 학생들이 DP 과정에 순조롭게 적응하기 위해 IB 수학 분석과 접근의 내용요소 중 고1 수학에서 다루는 내용을 포함시킴과 동시에, 학생들이 내부평가와 외부평가를 적절히 대비할 수 있도록 하는 내용요소로 구성하였다.

먼저, 내부평가는 학생들이 수학을 통해 본인만의 탐구를 진행해야 하고, 그 과정에서 수학을 활용하여 현실 상황을 모델링하는 주제를 많이 선정하게 된다. 그리고 탐구 과정에서 공학적 도구를 적절히 활용할 경우 학생의 탐구 수준이 더욱 깊어질 수 있기에 이를 대비하고자 모델링과 공학적 도구 활용에 적합한 단원인 함수, 미분을 DP year 1에 배치하였다.

또한 외부평가는 적절한 수학적 용어와 기호를 활용하여 제시된 문제의 풀이과정을 논리적으로 서술해야 한다. 이런 점을 대비하고자 학생들이 이미 한번 배운 내용을 통해 연습하는 차원에서 고1 수학 내용과 중복되는 내용을 포함하였고, 논리적인 풀이 서술을 요구하는 증명 단원을 배치하여 학생들의 수학적인 논리성을 향상시키고자 하였다.

이처럼 코스 아웃라인 설계는 DP 수업에 있어 2년간의 교육과정 운영을 전반적으로 고려하여 적절한 시기에 학생들에게 가르치고자 하는 내용 요소를 배치해야 하고, 단원 간의 위계성까지 고려해야 하는 과정이었다.

2. 교육과정 재구성을 고려한 내용 배치

IB 교육프로그램은 HL의 경우 240시간(주당 5시수), SL의 경우 150시간(주당 3시수)을 기준으로 운영되고 있다. 하지만 학생들에게 가르쳐야 할 IB 수학 분석과 접근의 내용 요소는 HL의 경우 고1의 수학 내용 일부부터 수1, 수2, 확률과 통계, 미적분, 기하,

대학 수준의 수학 일부까지 다뤄야 한다. 이에 더해 IB에서는 내부평가를 위한 탐구 시간(15~20시간)까지 포함하도록 하고 있다. 즉, 교육과정 재구성을 통해 IB에서 권장하는 시간 내에 학생들에게 모든 내용 요소를 가르쳐야 한다는 것을 의미한다. 그 첫 단계가 바로 코스 아웃라인 설계에 있다.

예를 들면, DP 운영의 경우 1학년 때 Pre-DP 과정을 거쳐 2학년부터 본격적인 DP 과정에 돌입한다. 따라서 2학년 때부터 적용될 코스 아웃라인 설계 시, 1학년 때 이미 배운 내용 요소는 교육과정 재구성을 통해 탄력적으로 수업을 구성했다. 또한 내용 요소 간 관련성이 높은 단원을 연속적으로 배치하여 학생들이 단원 간 유기적인 연결성을 느낄 수 있게 설계함과 동시에 교사는 단원 간의 관련성을 도입의 방법으로 활용함으로써 학생들의 이해도를 한층 더 높일 수 있도록 의도하였다.

코스 아웃라인 설계에 정답이 있는 것은 아니다. 다만 좋은 코스 아웃라인 설계를 위해서는 개념의 위계를 지키며 내용 간 유기적인 연결성을 전체적으로 조망할 수 있는 효과적인 교육과정 재구성이 무엇인지에 대한 고민은 지속되어야 하고, 이를 바탕으로 끊임없이 수정해 나가는 자료이다.

수업 사례 (유닛 플랜)

단원의 주제	1. 직접증명법과 간접증명법의 차이 이해 2. 진리표를 이용하여 명제의 진위 파악 3. 귀류법과 반례를 이용한 명제의 증명 참고자료: 활동지 3회차(활동지는 주어진 것을 편집하여 사용함)		
평가 요소	외부평가 〉 Paper1, 2		
대상 학생	Dp Year 1		
학습 목표	내용적 측면	직접증명법과 간접증명법의 차이 이해	
	기술적 측면	귀류법과 반례의 의미를 이해하고 문제에 적용	
	개념적측면	명제의 진위 판별과 진리표의 해석	
수업의 흐름 및 평가 연계	1차시	명제의 뜻	명제의 뜻과 참, 거짓 판별
		여러 가지 명제	여러 가지 합성명제와 논리기호 정리
	2차시	진리표	진리표의 원리를 이해하고 판별하기
		직접증명법	삼단논법의 원리를 이해하기
		증명연습	약수와 배수관계 증명하기
		간접증명법	귀류법 이해하기
			진리표에서 귀류법 설명하기
	3차시	간접증명법	반례 이해하기
			$\sqrt{2}$ 는 유리수가 아님을 증명하기
			귀류법의 증명 원리 설명하기
			연습문제 풀이하기
	4차시	수학적 귀납법	수학적 귀납법의 원리 찾아보기
			수학적 귀납법 문제 풀이
	5차시		단원 총정리

유닛플랜에 대한 코멘트

1. 내용 구성에 대한 고민

우리나라의 고등학교 수학 교육과정의 경우 각 과목별로 내용 요소가 정해져 있고, 이에 맞게 교과서가 구성되어 있다. IB 수학 또한 DP 2년 과정 동안 가르쳐야 할 내용 요소가 가이드에 제시되어 있다. 하지만 내용 요소를 가르치는 순서가 정해져 있지 않고, 교사의 자율성에 의해 내용 요소의 재구성이 가능하다는 점에서 우리나라 교육과정과 차이가 있다. 이는 IB 수학을 가르치기 위한 교과서가 하나로 정해져 있지 않다는 점을 의미한다. 해외의 몇몇 출판사들이 IB 가이드의 내용 요소를 참고하여 교재를 제작해 놓았으나 내용 구성이 제각기 다릅니다. 따라서 학생들에게 가르쳐야 할 내용 요소를 정하면, 교사 수준에서 학생들에게 가르칠 내용을 적절히 구성한 후, 다시 학생 수준으로 준비해야 하는 점에서 어려움이 있다.

본 유닛플랜은 학생들이 균형 잡힌 생각을 기반으로 자기주도 학습 역량을 기를 수 있도록 증명의 기본과정을 중심으로 구성하였다. 더불어서 학생 스스로 증명 전개 과정을 유도할 수 있도록 본 수업에서는 단계별로 활용 범위가 넓은 예제를 중심으로 내용을 구성하였고 조별로 협의를 통해 증명을 유도하도록 하였다. 이를 통하여 학생들은 다양한 증명에 도전할 수 있도록 자신감을 키워주는 방향으로 계획하였다.

2. 증명 단원에서 우리나라의 수업과의 차이점

우리나라 수학 교과에서 학생들에게 요구하는 역량에는 추론 역량과 의사소통 역량이 있다.

이는 학생들이 수학적 사실에 대해 관심을 갖고, 추측과 정당화로 추론을 하는 힘을 말한다. 또한 이 과정에서 수학적 사고와 전략에 대해 의사소통하고, 수학적 표현을 적절히 사용할 수 있는 역량이 자연스레 길러진다. 예로, 학생들은 본인이 추론한 명제에 대해 적절한 수학적 언어를 통해 논리적으로 정당화할 수 있어야 한다.

　IB 수학에서는 학생들이 배워야 할 개념 중 하나로 '정당화'를 제시하고 있다. 그리고 수학적 증명을 통해 학생들은 비판적 사고력과 추론, 의사소통 역량을 기르도록 하고 있다. 이러한 점에서 두 교육과정 모두 증명을 통해 학생들이 길렀으면 하는 역량은 동일하다 할 수 있다.

　하지만 이를 길렀는지 평가하는 것에서는 다소 차이가 있다는 점에 주목하였다. 우리나라의 경우 학생들이 역량을 적절히 길러냈는지 평가하는 공식적인 평가는 수능이지만, 선택형과 단답형 문항으로 이루어진 수능이 이러한 역량을 적절히 평가할 수 있는지는 고민해봐야 할 지점이다.

　반면, IB에서는 내부평가와 외부평가를 통해 서로 다른 형태로 이러한 역량을 적절히 요구한다. 내부평가에서는 학생들이 스스로 탐구 과정에서 가설을 세우고, 수학을 활용하여 이를 밝히는 과정을 경험한다. 외부평가에서는 문제로부터 명제를 제시받고, 적절한 수학적 언어를 사용하여 해당 명제를 증명하고, 과정의 적절성을 평가한다.

　따라서 수업에서 학생들이 단순히 증명의 과정을 받아적고, 암기하는 것이 아닌, 학생들 스스로가 수학자가 되어 명제를 만들어 보고, 증명에서의 논리적 추론 과정을 설명해보며 명제와 증명 학습에서 주인이 될 수 있도록 지도하고자 하였다. 예로, 수업 과정에서 학생들에게 '해당 조건이 없으면 증명 과정에서 어떤 문제가 발생할까?', '왜 이 조건이 필요할까?'와 같은 발문을 통해 학생들이 증명 과정을 수동적으로 받아들이는 것이 아닌, 비판적으로 받아들일 수 있도록 하였다.

대단원	V. Proofs	활동지 1
소단원	5.1 Basic laws and simple proofs	
HL1	(2)반 . 번 이름: (;)	
학습 목표	☆ 증명법의 원리를 진리표로 설명할 수 있다. ☆ 여러 가지 명제의 진위를 판정할 수 있다. ☆ 조건문의 진위 판정을 진리표로 설명할 수 있다.	개념 일반화, 모델링, 패턴

예제 1 아래 진리표의 빈 칸을 채우시오.

p	q	$\sim p$	$p \lor q$	$p \land q$	$p \to q$	$\sim p \lor q$	$\sim p \land \sim q$	$p \leftrightarrow q$
T	T	F	T	T	T	T	F	T
T	F	F	T	F	F	F	F	F
F	T	T	T	F	T	T	F	F
F	F	T	F	F	T	T	T	T

[이유 쓰기] 어둡게 칠해진 부분의 진리값이 나온 이유를 쓰시오.

(1) $\sim p$에서 F인 이유는?

(2) $p \to q$에서 $T \to T$가 T인 이유는?

   참을 보고 참이라고 했으므로 참이다.

(3) $\sim p \lor q$에서 $\sim T \lor F$가 F인 이유는?

   $\lor$(또는)는 적어도 하나가 성립하면 전체도 성립함을 요하는 기호이다.

예제 2 아래의 조건문 중에서 참인 것은?

(a) 5각형이 다섯 개의 변을 가지고 있으면 캐나다는 아시아에 있다. (F)
(b) 오각형이 여섯 개의 변을 가지고 있거나 캐나다는 아시아에 있다. (F)
(c) $12 + 7 = 20$이고 $7 + 7 = 14$이다. (F)
(d) 직각삼각형의 한 내각이 $100°$이면 다른 내각은 $80°$이다. (?)
(e) $2 + 1 = 3$이면 $3 > 7$이다. (F)

(이유)

대단원	V. Proofs		활동지 2
소단원	5.2 direct proofs 5.3 Indirect proofs		
HL1	(3)반 ( )번 이름: ( )		
학습 목표	☆ 삼단논법을 설명할 수 있다. ☆ 간접증명법(귀류법, 반례)을 이용하여 증명하고 명 제의 진위를 판별할 수 있다.	개념	일반화, 모델 링, 패턴

예제 1 $n \in Z$에 대하여 n이 홀수이면 $5n+4$도 홀수임을 증명하여라.

증명 n이 홀수이면 $n = 2k+1$, k는 정수로 쓸 수 있다.

그러면 $5n+4 = 5(2k+1)+4 = 10k+9$

$= 2(5k+4)+1$

$\therefore 5n+4$는 홀수이다.

예제 2 $\sqrt{2}$는 유리수가 아님을 귀류법으로 증명하여라.

증명 $\sqrt{2}$를 유리수라 하자. 즉 $\sqrt{2} = \dfrac{q}{p}$ (단, p와 q은 서로 소, $p \neq 0$)로 쓸 수있다.

이 식의 양변을 제곱하여 정리하면 $2p^2 = q^2$이다. 따라서 q^2은 2의 배수이다.

그러므로 q도 2의 배수이다. 즉 $q = 2k$. (단 k는 정수)

이 식을 위식에 대입하면 $p^2 = 2k^2$이므로 p^2도 2의 배수이다.

따라서 p도 2의 배수이다. 이는 p와 q이 서로소라는 가정에 모순이다.

예제 3 $n \in Z$에 대하여 n이 짝수이기 위한 필요충분조건은 $n^2 + 2n + 9$가 홀수임을 증명하시오.

(증명) $\Rightarrow$ n이 짝수에서 $n = 2k$ (k는 정수) 로 쓸 수 있다.

$n^2 + 2n + 9 = (2k)^2 + 2(2k) + 9 = 2(2k^2 + 2k + 4) + 1$

$\therefore n^2 + 2n + 9$는 홀수이다.

$(\Leftarrow)$ $n^2 + 2n + 9$가 홀수이면 $n^2 + 2n$로 짝수이어야 한다. 따라서 n은 짝수이다.

예제 4 명제 '모든 양의 정수는 13으로 나누어 떨어진다.'는 참인지 거짓인지 판별하시오.

거짓. ($\because$) 10은 13으로 나눌수가 없다.

대단원	V. Proofs	활동지 3
소단원	5.4 Mathematical induction	
HL1	(3)반 ~)번 이름: ( )	
학습 목표	☆ 수학적 귀납법을 이용하여 명제를 증명할 수 있다. ☆ 수학적 귀납법으로 증명한 명제를 다른 방법으로 증명할 수 있다.	개념: 일반화, 모델링, 패턴

예제 1 실생활에서 수학적 귀납법을 표현하는 예시를 찾아보고 이유를 설명하시오.

• 도미노 게임

이유: 도미노게임은 첫번째 판을 떨어드리면 마지막 핀이 쓰러질때까지

자연스럽게 진행된다.

이것은 수학적 귀납법의 원리와 비슷한 거 같다.

예제 2 $n > 6$인 정수 n에 대하여 $3^n < n!$임을 증명하여라.

증명: $n = 7$ 이면 $3^7 = 1887$ 이고 $7! = 5040$ 이므로 $3^7 < 7!$ (성립한다)

$n = k$ 인때 $3^k < k!$ 이라고 하자.

$n = k+1$ 이면 (좌변) $= 3^{k+1} = 3 \cdot 3^k < 3 \cdot k!$ (가정)

그런데 $k \geq 6$ 이므로 $3 < k+1$ 이므로 $3 \cdot k! < (k+1) \cdot k! = (k+1)!$

∴ $n = k+1$ 일때도 성립한다.

∴ $n > 6$인 정수 n에 대하여 $3^n < n!$

예제 3 임의의 양의 정수 n에 대하여, $n^3 - n$은 6으로 나누어 떨어짐을 보여라.

증명: $n^3 - n = n(n^2 - 1) = n(n-1)(n+1)$ 이고

$n-1, n, n+1$ 은 연속하는 세 정수이다.

연속하는 세 정수에는 2의 배수와 3의 배수가

적어도 하나는 포함되어 있다. (정수의 분류)

따라서 $n^3 - n$은 6으로 나누어 떨어진다.

해당 활동에 대한 개요

목적

증명은 수학의 핵심 단원이다. 연역적인 방법으로 참을 유도하는 직접증명법으로 시작해서 수학적 귀납법으로 마무리되는 증명은 교사에게도 부담스러운 단원이다. 증명 단원의 수업을 계획하면서 학생들이 중학교 때 공부한 피타고라스의 정리와 그 증명이 생각났다. 400개 정도의 서로 다른 증명법이 있다고 하는 피타고라스의 정리를 나는 몇 가지나 알고 있는지에 대해서도 고민해 보았다. 결과는 참담하기까지 하였다. 고작해야 교과서에서 다루는 것을 벗어나지 못하고 있다는 것을 생각하면서 이것 또한 우리 교육의 병폐가 아닌지 생각해 본다. 명제를 다양하게 증명하는 것은 같은 개념을 다른 방향성으로 살피고, 대수와 기하의 연결성을 맛볼 수 있는 기회이다. 교과서에 있는 증명 말고도 다양한 증명법을 소개해 주고 싶었고 학생들이 진심으로 증명에 관심을 가지고 재미있는 수학을 경험해 보기를 바라는 마음으로 활동지를 만들었다.

유닛플랜 중 어떤 단계

증명 과정은 모든 단원과 연계되기도 하여 특별히 순서가 중요한 것은 아니다. 다만 명제 단원은 수학의 정의와 정리 등을 기술하는 형식에 대한 내용이므로 학년 초 HL I 과정에서 지도하려고 하였다. 전체는 5차시로 구성하였다.

활동의 주안점

첫째, 반복연습이다. 명제를 학습하면서 합성명제가 우리 교육과정에서는 빠진 단원이지만 이를 이해하지 않으면 교재를 이해할 수 없기에 문제 풀이 연습과 발표는 물론, 어려운 단원임을 감안하여 토론수업으로 진행하였다. 팀마다 수학 멘토를 지정하여 팀원들에게 설명해 주는 것뿐만 아니라 팀원들이 이해한 것을 확인토록 하였다. 이를 통해 이해의 깊이를 높일 수 있도록 활동을 계획하였다. 이 과정에서 학생들이 반드시 진리표의 필요성과 논리의 의미를 습득할 수 있도록 하였고 여러 가지 예제를 통하여 다양한 증명법을 숙지토록 계획하였다.

둘째, 수학적 기호를 활용한 의사소통에 익숙해지기이다. 설명식 풀이보다는 수학기호를 사용하여 효율적으로 증명 과정 작성하기에 집중하여 지도했다. 학생들의 증명을 칠판에 쓴 후 비교, 대조하도록 토론하면서 정확한 증명 과정을 찾을 수 있게 유도한 다음 그 증명을 반복하여 써보면서 자신의 것으로 만들도록 설계하였다. 이 과정에서 학생들이 수학 기호를 사용하는 것에 어려움을 느낀다는 것을 배울 수 있었다.

셋째, 수학적 귀납법의 의미를 분명히 지도하고자 했다. 도미노 게임과 같은 원리로 증명하는 방법인 것을 설명하였고 증명할 때는 가정을 정확하게 이해하고 활용토록 지도하였다. 특히, $n=k$일 때 성립하는 사실을 반드시 이용해야만 한다는 것을 강조하였다. 이 모든 결과는 형성평가를 통해 다시 한번 강조하여 학생들이 연습을 많이 할 수 있도록 하였다.

지도법

먼저 조별로 찾아본 증명법을 비교하여 발표토록 하였으며 증명을 이해는 하지만 직접 쓰지는 못하는 학생들이 많아서 과제로 증명 써보기를 시키기도 하였다. 수업한 내용을 정리하는 포트폴리오를 작성토록 하여 수행평가에 반영하는 방식을 활용하기도 하였다. 무엇보다도 학생들이 직접 손으로 작성토록 꾸준하게 불러서 결과를 확인하고 피드백을 해주었다.

학생활동에 대한 교사의 코멘터리

해당 답변에 대한 교사 평가

질문: [증명활동지1] $\sim p$ 에서 F 인 이유는?

답변: 그냥 참이 아니므로

p 가 참일 때 $\sim p$ 가 거짓인 이유는 '$\sim$'는 부정을 의미하는 논리기호로 참은 거짓으로, 거짓은 참으로 만들어 주는 기능을 갖는 것이기에 거짓으로 판정함과 같은 식으로 이유를 달았으면 좋겠는데 '그냥 참이 아니므로'와 같이 답을 하여 약간 실망스러웠다.

예제 2번의 (d)인 경우 참, 거짓을 모르는 상태에서 선택형이기 때문에 답을 한 것으로 판단되어 학생에게 개인적으로 물어본 결과 정확하지는 않지만, 진리표를 이해하고 있음을 확인하였고 가정이 F 이면 조건문은 언제나 참으로 판단한다는 것을 명확하게 인지시켰다.

피드백 과정에 대한 성찰

기본적인 직관은 수학적 직관과 차이가 있기에 개인이 가지고 있는 수에 대한 신념체계를 무너뜨려야 할 때도 있다. 그렇기에 피드백하는 과정은 생각보다 참을성이 많이 요구되는 과정이다. 상당히 많은 학생이 오개념을 가지고 접근하면서 그것이 잘못되었다고 생각하지 않고 그냥 새로운 개념이기에 받아들일 수 없다고 착각하고 있다는 것이다. 따라서 단계별로 체계적인 설명을 통해 학생의 생각을 변화시켜 나갈 필요가 있다.

학생이 어려워하는 지점

질문: [증명활동지1] $\sim p \vee q$ 에서 $\sim T \vee F$가 F인 이유는?

답변: '$\vee$(또는)'는 적어도 하나가 성립하면 전체도 성립함을 뜻하는 기호이다.

명제 단원에서 단순명제 p와 q의 진리값과 상관없이 합성명제의 진리값이 결정됨을 이해하는 것을 어려워한다. 특히, 가정이 거짓이고 결론도 거짓이면 전체는 참이라는 문장을 만나면 학생들은 더 이상 수학적 생각을 하려고 하지 않고 어떻게 둘 다 거짓인데 전체가 참이 될 수가 있냐는 반감부터 표시한다. 심지어 부정에 부정은 긍정인데 강한 부정이 아니냐면서 흥분하는 학생도 생겨난다. 뻔한 결과인데도 마치 인지부조화를 겪고 있는 것처럼 행동하는 학생들을 보면서 '아! 이것이 생각보다 어려운 것이었나?'하는 묘한 느낌을 받기도 한다.

질문: [증명활동지3] $n > 6$인 정수 n에 대하여 $3^n < n!$임을 증명하시오.

또한 수학적 귀납법은 $n = k$일 때 성립하는 가정을 반드시 이용해야 한다는 부분에서 어려움을 느낀다. 굳이 이것을 사용하지 않아도 증명이 가능한 데 사용해야 하느냐는 질문과 수학적 귀납법을 사용해야 하는 이유에 관해 의문을 제기하는 학생들도 많았다.

교사가 반드시 지도해 줘야 했던 지점

먼저 진리표는 각각의 명제가 가지는 의미를 파악하는 것이 아니라 단순하게 논리를 전개하는 과정에서 참과 거짓 판단의 기준으로만 사용한다는 점을 분명하게 강조하였다. 그래서 '사람이 원숭이이면 2=3'과 같은 명제가 참인 이유는 사람이 원숭이와 같거나 같지 않기 때문이 아니라 전체적인 맥락에서 가정이 거짓이고 결론도 거짓이므로 거짓을 거짓이라고 했기 때문에 전체 명제는 참이라고 지도했다.

또한 귀류법을 지도할 때 학생들은 대우법과 귀류법의 차이를 질문하면 귀류법을 어디까지 설명해야 하는지 고민한 적이 많다. 우리나라 교육과정에서는 증명을 중요한 문제로 다루지도 않으며 특히, 귀류법을 대우에 의한 증명과 같은 것으로 처리하여 굳이 구별하지 않는 경향이 있어 지도하는 데 어려움이 많았다. 하지만 IB 수학에서는 귀류법을, 진리표를 이용하여 설명토록 해서 고민하지는 않았지만, 이 부분을 너무 많이 지도하면 학생들이 지루함을 느끼기도 하고 수학을 어렵게 생각하기 때문에 적절한 선을 찾는 것이 어려웠다. 그럼에도 귀류법을 설명하면서 $p{\rightarrow}q$와 ${\sim}p{\vee}q$가 동치관계임을 진리표로 보여주고 이를 토대로 처음 시작은 $p{\wedge}{\sim}q$에서 시작한다는 것을 지도하기 위해 노력하였다.

어떻게 지도해야 하는지

귀류법을 어렵게 느끼는 부분은 $p{\rightarrow}q$가 거짓이라는 의미를 q가 거짓으로 해석한다는 점이다. 이렇게 되면 엄밀한 의미에서는 귀류법이기보다는 대우에 의한 추론으로 넘어가게 된다. 그래서 $p{\rightarrow}q$의 참과 거짓을 진리표를 이용하여 찾는 법을 가르쳐 주었으며 그 결과가 ${\sim}p{\vee}q$가 동치(진리값이 같이 나타남)임을 반드시 가르쳐 주어야 한다고 생각했다. 결국 귀류법의 시작은 참을 부정함으로 인하여 결국에는 거짓이 드러난다는 것으로 마치 우리나라의 연속극과 같은 사필귀정의 의미로 지도했던 것 같다.

해당 답안의 한계?

질문: [증명활동지2] $\sqrt{2}$ 가 유리수가 아님을 귀류법으로 증명하여라.

이 질문에 대한 학생 답안은 귀류법을 사용해서 증명하고 있다. 매우 훌륭한 답안이기도 하지만 엄밀하게 말하면 만점짜리 답안이라고 하기에는 약간의 무리가 따른다. 그것은 'p^2이 2의 배수이면 p도 2의 배수이다'는 명제를 증명 없이 가져왔기 때문이다.

여기서 우리는 이 학생의 답안을 만점으로 처리할 것인지 아니면 과정 일부를 생략했기 때문에 부분 점수를 부여해야 하는지는 생각보다 복잡하다.

질문: [증명활동지2] $n \in Z$에 대하여 n이 짝수이기 위한 필요충분조건은 $n^2 + 2n + 9$가 홀수임을 증명하시오.

예제 3번도 역을 증명할 때 증명 과정을 생략한 부분이 눈에 띈다. 이 경우 첫 문장에 대해 점수를 줄 것인가와 같은 평가의 문제는 생각보다 어렵다.

증명 단원은 여러 가지 이유로 평가에서 채점 기준을 명확하게 세워 두지 않으면 채점하기가 어렵다. 이런 부분에 대해서는 지속적인 평가 연수를 통해 그 약점을 보강할 수밖에 없을 것으로 생각한다.

내가 고려하지 못했던 것들 / 간과했던 것들과 그로 인한 아쉬움

수업을 진행하는 과정에서 학생들은 명제의 참, 거짓을 판별하는 것조차 빠르게 못한다는 것을 알게 되었다. 그럼에도 여기서 시간을 너무 많이 끌어버리면 문제 훈련을 하는 데 시간이 부족할 것 같아서 더 많은 문제를 풀이하면서 학생들을 이해시켜 보려는 여유를 갖지 못하고 진도만 맞추는 수업을 했던 것은 아닌가 반성해 본다.

여전히 처음에 제가 가졌던 수업 고민에 대한 답은 찾지 못한 것 같아 아쉬운 마음이 크기도 하다. 그렇지만 예전보다 나아진 것은 스스로 수업에서 부족함을 느끼고 학생의 입장에서 해석해 보려는 마음이 생긴 것과 피드백을 하는 과정에서 학생들과 이해의 속도를 맞춰보려 했던 점은 나아진 것이 아닌가 하는 생각이 든다.

IB 비주얼 아트 Visual Arts

01 코스 아웃라인 설계하기

	Topic	Contents	Assessment
Year 1	**Theoretical practice** **Art-making practice**	Key concept: 정체성(Identity) 시각 예술의 형식적 요소 시각 예술 분석 예술 제작 형식 표 2차원 형식, 3차원 형식 예술 제작 기술과 프로세스	외부 평가1. 비교연구 외부 평가2. 프로세스 포트폴리오
	Theoretical practice **Art-making practice**	Key concept: Communication(소통) 시각 예술의 형식적 요소 시각 예술 분석 비교와 대조 예술 용어 • 예술 제작 형식 워크샵 • 도자 공예 실크 스크린 프로세스 포트폴리오	외부 평가1. 비교연구 외부 평가2. 프로세스 포트폴리오
Year 2	**Art-making practice** **Curatorial practice**	Key concept: Change(변화) 예술 제작 형식 워크샵 • 사진 프로세스 포트폴리오 가상 전시회 큐레이션	외부 평가2. 프로세스 포트폴리오 내부평가. 전시회

수업 사례 (유닛 플랜)

단원의 주제	**맥락 속 시각 예술**
평가 요소	외부평가 〉비교연구
대상 학생	Dp Year 1
목표	• 시각 예술의 형식적 요소를 인식하는 방법 • 주제별 용어와 관련된 시각적 이해력 개발
수업의 흐름 및 평가 연계	**ATL** • 생각 • 의사소통 **수업의 흐름** • 제시된 '핵심개념-갈등'을 확장한 개별적 주제 선정 • 주제 관련 작품 탐색 및 선정 • 시각적 사고 전략을 바탕으로 작품에 반응하기 – '이 작품에서 무슨 일이 일어나고 있는가?' – 시각적 분석 – '무엇을 보고 그렇게 생각하는가?' – 시각적 근거 탐색 – '의미 있는 질문 제작' – 작품의 분석, 해석을 위한 질문 제작 • 질문을 바탕으로 한 작품 분석 및 해석 • 미니멀 작품 연구 스크린 제작- 다양한 형식 활용 • 체크리스트 활용 성찰 및 보안 **평가(EA)와의 연계** • 비교연구를 위한 준비 – 시각 예술의 형식적 요소 – 기능과 목적 – 문화적 맥락

1. 핵심 개념 '갈등' → 세부화된 개별적 주제 탐색 '전쟁-내전'
2. 주제와 관련된 작품으로 '살바도르 달리, 삶은 콩으로 세운 부드러운 구조물,
   내전의 전조, 1936' 탐색
3. 작품의 내용 분석, 해석 후 영상 제작

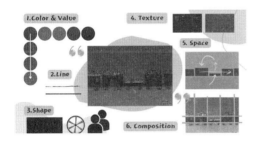

1. 핵심 개념 '갈등' → 세부화된 개별적 주제 탐색 '난민'
2. 주제와 관련된 작품 '김환기, 피난열차, 1951' 탐색
3. 작품의 내용 분석, 해석 후 이미지 제작

1. 핵심 개념 '갈등' → 세부화된 개별적 주제 탐색 '전쟁-이면'
2. 주제와 관련된 작품 '조 로젠탈, 이오지마의 성조기, 1945' 탐색
3. 작품의 내용 분석, 해석 후 보고서 작성

해당 유닛플랜에 대해

1. 서로 다른 맥락의 작품을 선택할 때, 본 유닛에서는 '개념'을 중심으로 접근했지만 특정 주제나 시각적으로 유사한 작품을 비교하는 다른 방법으로 접근할 수 있다. 또한, 학생이 관심 있는 작품에서 출발하여 형식이나 내용을 통한 연결 고리를 찾아 다음 작품을 선택할 수 있다. 중요한 것은 학생들이 자신에게 의미 있는 것이 무엇인지 고민하고 더 흥미로운, 깊이 알고 싶은 작품을 선택할 수 있도록 하는 것이다. 어떤 작품이든 비교할 수 있지만 형식, 개념 등에서 비교할 가치가 있고 논리적으로 타당하고 검증 가능한 자료가 바탕이 되는 작품을 선택할 때 설득력 있는 연구를 할 수 있다.

2. 대부분의 학생이 검색 엔진을 통해 제한된 범위 내에서 정보를 찾다 보니 비슷한 작품과 내용을 선택하는 경우가 많다. 교사는 다양한 형식의 참고 자료를 선택할 수 있도록 유용한 웹사이트 목록, 논문 검색 방법, 그리고 적절한 자료를 선택하는 방법 등을 안내하고 지도해줘야 한다.

활동 개요와 목적

이 활동 목적은 교사가 제시한 '핵심개념'을 바탕으로 개별적으로 탐구해야 하는 질문을 제작하고 이를 바탕으로 미니멀한 작품 연구를 진행하는 것이다. 개별적이고 독립적인 작품 연구에 들어가기 전 작품 연구 활동에 필요한 자료 탐색 및 연구 방법을 학생들이 이해하고 습득하는 것이 주요한 목적이다. 이 활동을 통해 학생들은 작품을 분석하는 방법에 대해 이해하며, 이에 더 나아가 개별적 주제에 맞는 탐구 방향에 대해 생각해 볼 수 있다. 중요한 것은 각 평가 요소에서 연구해야 하는 내용에 대한 체크리스트를 활용하여 연구 내용에 대해 성찰하는 부분이다. 이를 통해 개별적이고 독립적인 실제 작품 연구에서 보완해야 할 부분에 대해 스스로 생각하는 것이 중요하다.

활동과 학생 지도의 주안점

1. 교사가 제시한 '개념'을 학생들이 확장할 수 있도록 한다. '갈등'이라는 개념을 마인드 맵 등을 통해 '전쟁', '난민 문제', '불평등'의 보다 세부적이고 개별적인 비교연구 '주제'를 찾을 수 있도록 지도한다. 출발점이 같더라도 학생 각자의 관심사, 스타일에 따라 개별화된 연구 주제를 찾을 수 있도록 하는 것이 중요하다.

2. '개념'을 바탕으로 한 연구 주제에 맞는 작품 분석과 해석을 할 수 있도록 한다. 이는 개별적이고 독립적인 작품 연구를 통한 최종 비교연구 활동에서 중요한 초점 중 하나이다. 비교연구의 목적이 분명해야 하며, 이 목적에 적합한 자료 조사와 분석이 이루어질 수 있도록 지도하는 것이 중요하다.

학생 활동에 대한 교사의 피드백

1. 학생들이 어려워하는 지점은 설명과 분석의 차이를 이해하는 것이다. 설명은 결론을 내리지 않고 보이는 것을 이야기하는 것이라면, 분석은 그 사실의 영향이나 결과를 이야기하는 것이다. 단순히 정보를 제공하는 것, 특히 예술가의 전기적 내용만을 늘어놓은 비교연구는 좋은 점수를 받을 수 없음을 학생들에게 계속해서 알려줘야 한다. 예술 작품의 정보가 결국 어떤 분위기를 형성하는지, 어떤 의미를 갖는지, 어떻게 해석될 수 있는지, 어떤 상징을 하는지 등을 '분석'하는 것이 중요한 부분임을 지도해야 한다.

2. 작품의 형식적 요소, 기능과 목적, 문화적 의의가 단편적으로 분절되지 않고 연결될 수 있음을 피드백해야 한다. 이 세 가지 분석 요소를 분절적으로 보여주는 것은 좋은 비교연구가 될 수 없다. 세 가지 분석 요소(평가 요소)를 통합적으로 접근할 수 있도록 학생들을 지도해야 한다.

Q&A

> **선생님이 관찰한 학생들의 성장 중 가장 인상 깊은 장면은?**

TOK 수업마다 시작 부분에 학생들이 돌아가면서 각자 준비한 질문을 학급 구성원들에게 던지고, 그에 대한 학생들의 생각을 공유하는 '오늘의 'TOK'라는 코너가 있었는데, 2년간 그 과정을 경험한 학생들은 어느 현상에 대해 다양한 관점이 있다는 것과 다른 생각도 옳을 수 있다는 점을 TOK 수업 전체에 대한 성찰로 많이 남겼다. TOK적인 사고의 첫걸음을 뗀 장면으로 기억된다.

가장 기억에 남는 장면 중 하나는 함께 도우며 성장하는 아이들의 모습이었다. 필자의 교육 경력이 그리 길지는 않지만, 이렇게까지 서로를 진심으로 챙기고 협력하는 교육 공동체를 만나본 적은 없었던 것 같다. 끼리끼리 몰려다니는 학생 집단을 보기 어려웠고, 남학생과 여학생들이 함께 공놀이를 하는 등 어우러져 즐겁게 지냈다. 선후배 간의 관계 또한 매우 돈독했으며, 이 협력의 정신은 학생들이 공부하는 과정에서도 잘 드러났다.
 학생들은 과목별로 공유문서를 만들어, 모든 학생들이 함께 핵심 내용을 정리하는 노트를 작성했다. 그리고 이 문서를 학업에 관심이 없거나, 성취도가 낮은 학생들에게도 적극적으로 공유하였고, 모두가 학업에 동참할 수 있도록 권장하는 모습이 참으로 인상 깊었다. 한 학생이 했던 말이 이 부분을 잘 보여준다.

"선생님, 나는 우리학교 전체가 커다란 스터디 모임인 것 같아서 너무 좋아요."
이 말은 학생들이 진정한 협력적 학습 공동체로서 성장하는 과정을 잘 보여줬다. 함께 도우며 성장하는 이들의 모습은 나에게 깊은 감동을 주었고, 교육이 지향해야 할 이상적인 공동체의 모습을 깨닫게 해주었다.

연이 닿아 대만 공립 고등학교와 IB Enlglish B 온라인 공동 수업을 진행한 적이 있다 (한 달간 총 4회 진행함). 해당 수업 시간엔 Paper 1 시험 유형 중 하나인 신문기사 작성하기 활동을 대만 학생과 표선고 학생들을 섞어 그룹으로 만든 뒤 각 팀별로 "갈등"을 주제로 가상의 영자 신문을 작성하고 마지막 시간에 발표하는 활동으로 구성하였다.

학생들은 SNS나 온라인 플랫폼을 활용하여 수업 시간 외에도 소통하며 과업을 완성하고자 노력하였고 마지막 발표 이후 자신들이 완성한 과제를 보며 스스로 만족해하고 자기 자신이 성장한 것을 몸소 느끼는 성취감이 가득한 표정들을 보며 나도 모르게 가슴이 벅찼던 순간이 있었다. 해당 공동 수업을 온라인으로 정규 수업 시간 중에 진행하기 위해서는 얼마나 많은 사항을 고민해야 하고 협조를 받아야만 진행이 될 수 있는지 교사들이라면 해보지 않아도 알 것이다. 자신의 성장에 만족해하는 학생의 미소를 보는 순간 모든 과정과 노력이 다 보상받는 기분이 들었다.

이 전까지 내가 생각하기에 가장 수업이 잘 된 순간은 모든 학생들이 일제히 나에게 집중하고 내가 하는 말을 따라 하고 내가 가르치는 문법 내용과 어려운 문장 해석을 내가 했던 방식 그대로 똑같이 따라 하고 이해하는 순간 수업이 잘 되었다는 만족감을 느꼈다. 하지만 IB 학교에서 IB의 수업을 가르친 이후로는 아이들이 나의 학습 방식을 얼마나 잘 따라 하는 지가 중요한 것이 아니라 "본인에게 맞는 학습방법"을 스스로 찾고 자신만의 방식으로 주어진 학습목표를 달성하고 그 성취감을 느끼는 모습을 보는 것이 가장 행복하고 동기부여가 되는 순간이었고 그 순간들은 굉장히 여러 번 나를 찾아왔기에 오랜 시간 공들여 수업 준비를 하는 것이 힘들지만 즐거웠다.

선생님의 교육관에 변화가 생겼는가?
교육에 대한 관점 변화

교육이 교사의 수준을 넘어서기 어렵다는 말에 공감하며 수업의 디자인이 얼마나 많은 생각을 필요로 하는 것인지에 대한 절절한 실감과 함께 학생들의 수준을 잘 이해하는 것이 전제되어야 한다는 말에 깊이 공감하게 되었다.

　상대평가로 학생의 역량을 판단하는 교육과정 안에서는 "저 애보다 잘하려면 너는 이만큼 해야 해"가 학생들에게 유일한 동기부여라고 착각했었는데 "너도 잘하고 나도 잘하고 함께 노력하면 더욱 성장할 수 있다"라는 학습 과정 역시 학생들에게 큰 동기부여가 된다는 것을 깨닫게 되었다. 그리고 학생들도 저마다 자신만의 철학과 확고한 가치관이 있었고 모두가 자신이 맡은 일을 잘 하고 싶어 한다는 점이다. IB 교육의 꽃이라 불리는 TOK(지식이론) 수업을 2년간 가르치면서 과연 아이들이 이 어렵고 애매한 철학적 관념들과 개념들 그리고 교과 간의 경계를 허물며 메타인지를 활용한 성찰 과정을 잘 표현할 수 있을지에 대한 걱정이 있었는데 학생들의 TOK 수업에 너무 열심히 적극적으로 참여하고 자신의 가치관과 표현들을 기다렸다는 듯이 방출해 내는 것을 보며 모두 다 누구나 저마다의 생각이 있었는데 이제껏 아무도 그들에게 '너의 생각은 어떠니?' 하며 물어보질 않았구나 하는 안타까움이 들었다.

한마디로 이야기해보자면 나는 IB 수업을 준비 기간 1년, DP 2년동안 진행하며 학생의 역량에 대한 믿음이 생기며 수업에서 학생이 수업에서 수동적 존재가 아닌 능동적 존재로 인식하기 시작했고, 그러한 생각을 바탕으로 교사 중심의 수업에서 학생 중심의 수업으로 변화하게 되었다.

 나는 이제까지 역사 설명을 제일 재미있고 이해가 잘되게 하는 선생님, 마치 스타 강사 저리 가라라고 할 수 있는 선생님이되려고 했었다. 그래서 이제까지 수업을 진행할 때 가장 많이 했던 고민은 어떻게 하면 학생이 잘 이해되게 설명할 수 있을까였다. 그리고 수업이 마치 하나의 쇼처럼 내가 북치고, 장구치고 모든 걸 다 하는 만능엔터테이너로서의 교사가 되어 있었다.

 하지만 IB 수업을 준비하면서 이러한 수업 방식이 가능할까라는 고민을 하게 되었다. 왜냐하면 IB의 평가 방식은 객관식이 아니라 논, 서술형이었기 때문이었고, 단순히 역사 지식에 대한 내용을 확인하는 것이 아니라 그러한 역사적 사건에 대한 자신의 주장 그리고 논리적 근거들이 구성되어 있어야 했다. 그래서 분명 학생들이 내용을 이해하는 것도 중요하지만 이해를 넘어서 그 내용을 바탕으로 자신만의 글로 표현할 수 있어야 했다. 이해시키는 것 까지는 할 수 있겠지만 글로 쓰고 표현하는 것은 학생의 역량이기에 이 역량을 어떻게 키워야 하나라는 난관에 봉착했었다.

 그래서 나는 수업 방식을 바꾸게 되었다. 나 혼자 떠들고 설명하는 게 아니라 학생들도 떠들고 설명해보고 같이 논의도 할 수 있는 수업을 구성해야겠다고 생각했다. 그래서 나는 1학년때 DP를 준비하며 강의식 수업도 했지만 학생 활동이 중심이 되는 수업도 많이 시도하였다. 모둠별 사료 분석 활동, 역사 토론하기, 토론 계획서 쓰기, 입장문 쓰기, 학습 구조도 만들기 등 학생들에게 수업에서 많은 활동과 역할들을 부여하기 시작했다. 학생들도 처음엔 어려워했지만 점차 자신의 의견을 말하는 것에 흥미를 느끼며 정말 열심히 참여했고, 글도 1학기 초반엔 겨우 지정한 분량을 넘었다면 2학기에는 지정한 분량보다 훨씬 더 많은 내용을 작성한 학생들도 있었다.

그리고 DP를 진행하며 학생들의 성장을 느끼며 이러한 생각은 더욱 강해졌다. 특히 DP 1년차 2학기에는 학생들에게 수업 자료를 주고 먼저 읽고 모둠별 발표자료를 만들고 수업을 시작했었다. 처음에 이 수업이 진행될까라는 의문이 있었지만 모둠별로 매 시간 발표자료를 만들고 발표하는 모습을 보며 '이게 되는구나, 우리 학생들 할 수 있구나.'라는 생각을 하게 되었다. 그리고 학생들이 쓴 에세이, 예전엔 너무 읽기 힘들었는데 3학년이 되었을 때 수행평가로 제출한 에세이나 지필평가의 에세이를 보았을 때 논리적 구조, 역사적 근거의 구체성 등 술술 읽히는 에세이들을 꽤 보게 되며 뿌듯함을 느꼈던 적이 있었다.

 나는 IB를 하며 이전의 제 수업을 반성하게 되었고 학생들의 역량을 다시 바라보게 되었다. 이러한 생각의 변화로 인해 수업 방법 및 전체적인 교육관의 많은 변화가 생겼던 것 같다. 그리고 이러한 시도의 덕으로 Risk-Taker가 된 것도 교사로서의 중요한 변화인 것 같다.

선생님이 개인적으로 겪게 된
성장은?

IB 교육프로그램을 경험하면서, 내가 가장 크게 성장한 부분은 시행착오를 대하는 태도의 변화였다. 처음 IB 프로그램을 접했을 때, 그 철학과 교육적 가치 실현 방법이 매우 매력적으로 다가왔다. 내가 늘 추구하던 가치와 맞닿아 있었기 때문이다. 그러나 막상 그 길을 걷기 시작하니 순탄치 않은 도전이었다. 나는 다양한 분야에 도전하는 것을 즐기는 편이지만, IB 프로그램을 준비할 때는 참고할 수 있는 모델이 거의 없어 방향을 설정하는 것 자체가 어려웠다. 여러 방면으로 부딪히며 많은 시행착오를 겪었고, 그 과정을 통해 방향을 수정하거나 새로운 방법을 시도하며 조금씩 앞으로 나아갔다.

물론 그 과정에서 번아웃을 겪고, 좌절하고 낙담한 순간들도 많았다. 그럼에도 불구하고, 나를 포함한 우리 표선고등학교의 교사들 믿어주던 학생들과 학부모님들, 그리고 함께 노력해온 동료 교사들을 생각하며 계속 나아갔다. 시간이 지나 어느 순간, 함께 성장하고있는 우리 교육 공동체의 모습을 보며 큰 보람을 느꼈다. 이러한 긍정적 피드백은 나를 뿌듯하게 만들었고, 내가 올바른 선택을 했음을 그리고 잘 해왔음을 실감하게 해주었다.

늘 IB 교사들끼리 하는 이야기지만 IB 교육의 최대 수혜자는 교사이다. 평생 학습자로서의 습관을 갖게 되었고 늘 다양한 영문 텍스트들을 탐구하는 버릇이 생겼다. 영어의 매력을 더욱 잘 느끼고 그 매력을 학생들과 공유할 수 있는 수업을 하는 점이 가장 행복하고 놀랍고 뿌듯했다. IB 수업을 준비할 때 또 한 가지 가장 중요한 것은 교과 담당 교사 간의 협력과 협업이다. 학문의 즐거움이라는 매우 최상위의 욕구를 충족하고 그 기쁨을 공유할 상대가 생긴 것이 무엇보다 나에겐 가장 큰 삶의 수확이다.

사실 도전과 시행착오, 그에 대한 성찰, 개선 및 보완, 그리고 새로운 도전으로 이어지는 순환 고리는 IB 교육프로그램을 운영하는 내내 지속되었다. 이 과정을 통해 학생들뿐만 아니라 나 자신도 계속해서 성장하는 모습을 볼 수 있었고, 이러한 경험을 할 수 있다는 것이 나에게 큰 행운이었다고 생각한다. 이러한 행운이 내게 올 수 있었던 이유는 나의 시행착오에 대한 태도가 긍정적으로 변했기 때문이라고 믿는다. 시행착오에 대한 긍정적 태도는 새로운 것에 도전할 수 있는 용기를 주었다.

 이러한 변화는 아마도 IB 교육프로그램 뿐 아니라 나 자신 스스로도 성장중심의 가치관을 지향하기 때문이라 생각한다. 이러한 가치관은 나의 수업과 평가에도 많은 영향을 미쳤다. 교사로서 잘 가르치는 것도 중요하지만, 더 중요한 것은 학생들이 교실에서 충분히 많은 시행착오를 겪고 이를 발판삼아 성장할 수 있도록 허용적 분위기와 건강한 피드백을 제공하는 것이라 생각한다. 이는 나로 하여금 하나의 모범답안에 얽매이던 기존의 사고방식을 극복하는 데도 도움을 주었다. 세상에는 다양한 답이 존재함을 이해하면서도, 스스로 문제를 해결할 때는 항상 모범답안을 찾는 습관이 있었다. IB 프로그램을 준비하는 과정에서도 그 부분이 가장 힘들었고, 나뿐만 아니라 많은 선생님들 역시 공통적으로 느꼈던 어려움이었다. 하지만 IB 교육프로그램의 속에서 여러 시행착오를 겪으며, 다양한 답을 찾는 과정 자체가 성장의 중요한 일부분임을 깨닫게 되었다. 이 경험은 내가 교사로서, 그리고 개인으로서 한 단계 더 성장하는 데 크게 기여했다고 생각한다.

가장 아쉬운 점은?

학생이 교사의 피드백을 충분히 활용하지 못한 부분에 대한 아쉬움이 있다. 특히 소논문(EE)의 경우, 최종 과제 제출 전까지 학생은 공식적인 3번의 피드백을 받을 수 있다. 이 공식적인 피드백 외에도 체크리스트를 통해 진행 과정을 점검하지만, 학생이 특정 부분에만 지나치게 집중하여 다른 부분을 소홀히 하거나 과제에 충분한 시간을 할애하지 않아 피드백을 받을 수 있는 과제를 제출하지 못한다면 교사가 제공할 수 있는 피드백이 제한된다. 이 경우 시간의 촉박함으로 인해 학생이 교사의 피드백을 분석하거나 이를 바탕으로 과제를 개선할 시간이 부족해진다. 따라서 학생의 자기 주도적 학습 능력과 자기 관리 능력이 무엇보다 중요하다. 과목의 피드백 일정을 고려하여 미리 계획하고 충분한 시간을 두어 작업을 진행하라고 조언하지만 학생들이 여전히 어려워하는 부분이다.

표선고를 떠나면 더 이상 IB 수업을 할 수 없다는 점과, 돌이켜 보니 더욱 열심히 더욱 자료를 많이 찾아서 다양한 자료들을 제공하고 학생들이 스스로 공통점과 시사점을 발견하게 했으면 더욱 좋았을 텐데 하는 아쉬움이 있다.

수업을 준비 또는 실행하며 가장 즐거웠던 순간을 회상한다면?

학생들이 어느 순간부터 과업을 완성하는 시간이 줄어들 때, 스스로 자기 자신에게 놀라며 "선생님 저 이제 이만큼이나 해낼 수 있어요!"라고 자랑할 때, 어느 순간 말하지 않아도 같은 교과 선생님들 간에 유대감이 생겨서 알아서 필요한 수업자료를 제작하거나 피드백 하거나 공유할 때

위의 예시 수업인 Book trailer 활동에서 블록 수업인 100분간 광고문 작성과 영상 제작을 완성하도록 시간을 주었는데 그 짧은 시간 안에 5가지 개념을 활용한 광고문을 완성하고 그 글을 바탕으로 영상을 완성하여 너무 놀랐고 기뻤다. 아이들에게 수행 과제를 주면 일단 계획을 세우고 역할분담을 하는 것이 일상이 되어 과제 처리가 빨라지고 늘 같이 활동했던 아이들이기 때문에 말하지 않아도 손발이 잘 맞았던 것 같다. 아이들이 발전하는 모습을 보는 것이 가장 큰 기쁨이자 나의 직업에 대한 열정이었다.

수업의 질을 발전시키기 위해 늘 교과 협의회를 공식적으로 비공식적으로 진행할 때 가족보다 더 가까운 전우애가 이런 건가? 하고 느끼는 순간들이 있었다 '아 교사하길 잘했다'라고 늘 느꼈던 학교생활이었다고 감히 말할 수 있다.

다양한 예술 제작 방법에 대한 워크숍을 진행했을 때가 가장 재미있었던 순간이었다. 비주얼 아트에서는 다양한 예술 제작 기술 기법을 학생들이 알아야 한다. 이를 위해 다양한 실크스크린, 도자공예, 사진, 한국화(민화) 등 다양한 예술 제작 방식에 대한 워크숍을 진행했었다. 이는 학생들에게 새로운 도전이었고 많은 동기 부여가 됐다고 생각한다. 특히, 기본적인 드로잉에 대한 자신감이 없는 학생들이 다양한 예술 제작 방식과 매체를 접하고 자신의 예술 제작에 적합한 방식과 매체, 혹은 자신이 관심 있는 방식과 매체를 스스로 탐색하는 모습이 가장 즐거웠던 순간이었다.

지나고 보니, 힘을 얻었던 순간

지금 이 글을 쓰며 그 당시 우리가(교사, 학생 모두, 특히 교사들) 이렇게까지 뜨겁게 함께 수업을 준비하며 참여했구나, 정말 열심히 살았구나 생각하니 힘이 난다.

기억에 남는 시행착오

모든 순간이 시행착오의 연속이었다. 그래도 대표적인 사례 하나를 예로 든다면, 학생중심의 참여형 수업이라 구상했던 활동들이었다. 학생들의 적극적 참여는 물론, 매우 유익할 것이라 기대하며 다양한 탐구활동을 설계하고 진행했다. 그러나 실제로는 비효율적인 방식으로 진행된 경우도 많았다. 학생들이 스스로 생각하고 탐구할 수 있도록 유도한 활동들이 깊이 있는 사고로 이어지지 못하거나, 탐구활동에 지나치게 집중한 나머지 학생들의 지식 학습과 충분히 연결되지 않은 점들이 있었다. 사상누각(沙上樓閣)이었다.

이에 깊이 있는 학습을 중요하게 생각하면서도, 학생들이 학습 과정에서 너무 큰 부담을 느끼지 않도록 수업을 체계적으로 구조화하고 효율적으로 운영하는 것이 얼마나 중요한지 깨닫게 되었다. 우리 교육공동체에게 할당된 시간과 집중력이라는 자원을 고려하여, 수업 설계 시 많은 것을 시도하기보다, 중요한 주제에 집중하여 학생들이 충분한 시간을 갖고 깊이 있게 학습할 수 있도록 돕는 것이 핵심이라고 생각했다. 이러한 과정을 통해, 학생들이 긴 호흡으로 주제에 몰입하면서 중요한 개념을 제대로 배우고, 이를 통해 자신감을 얻게 되는 것이 가장 효과적이라는 교훈을 얻었다. 그렇게 성장한 학생들의 사고력과 탐구 역량은 이후 다른 문제나 과제들을 해결하는 데에도 중요한 자원이 되지 않을까?

IB 학교에서
얻은

귀중한
성찰

표선고등학교 교감

노규남

교감으로 부임한 지도 어느덧 2년을 향해 달려가고 있습니다. IB(International Baccalaureate) 프로그램을 운영하는 표선고등학교에 처음 발을 들였을 때, 솔직히 제 마음은 설렘보다는 막막함이 더 컸습니다. 이전까지 제가 몸담았던 학교들은 전통적인 입시 중심 교육을 운영하고 있었기 때문에, IB라는 새로운 교육 철학과 접근 방식은 저에게 너무나도 낯설었습니다. 게다가 IB 교육프로그램에 대해 전혀 알지 못한 상태에서 교감으로서 어떤 역할을 해야 할지 감이 잡히지 않았기에 불안감마저 느꼈습니다.

그러나 시간이 지나면서 제 생각은 완전히 바뀌었습니다. 변화의 시작은 IB 교육프로그램을 이해하고, 이를 학교 교육에 직접적으로 적용하는 데 앞장서는 교장 선생님과의 만남에서 비롯되었습니다. 교장 선생님은 IB 철학과 가치를 깊이 이해하고 계셨고, 이를 통해 교육에 대한 제 시야를 넓혀 주셨습니다. IB의 핵심은 학생들을 단순히 시험 준비의 도구로 보는 것이 아니라, 그들이 스스로 생각하고 탐구하며, 지식을 넘어서 진정한 학문적 성장을 이루도록 돕는 것입니다.

처음에는 이런 변화가 과연 효과적일지 반신반의했습니다. IB 교육프로그램이 추구하는 철학과 방향이 기존의 입시 위주 교육과는 너무나도 달랐기 때문에, 우리 학생들에게 이 방식이 정말로 입시 성과에 도움이 될지 확신이 서지 않았기 때문입니다. IB 교육이 학생들의 대학 진학에 긍정적인 영향을 미칠지에 대한 의구심도 있었습니다.

이에 우리는 매주 금요일 6, 7교시에 교직원협의회를 통해 IB 교육프로그램의 목표와 교육적 가치를 깊이 있게 논의하고, 이를 우리 수업에 어떻게 반영할지 함께 고민했습니다. 교사들은 자신이 맡은 교과목에서 IB 교육 방식의 원리를 어떻게 적용할 수 있을지 고민하며 수업을 재설계하고, 서·논술형 평가를 정착시키기 위한 다양한 시도를 했습니다.

예를 들어, 국어 교사는 문학 작품을 비교 분석하며 자신의 생각을 논리적으로 표현하는 글쓰기를 강조하는 방식으로 수업을 바꾸었고, 과학 교사는 학생들이 스스로 탐구할 수 있는 실험 중심의 수업을 설계했습니다. 역사 교사는 학생들이 다양한 관점에서 역사를 바라보고 분석하며 자신의 의견을 논리적으로 펼칠 수 있도록 수업을 재구성했습니다. 이러한 과정 속에서 교사들은 서로의 경험을 공유하고 피드백을 주고받으며 IB 교육 방식에 대한 이해를 점차 넓혀 갔습니다.

이전까지 저는 입시 위주의 교육이 가장 중요한 교육 목표라고 생각했습니다. 학생들이 좋은 대학에 진학할 수 있도록 돕는 것이 저의 주된 임무라고 믿었죠. 하지만 IB 교육프로그램을 도입하면서 우리 학교의 수업 방식은 완전히 달라졌습니다. 학생들은 더 이상 주입식으로 정보를 암기하는 것이 아니라, 각자의 생각을 자유롭게 표현하고 논리적으로 글을 쓰며, 다양한 주제에 대해 깊이 있는 토론을 하는 활동에 참여하게 되었습니다. 서논술형 평가를 통해 학생들이 단순한 정답 찾기가 아닌, 자신의 생각을 명확하게 표현하고 논리적으로 전개하는 능력을 키울 수 있었습니다.

이런 변화 속에서 저는 학생들이 어떻게 반응할지 궁금했습니다. 과연 이들이 새로운 방식에 적응할 수 있을까? 그런데 제 걱정과는 달리, 학생들은 오히려 훨씬 더 적극적이고 열정적으로 수업에 참여했습니다. 그들은 이제 더 이상 수동적인 학습자가 아니라, 스스로 질문을 던지고 탐구하며 배우는 즐거움을 느끼고 있었습니다. 학생들의 만족감은 눈에 띄게 높아졌고, 이는 학교 생활 전반에 긍정적인 영향을 미쳤습니다. 이 과정을 통해 입시 중심의 수능 교육이 아니어도 충분히 경쟁력을 가질 수 있다는 것을 실감하게 되었습니다.

무엇보다도 학생들이 학교 생활에 매우 만족하고 있다는 사실을 피부로 느낄 수 있었습니다. 그들의 눈빛과 태도에서 배움에 대한 열정과 행복감을 쉽게 발견할 수 있었습니다. 이는 단순히 점수와 성적을 뛰어넘는, 진정한 교육의 성과라고 생각했습니다. "學而不厭, 誨人不倦" (배움을 즐기고, 가르침을 게을리 하지 않는다)라는 말처럼, 스스로 배움의 기쁨과 가르침의 즐거움을 찾을 수 있는 환경을 제공하는 것, 그것이야말로 학교의 진정한 역할이 아닐까 하는 생각이 들었습니다.

우리 학교의 또 다른 중요한 자산은 바로 교사들입니다. 특히, 우리 학교의 교사들은 대부분 나이가 어리고 경력이 짧지만, IB 교육에 대한 열정과 헌신은 그 어느 때보다도 뜨겁습니다. 교사들은 학생들의 창의적이고 비판적인 사고를 촉진하기 위해 다양한 교육 방법을 적극적으로 시도하고 있습니다. 이들은 새로운 커리큘럼과 교육 방식에 대한 호기심과 도전 정신이 가득하여, 학생들에게 깊이 있는 학습 경험을 제공하고 있습니다. 교사들의 이러한 헌신은 학교의 교육 철학을 실현하는 데 중요한 역할을 하고 있습니다.

뿐만 아니라, 우리 학교의 학부모들도 교육에 대한 깊은 관심과 지지를 보내주고 있습니다. 학부모들은 자녀들이 학교에서 어떤 경험을 하고 있는지에 대해 높은 기대를 가지고 있으며, 학교가 제공하는 IB 교육프로그램에 대해 전폭적인 지원을 아끼지 않고 있습니다. 이러한 학부모들의 지지는 교사들과 학생들에게 큰 힘이 되어 주고 있으며, 학교가 앞으로 나아가는 데 있어서 중요한 원동력이 되고 있습니다.

2년이라는 짧은 시간 동안, 저는 IB 교육프로그램이 단순히 새로운 교육 프로그램을 도입하는 것 이상의 의미를 가지고 있음을 깨달았습니다. 그것은 바로 교육의 본질에 대한 질문이었고, 우리 학생들에게 더 나은 나를 끊임없이 찾아가는 과정이라는 것을 다시금 인식하게 되었습니다. 앞으로도 표선고등학교가 이러한 배움의 기쁨을 계속해서 이어갈 수 있기를 기대해봅니다.

"
교육은 지식의 전달이 아니라, 배움의 불씨를 피우는 일이다.
"

우리는 IB 학교입니다

2024년 11월 30일 초판 1쇄 발행

지은이   강지은 고혜경 김민주 김수희 김 영 김주향 김지원
          노규남 문기탁 신형철 양미경 임영구 최승은 현지혜
펴낸이   김영훈
편집   김지희
디자인   이은아
편집부   부건영, 김영훈
펴낸곳   한그루
          출판등록 제6510000251002008000003호
          제주특별자치도 제주시 복지로1길 21
          전화 064-723-7580   전송 064-753-7580
          전자우편 onetreebook@daum.net 누리방 onetreebook.com

ISBN 979-11-6867-193-5 (03370)

이 책은 2024년 제주특별자치도교육청 '우리 선생님 책 출판 지원 사업' 공모 선정작입니다.

값 28,000원